基礎と
リーディングが
身につく

タロット
LESSON BOOK

藤森 緑

池田書店

はじめに

　どんな人でも、まだ見えない未来の出来事や、好きな人の自分への気持ちを知りたい……と願う場面があるでしょう。タロット占いは、人間のそうした「見えない世界を知りたい」という願いを叶えてくれる、神秘的な占いです。

　巷には、たくさんのタロット占いの本が出ています。特にここ10年間では、初心者向けの本がたくさん出版されました。そのなかで本書は、誰でもスムーズにタロット占いになじめるよう、特にリーディングの説明に大きくページを割いています。

　長年タロット占いに関わっていると、タロット占いを学ぶ初心者の方々から、「実占例を読むと、非常に参考になる」という声を多くいただきます。そこで本書では、各カードの意味ページにも実占例を多数掲載。カードの意味やイメージを読みながら、隣のページですぐに

そのカードが出てくる実占例に触れられます。

　カードの意味を丸暗記するだけでは、カードの読み取りかたもギクシャクしてしまいます。しかし本書では、実際の読み取りかたのコツを多くの実占例からつかめるので、質問のケースによってカードの意味をどう読み取るのかが具体的にわかり、「なるほど！そう読むのか」と納得がいくはずです。

　本書の目的は、初心者でも時間をかけずに、深いリーディングができるようになることです。カードの意味を覚えきれずに「タロット占いは難しい」と投げ出すことにならないよう工夫をこらしました。楽しくも奥深いタロット占いの世界をスムーズに深めていくお手伝いができるのであれば、著者としてこれ以上うれしいことはありません。

藤森　緑

この本の使い方

本書は基礎を学ぶ「タロット基礎LESSON」、タロットカードに親しむ「カードLESSON」、リーディングに挑戦する「リーディングLESSON」の3パートで構成されています。各ページの見方、使い方を紹介します。

カードLESSON　キーワードを覚えながら「ツーオラクル」でLESSON

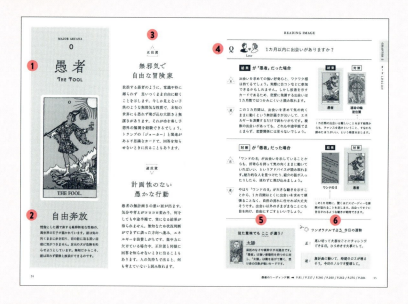

① カードの名称と絵柄
カードが表わす意味を絵柄と照らし合わせて覚えましょう。

② カードのキーワード
①を覚えたら、次にキーワードともセットで覚えます。

③ 正位置と逆位置の意味
正位置と逆位置は、意味が異なってきます。ここもセットで覚えておきましょう。キーワードとなる言葉にマーカーをつけたので参考にしてください。

④ サンプル・クエスチョン
「ツーオラクル」のリーディング例をのせています。左のページで覚えたカードの意味やキーワード、正位置、逆位置の意味やイメージを、実際のリーディングでどう使われるのか、シミュレーションしながら何度も読むのが上達への近道です。

⑤ 似た意味でもここが違う！
似たイメージのカードを1枚紹介し、どこが違うかを解説しています。ほかにも似たカードがあるので、探してみましょう。

⑥ ワンオラクルで占う 今日の運勢
左ページのカードが「ワンオラクル」で出たときの意味を紹介しています。すべてのカードページに掲載しているので、辞書のように使えます。

リーディングLESSON　読む順番に沿ってストーリーの立て方をLESSON

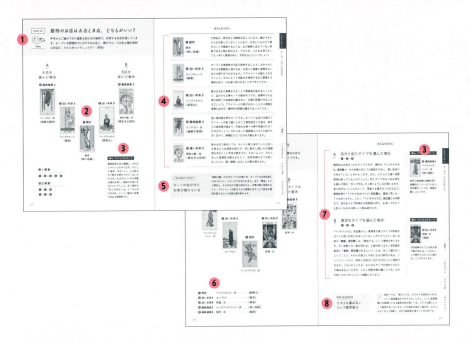

① サンプル・クエスチョン

「恋愛」「仕事」「家庭」「人間関係」「その他（ペット、探し物、1年の運勢ほか）」のジャンルで質問を挙げています。

**② 置く順番と
カードが示す内容**

カードの上にある番号の順に置いていきます。番号の隣に書かれているのが「そのカードが示す内容」です。

③ カギとなるカード

この並びでカードが出た場合、エネルギーの強いカード、判断の決め手となるカードなどを抜粋して説明、またはリーディングの注意ポイントを解説しています。

**④ リーディングの解説
（カード1枚ずつの
読み取り方）**

置いたカードの順番に、1枚ずつ、カードの意味と、この位置に出たことでどう読むかを解説しています。

⑤ リーディングポイント

今回のスプレッドにおけるストーリー展開や、どう結論づけるかを示しています。

**⑥ 置く順番、
カードが示す内容、
キーワード**

各カードのキーワードを抜粋して紹介。右ページの解説を読む前に、このキーワードで自分なりにリーディングしてみるといいでしょう。

**⑦ リーディングの解説
（カード複数枚での
ストーリー展開例）**

複数枚のカードでストーリー展開をシミュレーションできるように解説を掲載。スプレッドによって流れの作り方が異なるため、スプレッドごとに読み方のコツをつかみましょう。

**⑧ ステップ・アップ・
アドバイス**

⑦で示したケースとは別の読み方や、相談者の状況によっては別の結論を導いてもいい場合など、別の可能性や解釈の広がりなどを紹介。ここを読めば、さらにイメージを膨らませることができるでしょう。

5

2	はじめに
4	この本の使い方

CHAPTER.1　タロット基礎LESSON

10	タロットって、どういう占いなの？	18	基礎知識2　大アルカナのなりたち
12	タロット占いがパワーを発揮するのは、どんなテーマ？	20	基礎知識3　小アルカナのなりたち
		23	基礎知識4　正位置と逆位置って？
		24	実践1　占いを始める前に
14	タロットが当たる人、当たらない人の違いは？	26	実践2　シャッフルとカットを覚えよう
		28	スプレッド1　ワンオラクル
16	基礎知識1　タロットカードとは？	30	スプレッド2　ツーオラクル

32　CHAPTER.2　カードLESSON　Part1　22枚の大アルカナ編

34	0　愚者	50	8　力	66	16　塔
36	1　魔術師	52	9　隠者	68	17　星
38	2　女教皇	54	10　運命の輪	70	18　月
40	3　女帝	56	11　正義	72	19　太陽
42	4　皇帝	58	12　吊るされた男	74	20　審判
44	5　法王	60	13　死神	76	21　世界
46	6　恋人	62	14　節制		
48	7　戦車	64	15　悪魔		

78　CHAPTER.2　カードLESSON　Part2　56枚の小アルカナ編

ワンド

80	ワンドのエース	90	ワンドの6	100	ワンドのペイジ
82	ワンドの2	92	ワンドの7	102	ワンドのナイト
84	ワンドの3	94	ワンドの8	104	ワンドのクイーン
86	ワンドの4	96	ワンドの9	106	ワンドのキング
88	ワンドの5	98	ワンドの10		

カップ	108	カップのエース	118	カップの6	128	カップのペイジ
	110	カップの2	120	カップの7	130	カップのナイト
	112	カップの3	122	カップの8	132	カップのクイーン
	114	カップの4	124	カップの9	134	カップのキング
	116	カップの5	126	カップの10		
ソード	136	ソードのエース	146	ソードの6	156	ソードのペイジ
	138	ソードの2	148	ソードの7	158	ソードのナイト
	140	ソードの3	150	ソードの8	160	ソードのクイーン
	142	ソードの4	152	ソードの9	162	ソードのキング
	144	ソードの5	154	ソードの10		
ペンタクル	164	ペンタクルのエース	174	ペンタクルの6	184	ペンタクルのペイジ
	166	ペンタクルの2	176	ペンタクルの7	186	ペンタクルのナイト
	168	ペンタクルの3	178	ペンタクルの8	188	ペンタクルのクイーン
	170	ペンタクルの4	180	ペンタクルの9	190	ペンタクルのキング
	172	ペンタクルの5	182	ペンタクルの10		

192　**COLUMN**　タロットカードをお守りにする

193　**CHAPTER.3**　リーディングLESSON

- 194　リーディングするときの心構え
- 196　質問の立て方
- 197　表現を増やすコツ
- 198　ストーリーを作るコツ
- 199　タロット占いの上達方法
- 200　タロット占いのタブー
- 201　タロット占いを学ぶと身につくメリット
- 202　**基礎知識1**　スプレッドとは？
- 204　**基礎知識2**　四元素を詳しく知ろう
- 208　**基礎知識3**　コンビネーション・リーディング

210　スプレッド1　二者択一

- 212　CASE 01　(Love)　なかなか会えない恋人と別れるべき？
- 214　CASE 02　(Work)　接待のお店はA店とB店、どちらがいい？
- 216　CASE 03　(Love)　違うタイプの異性、どちらと付き合うべき？
- 218　CASE 04　(Work)　地元と都会、どちらに就職したほうがいい？
- 220　CASE 05　(Love)　気になる人に対して動くべき？待つべき？
- 221　CASE 06　(Work)　転職するなら、現職を活かせる会社がいい？
- 222　CASE 07　(Work)　結婚後、フル勤務からパート勤務に変えるべき？
- 223　CASE 08　(Family)　子供に中学受験させる？させない？

		224	CASE 09	(Others)	高額な物を買う？買わない？
		225	CASE 10	(Others)	英会話とヨガ、どちらを習うと楽しい？

226　スプレッド2　ヘキサグラム

228　CASE 11	(Love)	結婚相談所に入ると、良縁をつかめる？
230　CASE 12	(Love)	同棲中の彼と、もめずに別れられる？
232　CASE 13	(Work)	ネットショップで希望の収入額を稼げる？
234　CASE 14	(Work)	職場の意地悪な先輩との今後は？
236　CASE 15	(Love)	紹介してもらった男性と交際に発展する？
238　CASE 16	(Love)	プロポーズすると、OKしてもらえる？
240　CASE 17	(Love)	応援しているボーカルと親しくなれる？
242　CASE 18	(Love)	大ゲンカした恋人と仲直りできる？
244　CASE 19	(Work)	大企業との事業提携は成功する？
246　CASE 20	(Work)	赤字が続く商売を続けても大丈夫？
248　CASE 21	(Family)	性格が合わない姑との今後の関係は？
250　CASE 22	(Others)	猫を引き取りたいが、なついてくれる？
252　CASE 23	(Human Relations)	ケンカした友人と仲直りできる？
254　CASE 24	(Others)	初めての習いごとは長く続けられる？

256　スプレッド3　ケルト十字

258　CASE 25	(Love)	元カレを吹っ切り、次の恋に進める？
260　CASE 26	(Work)	就職後は充実して仕事を続けられる？
262　CASE 27	(Others)	一人暮らしがきちんとできる？
264　CASE 28	(Love)	恋愛感情を持てない原因と、その今後は？
266　CASE 29	(Love)	恋愛のチャンスに恵まれない原因は？
268　CASE 30	(Love)	別れた恋人の気持ちと復縁の可能性は？
270　CASE 31	(Work)	新しい店の経営は長く安定する？
272　CASE 32	(Family)	不登校気味の中学生の子供の今後は？
274　CASE 33	(Human Relations)	交友関係が長続きしない原因は？
276　CASE 34	(Others)	ダイエットを続けていますが、成功する？
278　CASE 35	(Others)	専門学校に入って資格を取得できる？
280　CASE 36	(Others)	ボランティア活動を続けても大丈夫？

282　スプレッド4　ホロスコープ

284　CASE 37	(Family)	子育て中の主婦の、1年間の運勢は？
286　CASE 38	(Love)	この1年間で誰かと結婚できる？
288　CASE 39	(Work)	1カ月間の仕事を中心とした運勢は？
290　CASE 40	(Others)	失くした婚約指輪は、どの方角にある？
292　CASE 41	(Love)	1年でプロポーズはいつするといい？

294　タロットQ&A
296　キーワード一覧表

CHAPTER.1

タロット基礎LESSON

タロット占いって、どんな特徴があって、
どんなパワーがあるの？
占いを始める前に知っておきたいことを
解説しました。

BASIC LESSON　STUDY 1

タロットって、どういう占いなの？

神秘的な力を持つタロットカード

　タロット占いとは、78枚（もしくは22枚）がセットになった「タロットカード」を使った占いのことです。タロットカードには中世ヨーロッパから伝わる絵柄が描かれており、発祥からの長い期間、主にゲームやギャンブルに使用されていました。それが200年ほど前から、ヨーロッパの神秘主義者たちによって神秘的な力を持つと位置づけられ、占いに使われるようになったのです。

タロット占いは卜術（ぼく）のひとつ

　世の中には、タロット占い以外にもさまざまな占術が存在します。
　大別すると、生年月日で占う「命術（めい）」、偶然性を利用して占う「卜術」、人相や手相など何かの形を元にして占う「相術（そう）」の3つです。
　タロット占いは偶然に出たカードに意味があるとみなして回答を導き出すので、このなかの卜術に分類されます。
　命術には四柱推命や西洋占星術、相術には手相や人相、家相などがあり、卜術にはタロット占いのほかに、ルーン占い、易占、ジオマンシー（えきせん）などがあります。コインを投げて裏と表のどちらが出るかで占う単純な占いも、偶

然性を利用するということで卜術に入ります。卜術のなかでもタロット占いは、驚異の的中率と絵柄の美しさから、一番の人気を誇り続けているといえるでしょう。

命術や相術と比べて卜術は、タロットカード以外でもコインや棒などの身近な道具を利用して、いつでもどこでも占えるのが魅力。恋愛占いであれば、**相手の生年月日や顔などの具体的な情報がなくても、卜術を使えば問題なく占うことができます。**たとえば、街角で何気なく言葉を交わした見知らぬ人が今自分をどう思っているのか……ということさえ占えてしまうのです。

また、気になる人の今の気持ちや、最近起こった出来事に対する対策など、かゆいところに手が届くような細かい具体的な占いの結果を出せるのも、タロット占いをはじめとする卜術の長所です。

未来を占う場合は1〜2年先まで

一方で、命術が得意としている生涯を通した性格や、10年を超える遠い未来の運勢などについては、タロット占いを含む卜術では占うことができません。**タロット占いは、現在の繊細なエネルギー状態を読み取ることが得意なので、数カ月から1〜2年先までの近未来を占うことに適しています。**未来は完全に決まっておらず、変化すると考えるため、まるで台風の通過予想の輪が時間の経過に伴って大きくなっていくように、遠い未来を占うほど的中率は下がってしまいます。

ですから、「何歳くらいで結婚するか」「好きな人は、どのような性格なのか」という質問は、タロット占いではなく、西洋占星術や四柱推命、手相や人相で占うほうがいいでしょう。

BASIC LESSON　STUDY 2

タロット占いがパワーを発揮するのは、どんなテーマ？

エネルギーを読むタロットカード

　世の中のものを、「目に見える世界」と「目に見えない世界」に分けた場合、タロット占いが得意とするテーマは、「目に見えない世界に関する質問」です。

　目に見えない世界の主要なものには、「人の気持ち」や「人や物が持っているパワー」が挙げられます。また、それらを「エネルギー」と言い換えることもできます。たとえば、ある人が今どのような感情を持っているのか、ある人のパワーが満ちているのか、または枯渇しているのか……。こうしたエネルギーを読むことにより、今後その人や周りがどのような行動を起こすのか、ということが推測できるのです。

恋愛や人間関係は得意なテーマ

　「未来がどのように変化していくのか」。その大きな要因に、「問題に関わる人たちが、どのような姿勢で、どのようなエネルギー状態で取り組んでいくか」というものがあります。もちろん、突然降って湧いてくるような未来の形もあるでしょう。しかしタロット占いでは、問題に関わる複数の物事のエネルギー状態を読み取り、そこから未来を推測していく……という部分が大きいのです。ですから、人の感情の動きが大きく関わる人間関係の問題、なかでも、相手がいる恋愛問題は、比較的占いやすいテーマといえます。

CHAPTER 1　タロット基礎 LESSON

物質や数字は苦手なテーマ

　タロット占いが苦手とするテーマは、「目に見える世界に関する質問」です。目に見える世界には、物やお金、数字などが存在します。物質もエネルギーを持ちますが、その動きは非常に小さいため、タロットカードで読み取ることが難しくなります。

　たとえば、「あの箱のなかにお菓子が何個入っているか」「今日のロトくじにどんな当たり数字が出るか」といった、物質や数字など人間の感情とリンクしない質問は苦手です。同じく「健康に関すること」も肉体という物質に関する質問ですから、当てることが難しいテーマです。

感情の動きを質問するといい

　タロット占いを行う際は、できるだけ質問を「目に見えない世界」にリンクさせて設定することがおすすめです。買い物に行くなら、「あのお店に青いワンピースがあるか」と物質に焦点を当てて質問するのではなく、「あのお店に行くと、私が気に入るワンピースが見つかるだろうか」と、気持ちの動きに焦点を当てて質問にするといいでしょう。

　また、試合の勝敗を占う際にも、「この試合に勝つか負けるか」と念じながら占うよりも、「この試合後に私はどんな気持ちになっているか」と、感情の面を質問に入れて念じながら占うと、当たる確率は確実にアップします。

13

(BASIC LESSON) **STUDY 3**

タロットが当たる人、当たらない人の違いは?

当たる占い師は、守られている人

　占う人の守り神が、カードを通して見えない世界を垣間見せてくれる神聖なる儀式のような占いが、タロット占いです。占う人も占われる人も、できるだけ神聖な気持ちを持たなければなりません。
　少しスピリチュアル的な話になりますが、誰もが日頃から、神様のような高次元の波動を持つ守り神に守られてすごしています。
　<u>占う側でタロット占いが当たりやすい人とは、そうした自分を守護している神から尊重され、しっかりと守られている人</u>だといえます。守り神がタロットカードを通して、質問に答えてくれていると考えられるためです。しっかりと守ってもらうためには、気を引き締めて、きちんとした日常生活を送ることが大切です。仕事や勉強など自分のやるべきことをちゃんと行い、どんなに小さなものでも、人との約束をきちんと守り、大事な人に愛情を注ぎ、周りの人たちに喜ばれるようなことを積極的に行うことです。誰も見ていないところでも、いつもあなたの守り神は見ています。人の悪口を言ったり、人を恨んだりすることはできるだけ避け、明るく温かい心で毎日を送ることが理想的です。そのような人の守り神は喜んで守ってくれますから、タロット占いでも積極的に的確な答えを教えてくれます。

当たりやすいのは、素直な人

　占われる側でタロット占いが当たりやすい人とは、「素直な人」であるといえます。どんな占い結果が出ても屁理屈をこねることなく、「参考にしよう」と考え、きちんと受け止められる人でしょう。ただし、決して占いに依存することなく、「自分の人生は、自分自身で切り開く」という前向きな姿勢を持っていることが大切です。「こうしたほうがいい」と占いが伝えたら、それを実行しようとする行動力を持つ人に、タロットカードは喜んで力を貸してくれるのです。

欲深い人ほど当たらない

　逆に、占う側であっても占われる側であっても、タロット占いが当たらないのは「欲深い人」でしょう。いつも自分が得することばかりを考え、思いやりに欠ける人は、守り神からのサポートを受けることが難しくなります。

　欲深い人は、自分のエネルギーを使って頑張って何かを成し遂げようとすることを嫌がります。占いをするだけで物事が自分の思い通りに進むと考えがちで、占いを「願いを叶えてくれる魔法」と勘違いする傾向があるのです。するとネガティブなカードが出た場合に受け止められず、自分が満足できるカードが出るまで何度も占いたくなります。つまり、カードがきちんとした答えを出すことを拒否してしまうのです。また、自分のやるべきことをやらずに人任せにするような人もタロット占いからのサポートを得られにくいでしょう。

　「日頃から、自分のエネルギーを有意義に使うこと」。それこそが、タロット占いの的中率を上げるコツであるといえるのです。

CHAPTER 1　タロット基礎 LESSON

基礎知識 ① タロットカードとは？

タロットカードとは、「大アルカナ」と呼ばれる22枚と、「小アルカナ」と呼ばれる56枚を合わせた、78枚セットのカードのこと。

「アルカナ」とは、ラテン語で「秘儀」という意味があり、150年ほど前からフランスの魔術師によって、タロットにこの言葉が使われるようになりました。

78枚すべて揃ったものをフルセットと呼びますが、なかには大アルカナ22枚のみのセットも販売されています。22枚もしくは78枚の1組のセットを「デッキ」と呼びます。

小アルカナは、「ワンド（棒）」「カップ（聖杯）」「ソード（剣）」「ペンタクル（金貨）」の4種類の「スート（マーク）」からなり、各スートはそれぞれ14枚ずつあります。

その14枚は、エース（1）から10までの「ヌーメラルカード（数札）」と、人物の「ペイジ（小姓）」「ナイト（騎士）」「クイーン（女王）」「キング（王）」が描かれた4枚の「コートカード（宮廷札）」という構成になっています。

パワーの強さは、小アルカナより大アルカナのほうが断然強くなります。強さ順の目安としては、大アルカナの「21・世界」→「20・審判」…「1・魔術師」→「0・愚者」→小アルカナの「エース」→コートカードの「キング」→「クイーン」→「ナイト」→「ペイジ」→ヌーメラルカードの「10」→「9」……「3」→「2」となります。

MEMO

タロットカードの選び方

世界でもっとも売れているタロットデッキは、本書でも採用しているライダー版タロットです。ほかのデッキより断トツに売れているため、**現在ではライダー版タロットが持つ絵柄や意味がタロットの基本である**、という風潮が広がっているほどです。ですから最初はライダー版でタロット占いの基本をつかみ、慣れてきたら好きなデッキにも手を広げてみる、というパターンがベストでしょう。

世界中にはさまざまな絵柄のタロットデッキがあります。**どのデッキを選べばいいかをひと言でいうなら、「自分が好きな絵柄のデッキ」**です。好きな絵柄であれば、占いながらカードを眺めるたびに幸福感を味わうことができるからです。

しかし、実は問題もあります。ライダー版以外のデッキはカードの解説書が少ないのです。デッキの作者によってはライダー版とは違う意味が与えられていることがあるため、そのデッキが持つオリジナルの意味を覚える必要があります。ところが、カードと一緒に入っている解説書が外国語であることも多いのです。

しかし、タロット占いは大変柔軟性がある点が特徴です。**新しい意味を覚えるのが難しい場合は「ライダー版と同じ意味で読み解く」と決めてから占えば、カードはきちんとその考えに従って出てくれる**ようになります。

大アルカナ ・・・ 0〜21 (22枚)

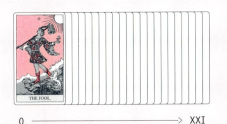

ロマ数字の読み方	1, 2, 3 → I, II, III
	4, 5, 6 → IV, V, VI
	7, 8 → VII, VIII
	9, 10, 11 → IX, X, XI
	20, 21 → XX, XXI

0 ─────────────→ XXI

小アルカナ ・・・ 1〜14 × 4種類 (56枚)

タロットカード ・・・ フルセット (78枚)

	ヌーメラルカード（数札）	コートカード（宮廷札）

WANDS
ワンド（棒）

14枚

エース(1) ────→ 10

ペイジ（小姓）　ナイト（騎士）　クイーン（女王）　キング（王）

CUPS
カップ（聖杯）

14枚

エース(1) ────→ 10

ペイジ（小姓）　ナイト（騎士）　クイーン（女王）　キング（王）

SWORDS
ソード（剣）

14枚

エース(1) ────→ 10

ペイジ（小姓）　ナイト（騎士）　クイーン（女王）　キング（王）

PENTACLES
ペンタクル（金貨）

14枚

エース(1) ────→ 10

ペイジ（小姓）　ナイト（騎士）　クイーン（女王）　キング（王）

CHAPTER I　タロット基礎 LESSON

基礎知識 ② 大アルカナのなりたち

大一　アルカナの絵柄にはさまざまな象徴が盛り込まれ、小アルカナより複雑なデザインになっています。ライダー版タロットの作者であるアーサー・エドワード・ウェイトは著書のなかで、大アルカナの神秘性の強さを説いています。しかし小アルカナのことはゲーム用のトランプと違いはないと軽視し、両者の差をはっきりとつけています。

大アルカナ22枚には、人生で起こる出来事や、すべての人の潜在意識に備わる心理のパターンがバランスよく並べられています。人生の終わりを表す「死神」や、ショッキングな感情を示す「塔」のカードを見ると、その浮き沈みがわかるでしょう。

また、「0・愚者」から「21・世界」へと進み、番号が大きくなっていくにつれ、カードが持つ精神性は高くなります。生まれたばかりの無垢な「0・愚者」がさまざまな経験を通して、精神的完成を示す「21・世界」にたどり着く様子を物語にしているかのようです。

8 力　9 隠者　10 運命の輪

START

0 愚者

精神的に未熟な1人の状態です

1 魔術師

7 戦車　6 恋人

他人と出会い、心に複雑さが出てきます

5 法王

2 女教皇　3 女帝　4 皇帝

GOAL

「悪魔」の膠着状態が「塔」で破壊され、「星」で新たな希望が生まれます

精神世界が完成し、満たされた状態に

CHAPTER I　タロット基礎 LESSON

強い影響を与えるカード
「女帝」「力」「塔」

強力なパワーを持ち、状況に強い影響力を与えるカードです。これらが最終結果に出ると、**現実面でも目に見える結果がはっきり出やすくなります。**恋愛を占って「女帝」が出た場合、実際に結婚に進んだケースを多く見てきました。「力」が出ると何かの成功が確約され、「塔」が出ると、ほぼ必ずダメージを受ける出来事が生じます。上記以外に「運命の輪」「審判」「世界」もパワーの強いカードに分類されます。

与える影響が弱いカード
「隠者」「正義」「節制」

パワーが弱いわけではありませんが、**現実面を大きく動かすことが少ない穏やかなカードです。**「隠者」は精神の動きを示すため現実を変えにくく、「正義」と「節制」は動かずにバランスを取る姿から、大胆な動きは生まれず現状維持に近い状態となりがちです。大成功を求める人には少しがっかりするカードでしょう。「愚者」「女教皇」「法王」も状況に動きを与えにくく、影響力が弱いカードに分類されます。

数字が大きくなるほど成長が進む様子は、「10・運命の輪」の四隅に描かれた聖獣たちが勉強中であるのに対し、「21・世界」に描かれた聖獣たちが悟りの表情をしていることからもうかがえます。

大アルカナだけで占うこともできますが、すべてのカードのパワーが強く、枚数も少ないため、大味な回答になりがちです。イエスかノーを知りたい場合や、ざっくりとした流れを知りたい場合には、大アルカナのみで占うといいでしょう。

基礎知識 ③ 小アルカナのなりたち

ト ランプが、小アルカナに変化したという経緯があります。そのため、小アルカナとトランプの構造は、**4種類のスートを持つ点**と、**10種類のヌーメラルカード（数札）**と**コートカード（人物カード）**の構成になっている点が完全に一致しています。ただし、小アルカナでは人物カードは4種類であるのに対し、トランプでは「ジャック」「クイーン」「キング」の3種類である点だけが異なります。

小アルカナの4種類のスートは、トランプの4種類のスートと同じ性質を持つとされているのも特徴です。「ワンド」が トランプの「クラブ」、「カップ」が「ハート」、「ソード」が「スペード」、「ペンタクル」が「ダイヤ」と対応しています。

また、古くから伝わる西洋思想に、火・水・風・地の「四元素」があり、これにも関連づけられています。「ワンド」が情熱的で前進力に優れる「火」、「カップ」が愛情深く心のつながりを重視する「水」、「ソード」が鋭い知性と判断力を持つ「風」、「ペンタクル」が現実的で安定

― スートが示すもの ―

スート	WANDS ワンド（棒）	CUPS カップ（聖杯）	SWORDS ソード（剣）	PENTACLES ペンタクル（金貨）
エレメント	火	水	風	地
トランプ との関係	クラブ	ハート	スペード	ダイヤ
表す時期	日	週	月	年

感を持つ「地」の性質を持つとされています。四元素は西洋占星術でも取り入れられていて、西洋の占いには欠かせない要素です。各元素が持つ性質をしっかりと把握することで、小アルカナになじみやすくなるでしょう。また、占いで時期を出す手段として、「ワンド」を日、「カップ」を週、「ソード」を月、「ペンタクル」を年として占うこともできます。たとえば、1枚引いて「ワンド5」が出たら、それは5日後を示しているということです。

MEMO

絵柄のないタロットもある？

古いデッキのヌーメラルカードのなかには、「ペンタクルの3」にはコインが3枚並んでいるだけ……という単調なデザインも存在します。その場合は、下記にある各数字が持つ意味を把握しておくと、丸暗記をしなくてもイメージをつかみやすくなるでしょう。

― ヌーメラルカードの数字が持つ意味 ―

エース	生まれたばかりの純粋で爆発的パワーを秘めた状態
2	四元素が純粋なまま、軽い形となった状態
3	軽い形のものが、少し複雑化した状態
4	複雑化したものが一度結束化して、安定した状態
5	安定したものを激しく揺さぶり動揺させる状態
6	調和やバランスが取れた穏やかな状態
7	調和が崩され、衰退したり不安定になったりした状態
8	突然の予想外の変化
9	四元素が固定されてきた状態
10	四元素が完成された状態

CHAPTER 1 タロット基礎 LESSON

コートカードには、年齢や性別の違う4種類の人物が描かれています。「ペイジ」には年端(としは)もいかない少年が描かれ、子供や精神的に未熟な人物を表しています。「ナイト」には馬に乗った青年が描かれ、馬の動きがこのカードの性質を表しています。「クイーン」には大人の女性が描かれており、唯一の女性カードであるため女性の感情や行動を表すことが多くなっています。「キング」には大人の男性が描かれており、責任ある立場にいる人物を表しています。

コートカードは大きく人物が描かれていることから、占いで出ると人物像を示す場合が多くあります。しかし状況を示すこともあるため、柔軟に読み取るようにしてください。

－ コートカードの豆知識 －

PAGE ペイジ（小姓）

7～14歳前後で、主君に仕えるナイトになる前の少年です。少女が描かれ、「プリンセス」と名づけられているタロット・デッキもあります。4枚すべて情報伝達の働きも持ちます。

KNIGHT ナイト（騎士）

少年から年齢を重ねた青年で、性質は若々しく活動的です。勢いはありますが、成熟さには欠けています。「プリンス」と名づけられ、馬に乗っていないタロット・デッキもあります。

QUEEN クイーン（女王）

判断力を持つ大人の女性を示し、それより幼い少女はペイジが表します。「ワンドのクイーン」は行動的とはいえ、椅子に腰かけていて、どのクイーンも受け身な姿勢は否めません。

KING キング（王）

大人の男性を示し、基本的には既婚男性です。ナイトよりも成熟して落ち着きがあり、周りへの責任感を持ちます。実年齢は関係なく、そうした性質の男性であればキングの範疇です。

正位置と逆位置って？

基礎知識 4

CHAPTER 1 タロット基礎 LESSON

　タロット占いでカードを展開したときに、出たカードの絵柄が正しい向きである状態を「正位置」と呼びます。大アルカナであれば、ローマ数字の部分が上にある状態です。一方で、絵柄の上下がひっくり返り、逆になって出た状態を「逆位置」と呼びます。大アルカナであれば、ローマ数字の部分が下にきている状態です。

　例外もありますが、正位置ではカードが持つ性質が純粋な形でストレートに出て、基本的にはポジティブな面が強調されると判断します。逆位置の場合は、カードが持つ性質がねじ曲がったり弱まったりしてネガティブな面が強調されると判断します。

　タロット占いの本のなかには、逆位置を採用せず、すべてのカードを正位置で読むとするものも存在しますが、本書ではカードが逆位置として出ることに意味があるとし、逆位置も採用しています。

　出たカードをすべて正位置で読むと、いくつかのデメリットが生じます。特に大アルカナをすべて正位置として読むと、ネガティブなカードよりポジティブなカードのほうが圧倒的に多くなるため、初心者が占うと、「よい結果ばかり」になりやすいのです。

　その場合は、「正位置のなかに、ポジティブな意味とネガティブな意味の両方が含まれている」と考えなければなりません。ですから、周りのカードや直

正位置

逆位置

感により、ポジティブかネガティブかを判断することになります。しかし、初心者がその選択をするのは至難の業。とくに自分のことを占う場合、自分に都合よく読み取りたくなるものです。そうなるとネガティブな意味を選ぶことが少なくなり、結果的に占いが当たらない……となってしまうのです。

　ただし小アルカナは、もともと正位置でもネガティブなカードが多く存在します。また、小アルカナが逆位置になると意味の読み取りが難しくなり、解説書によって意味がまちまちであることも。そこで、「大アルカナは逆位置を取るけれど、小アルカナは正位置のみで読む」と決めて、占いやすくする方法もあります。結局のところ、逆位置を採用するかしないかは、本人の自由です。ただし一度「自分はこう読む」と決めたらコロコロ変えず、一貫するようにしてください。

実践 ① 占いを始める前に

占う場所、時間、気持ちを整える

　タロット占いに入る前に、まずは気持ちを整えることが大切です。忙しい合間にせかせかと占うのではなく、用事が全部片づいたあとなど、ゆったりした気分になれるときに占うようにしてください。
　占うのに適した時間帯は、エネルギーが澄んでいる早朝がベストです。一方で、丑三つ時を含めた深夜1時頃から陽が昇る時間まではネガティブなエネルギーが高まるため、できるだけ避けたほうがいいでしょう。それ以外は、占う時間帯にはそれほどこだわる必要はありません。
　占いに適した場所は、集中できる静かな環境。家族でにぎわっているリビングや、クラスメイトが騒いでいる教室などは避けましょう。また、飲食店のテーブルの上でカードを広げていると、お店の人に嫌がられる可能性もありますので注意してください。静かで掃除と片づけが行き届いている部屋がベストです。

テーブルにクロスを敷く

　まずは広めのテーブルの上に、タロット占い用のクロスを敷きます。この「タロットクロス」はインターネットでも購入できますが、好きなデザインを自作することも可能です。ベルベットやベロアなど起毛した布がおすすめですが、木綿やサテンでもいいでしょう。ツルツルしていてすべりやすい布の場合は、シャッフル中にクロスが動かないよう端を固定してください。まだクロスが用意できない場合は、代わりに大きめのきれいな紙を敷いてもOKです。
　そして、窓を開けて風を通し、部屋の空気を一度入れ替えることもおすすめ。そして好きなお香やアロマを焚くと、よい香りが場を浄化して集中力もアップし、より冴えた占いができるでしょう。

カードに感謝を伝える

　では、いよいよ占いに入ります。カードに穢(けが)れがつかないよう、占う前には石鹸を使って両手をよく洗いましょう。タロットカードは神聖な道具ですから、丁寧に扱います。

　占う際は箱や袋からすべてのカードをまとめて出し、裏向きの山のままでタロットクロスの上に置きます。その上に片手もしくは両手をのせ、「これから占いますので、よろしくお願いします」と心のなかで言い、カードに感謝と愛情の念を伝えるようにしましょう。そうすればカードとのコミュニケーションが良好となり、占いやすくなります。占いが終わったときにもカードの山に手を添えて、「占っていただき、ありがとうございました」という感謝の念を伝えましょう。それだけでも、カードに付着した念が浄化されます。

カードの保管と浄化方法

　カードの保管方法に決まりはありません。ただし、カードがバラバラにならないよう、大きすぎない箱や袋か、もともとカードが入っていた箱にしまうといいでしょう。

　カードをしまう際に、順番通りに並べなければならない……という説もあるようですが、その必要はありません。

　カードの浄化にはそれほど神経質になる必要はありませんが、長く使い続けていると、汚れが付着してシャッフルしにくくなってきます。ときどき少しだけ水で湿らせた布で軽く裏表を拭き取ってください。紙のすり減りが激しくなったり折れたりと劣化が進んだら、新しいものと交換しましょう。古いカードは元の箱に入れ、手からしっかりと感謝の念を伝え、紙に包んでゴミ箱に捨てて問題ありません。

CHAPTER 1　タロット基礎 LESSON

シャッフルとカットを覚えよう

タロット占いをするときに、テーブルの上でカードを混ぜることを「シャッフル」、まとめたカードの山を3つに分けて順番を変えることを「カット」と呼びます。ここでは、シャッフルとカットを含めたタロット占いをする手順を紹介します。

① - 質問を考えて、スプレッドを選ぶ

占いたい内容を、イエスかノーで答えられるくらいに具体的な質問に絞ります。その質問に合ったスプレッド（P.210二者択一、P.226ヘキサグラム、P.256ケルト十字、P.282ホロスコープ）を頭のなかで選定します。

② - シャッフルする

まずタロットカードの山を裏向きにして目の前に置き、それを両手で崩します。質問を頭のなかで念じながら、両手で時計回りにカードを混ぜ続けます。このとき、手から念をカードに伝えるよう意識しましょう。どのスプレッドを使うのかを思い浮かべ、カードに伝えるようにします。

③ - 山にまとめる

「もういいな」と思ったら手を止めて、カードを両手で1つの山にまとめます。

カードをまとめてトントンと揃えるときに、自分からも相手からもカードの表が見えないように、表を横に向けて立ててトントンと揃えましょう。

カードの山を横長でまとめた場合は、基本的に左端が頭になるようにします。他人を占う場合は、右端が頭になるという説もありますが、「どんな場合でも左側が頭」と決めておいて問題ありませんし、そのほうが混乱しないでしょう。

④ - カットする

まとめたカードの山を、質問事項を念じながら3つに分け、それを最初とは順番を変えて1つの山に戻します。

他人を占う場合は相手にカットしてもらい、山をまとめてもらってもいいでしょう。このカットは省略しても問題ありません。

⑤ - スプレッドに並べる

選んだスプレッドの方法に従い、カードを1枚1枚表向きに開いて並べます。カードの上下がひっくり返って正逆を変えてしまわないよう、本のページをめくる要領で横向きに開くようにしてください。

シャッフルしている最中に、1枚もしくは数枚のカードがひっくり返ったり、飛び出して床に落ちたりすることがよくあります。その場合は、そのカードをすぐに裏返し、シャッフルのなかに戻して問題ありません。

しかし、偶然性を重視するタロット占いでは、こうしたカードにも意味があると考えます。実際にそのカードがスプレッドのなかに出てくることも珍しくありません。ひっくり返ったときにどのカードであるかをチェックし、それがスプレッドに出てきたら重視して読み取りましょう。

→ P.34〜 のカード LESSON に登場するスプレッド1

ワンオラクル
ONE ORACLE

1つの質問に対し、カードを1枚引いて占います。

STEP 1　カードをシャッフルし、まとめます（カットは省略してもOK）。

| シャッフル | まとめる | カットする |

STEP 2　裏向きのまま、横1列に広げ、ピンときたカードを1枚引きます。

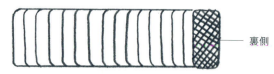

― 裏側

カードを横1列に広げる

↓

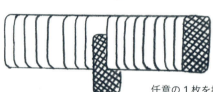

任意の1枚を抜き出し、めくる

| 占いやすい質問 | › 今日の運勢は？
› 今日のデートはうまくいく？
› 今月中にあの人と仲良くできる？
› その答えは YES or NO ? |

「結果」「答え」「YES or NO」
を求める内容なら、
なんでも占えます!!

CHAPTER 1 タロット基礎 LESSON

ANOTHER STYLE 別のやり方として、シャッフルとカットをしてカードをまとめたあと、上から7枚目を引くスタイルもあります。

7枚目で占う！

pick!

よくない結果が出た場合

「対策を教えてください」と念じながら、もう1枚カードを引きましょう。

→ P.34〜 のカードLESSONに登場するスプレッド2

ツーオラクル

TWO ORACLE

1つの質問に対し、「結果」と「対策」の2枚で占います。

STEP 1　カードをシャッフルし、まとめてからカットし、1つの山にします。

シャッフル　　まとめる　　カットする

STEP 2　上から7枚目を「結果」として引き、
続けてさらに7枚目を「対策」として引きます。

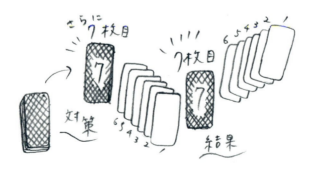

| ANOTHER STYLE |

別のやり方として、ワンオラクルと同様に、裏向きのまま横1列に広げ、念じながらピンときたカードを「結果」として引き、続けて念じながら、ピンときたカードを「対策」として引くスタイルもあります。

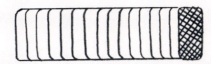

「結果」を引くときの念じ方

○○がどうなるか、教えてください

「対策」を引くときの念じ方

では、どうするのがいいか、教えてください

| READING POINT |

浮かんだイメージを大切に！

カードを開いた瞬間に、意味とは別のイメージが浮かぶこともあります。その場合、浮かんだイメージのほうを重視するようにします。特に何も浮かばない場合、本に記載されている意味に沿って読み取りましょう。

CHAPTER 1　タロット基礎 LESSON

CHAPTER.2
カード LESSON

Part 1

22枚の
大アルカナ
編

　タロット占いで、
もっとも強い意味や力を持つ
22枚の大アルカナ・カード。

　そのテーマやキーワードを覚えながら、
「ワンオラクル」や「ツーオラクル」にも
挑戦してみましょう。

MAJOR ARCANA

0

愚者
THE FOOL

自由奔放

恍惚(こうこつ)とした顔で旅する純粋無垢な性格の、異世界の王子が描かれています。彼は気の向くままに歩き回り、目の前に迫る深い谷底に気がつきません。足元の犬が危険を知らせようとしています。無知だからこそ、彼は恐れず冒険と放浪ができるのです。

▽ 正位置 ▽

無邪気で自由な冒険家

放浪する愚者のように、常識や枠に縛られず思いつくまま自由に動くことを示します。今しか見えない子供のような無邪気な性質で、未知の世界にも恐れず飛び込む大胆さと無謀さがあります。それが功を奏し予想外の展開を経験できるでしょう。トランプの「ジョーカー」と関連がある不思議なカードで、回答を知らせないときに出ることもあります。

▽ 逆位置 ▽

計画性のない愚かな行動

愚者の無計画さの悪い面が出ます。気分や考えがコロコロ変わり、何をしても中途半端で、実になる結果が得られません。無知なため状況判断ができずに誤った方向へ進み、エネルギーを浪費しがちです。集中力に欠けている場合や、正位置と同様に回答を知らせないときに出ることもあります。人の気持ちとして出ると、何も考えていないと読み取れます。

READING IMAGE

Q 1カ月以内に出会いがありますか？
Love

結果 が「愚者」だった場合

結果　愚者

対策　運命の輪 逆位置

△ 正
出会いを求めての強い好奇心と、ワクワク感は持てるでしょう。実際に合コンなどに参加できるかもしれません。しかし放浪を示すカードであるため、恋愛に発展する出会いは1カ月間ではつかみにくいと読み取れます。

▽ 逆
この1カ月間は、出会いを求めて気の向くままに動くという無計画さが災いして、エネルギーを浪費するだけで終わりがちです。複数の出会いがあっても、どれも中途半端でまとまらず、恋愛関係には至らないでしょう。

1カ月間の出会いは難しいことを示す結果からも、チャンスを逃せということ、すなわち諦めたほうがいい、という助言を示します。

対策 が「愚者」だった場合

結果　ワンドの8

対策　愚者

△ 正
「ワンドの8」が出会いを示していることからも、好奇心を持って気の向くままに動いていればいい、というアドバイスが読み取れます。魅力的な人を見つけたり、紹介の話が入ったりしたら、迷わず飛び込みましょう。

▽ 逆
やはり「ワンドの8」が大きな動きを示すことから、1カ月間はとくに出会いを求めて頑張ることなく、自然の流れに任せれば大丈夫そうです。出会い以外のさまざまなことにも目を向け、自由にすごすといいでしょう。

この1カ月間に、驚くほどスピーディーな展開が訪れることを示します。出会ってすぐに告白されるような動きが期待できます。

似た意味でも ここ が違う！

太陽

屈託のなさや純粋さが共通点です。「愚者」は強い能動性を持つのに対し、「太陽」は陽を浴びて輝く、受け身の印象が強いカードです。

ワンオラクルで占う 今日の運勢

正：思い切って大胆なことにチャレンジできる日。ひらめきを大事にして。

逆：無計画に動いて、時間のロスが増えそう。今日のノルマを整理して。

愚者のリーディング例 ➡ P.81 / P.117 / P.240 / P.260 / P.262 / P.276 / P.284

MAJOR ARCANA
1

魔術師
The Magician

新たな創造

自信家の若い魔術師が、ワンドを持った右手を高く掲げ、天のエネルギーを地上に降ろしています。テーブルの上には、棒、剣、金貨、聖杯という四元素の道具が並んでいます。彼はこれらを自由に操り、自分の力で新しい何かを創造できるのです。

正位置

何かの開始と自力での創造

不可能はないと信じている魔術師のように、失敗を恐れず自主的に行動を起こして、よい結果を得られることを示します。自分の考えと才能を駆使し、無の状態から素晴らしいものを創造できるでしょう。何かが新しく始まったり、創造されたりすることも意味しています。しかし、単独行動では高い成果を出せますが、協調性に欠けるのは難点といえます。

逆位置

自信がなく消極的な姿勢

魔術師がすっかり自信をなくし、何事にも消極的になる姿へと変化します。考えに自信を持てないため、何かの決断も下せず、人の意見や押しに流されやすくなります。エネルギー不足で少し頑張っただけですぐに疲れてしまい、結果も冴えないものに。極端に悪い状況ではありませんが、決断できない中途半端な状態がズルズル続くことを示します。

READING IMAGE

Q この婚活パーティーで、いい出会いはありますか？
Love

結果 が「魔術師」だった場合

 結果　 対策
魔術師　カップのペイジ

 正
新しいことが始まるという意味からも、いい出会いがあるといえます。自信家で行動的なタイプの異性が積極的に接近してくるでしょう。ただしスタートだけを示すため、長続きするかどうかは、また別の問題です。

 逆
パーティーで異性と会話はできても、消極的な異性が多かったり、質問者の心が動かなかったりと、どこか中途半端で決断できない状況になります。それでも話が合う人を、友達として先につなげることは可能でしょう。

自分から積極的に異性に向かっていくのではなく、無邪気に幼く可愛らしく振る舞い、受け身な態度でいるといい、という助言です。

対策 が「魔術師」だった場合

 結果　 対策
ソードの2 逆位置　魔術師

 正
会場では受け身で待っていることなく、自分から異性に声をかけなさい、というアドバイスです。「ソードの2」逆位置が、気になる異性は複数現れると告げているので、実際に話して自分の意思で相手を選びましょう。

 逆
自分からは動かず、受け身の姿勢でいたほうがいい、というアドバイスを告げています。「ソードの2」逆位置から遊び半分の異性がいる可能性もあるので、少し距離を置いて異性たちの様子をうかがうといいでしょう。

少しいいなと思う異性が、2人以上現れそうです。すぐに1人には絞れない上に、そのなかに遊び人がいる可能性も考えられます。

似た意味でも ここ が違う！

ワンドのエース

何かの開始という意味が共通点です。「ワンドのエース」は開始や誕生自体に焦点が当たり、「魔術師」は創意工夫をする姿勢があります。

☀ ワンオラクルで占う 今日の運勢

正： 待っていた物事が、いよいよスタートしそう。自分から始めても吉。

逆： 頑張るパワーに欠けています。難しい用事は先に片付けたほうが無難。

魔術師のリーディング例 ➡ P.105 / P.135 / P.225 / P.248 / P.262 / P.268 / P.284

MAJOR ARCANA
2

女教皇
THE HIGH PRIESTESS

優れた学力

エルサレムの神殿にある、光と闇を意味する2本の柱の間に、知的な女教皇が鎮座しています。ユダヤ教の律法書「TORA」を半分隠し、簡単には教えを広めません。背後の帳(とばり)には男性性のヤシと女性性のザクロが描かれ、冠と足元には月を置いています。

正位置

豊かな知識と冷静な判断力

知性と理性にあふれて私情を出さない女教皇のように、頭脳明晰で知力を活かせる状態になることを示します。豊かな知識と分析力、判断力を持ち、言語能力にも優れています。冷静で理論的な発言で、まわりを納得させられるでしょう。勉強や書類作成など知的作業に関すること全般に幸運です。しかし、恋愛面では温かさが足りないことを示します。

逆位置

冷淡で批判的な心

理知的でドライな面がマイナスに出て、冷酷で神経質になることが強調されます。頭が働きすぎて細かいことが気になり、他人の欠点への批判精神が強くなりがち。神経がささくれ立ち、イライラして心の安らぎが得られません。また、考えが浅くなったり、間違った知識を持ったりするなど、正位置とは正反対の「知性に欠ける」という意味もあります。

READING IMAGE

Q 片想いの人がいます。
相手は私のことを、どう思っていますか？

結果 が「女教皇」だった場合

（正）
相手は質問者と話していると充実するなど、知的満足感が得られる点では好感を持っています。しかし理性が優先し、恋愛感情のないドライな状態です。そのため残念ながら、恋愛の対象としては意識していないようです。

（逆）
質問者に対してイライラするような、批判精神を持っていると読み取れます。自分とは話が合わないと感じているのかもしれません。そのため残念ながら、愛情がないだけでなく、全体的に悪い印象を持っていそうです。

 結果：女教皇

 対策：ペンタクルの3 逆位置

相手の前で自分のよい面を見せようと必死になるより、肩の力を抜き、ありのままの自分でいたほうが好感を持たれそうです。

対策 が「女教皇」だった場合

（正）
「隠者」が質問者の内面を探っている可能性を示すことから、相手ともっと話をしたほうがいい、というアドバイスを告げています。とくに、自分の考えを理知的に話しましょう。唐突に愛情を示すことは、ご法度です。

（逆）
相手に少し冷たい態度を取ったほうがいい、というアドバイスが読み取れます。不満など言いたいことがあるなら、それを伝えるといいでしょう。そうした冷たい態度で、相手の受け身な姿勢が変わるかもしれません。

 結果：隠者

 対策：女教皇

相手は質問者のことを静かに熟考している状態です。質問者の気持ちや性格を探っていて、それだけ関心があるといえるでしょう。

似た意味でも ここ が違う！

ソードのクイーン

玉座に座る知的な女性が共通点です。「女教皇」は学識豊かで理解力に優れますが、「ソードのクイーン」は孤独感が強く閉鎖的な性質です。

ワンオラクルで占う 今日の運勢

正：頭脳明晰になり、的確な助言ができます。会議で積極的に発言して。

逆：まわりの理解力のなさにイライラしそう。言葉がキツくなる心配も。

女教皇のリーディング例 → P.49 / P.149 / P.218 / P.250 / P.264 / P.266 / P.286

CHAPTER 2 カードLESSON Part1 22枚の大アルカナ編

MAJOR ARCANA

3

女帝
The Empress

豊かさ

収穫時期を迎えた畑の前で、ゆったりと座る女帝。彼女は妊娠して見え、豪華な衣装から豊かな生活を送っていることがわかります。ハート形の盾に描かれた愛の象徴の金星マークは、富だけでなく愛情にも恵まれ、心も満たされていることを示します。

△ 正位置

豊かさへの深い満足感

この女帝のように、心からの満足感や幸福感を味わえる状況を示します。それは豪華な生活を満喫できるなど金銭・物質的な豊かさを味わう場合もありますし、大切な人と愛し愛されていることを実感する精神的な豊かさの場合もあります。女帝が妊娠して見えることから母性愛という意味も強く、結婚や家族に関しても幸運度が高いカードです。

▽ 逆位置

過剰さとぜいたくな心

豊かさが当たり前だと感じ、多くのものが揃っていても不満や不足感をぬぐえません。欲張りな状態となり、必要以上にお金や物を抱え込んだり、異性から愛されることを強く求めたりします。それが激しい嫉妬を生み、干渉するなどわがままな態度に走ることも。食べすぎによる肥満にも要注意です。自分が恵まれていることに気づかないのが要因です。

READING IMAGE

Q 好きな人がいますが、ライバルの女性がいます。
彼は彼女のことを、どう思っていますか？

結果 が「女帝」だった場合

女帝　ワンドの4

 正
彼はライバルの女性のことを結婚したいと感じるほど、深く愛していることが読み取れます。それだけ彼にとって、彼女は大事な女性なのでしょう。残念ながら、質問者が彼の心に入り込む隙間はなさそうです。

 逆
彼がライバルの女性に、強い不満を抱えていることがわかります。とくに彼女のわがままな態度を重く感じている可能性があります。彼にとって彼女の存在感は強いですが、嫌悪感を持ち、愛してはいないでしょう。

彼に安らぎを与えるといい、と告げています。彼が疲れているときほど笑顔を見せて明るく振る舞い、ホッとさせてあげましょう。

対策 が「女帝」だった場合

カップのナイト　女帝
逆位置

 正
ライバルの女性に対する彼の愛情が離れていることから、質問者には、彼との恋愛を諦めず関係を深めていきなさい、という前向きなアドバイスを伝えています。彼にプレゼントを贈るなど、真剣に愛情を示すといいでしょう。

 逆
ネガティブに読めますが、諦めろという意味ではありません。彼の心がライバルから離れていることもあり、彼に熱心に好意を示しなさい、という前向きな助言です。わがままに振る舞うことで、気を引けるかもしれません。

男性が離れていく姿をイメージする絵柄であり、彼の彼女への好意や愛情が消えて、彼女から離れようとする姿勢がうかがえます。

似た意味でも ここ が違う！

カップの9

共通の意味は、満足感と豊かさです。「女帝」には他者への愛情が含まれますが、「カップの9」は主に自分だけの満足感を示します。

ワンオラクルで占う 今日の運勢

正： 愛されていることを実感する、幸せあふれる日。贈り物が届く予感も。

逆： イライラするけれど、それは欲張りになっているから。謙虚になって。

女帝のリーディング例 ➡ P.129 / P.165 / P.248 / P.264 / P.290

MAJOR ARCANA

4

皇帝
THE EMPEROR

社会的責任

生命を意味するアンク十字の笏（しゃく）を持ち、物質界を示す四角い玉座に座る皇帝。地上における最高権力者であり、重大な任務を抱え、その責任感から険しい表情をしています。牡羊座の象徴でもある玉座の羊の頭と赤い衣装は、強い突進力を表します。

正位置

責任感による任務の遂行

この皇帝のように、強い責任感を持って自分の役割を成し遂げることを意味しています。主に精神的な物事ではなく、物やお金など、物質的な世界に強く関わります。実行力と勤勉さが功を奏し、豊かな経済状況を築けるでしょう。統率力にも優れているためリーダー的存在にもなれ、まわりの信頼を集めます。しかし、精神的な重圧感は否めません。

逆位置

過信による傲慢と無責任

皇帝が持つ自信や力強さが、悪い形で出るようになります。自信過剰で傲慢になり、人前で威張ったり、見栄を張ったりします。実力を過信して自己評価が高く、今の自分がベストであると感じて、努力や責任を持つことを嫌います。自分勝手な言動でまわりに迷惑をかけないよう、注意しましょう。高い地位にいる人は、その地位が揺らぐ心配があります。

READING IMAGE

Q 別れた恋人とやり直したいと思っています。復縁できますか？

結果 が「皇帝」だった場合

結果　　対策
皇帝　　ソードの7
　　　　逆位置

 正
相手は質問者との関係に強い責任感を持っているため、復縁できる可能性は高いといえます。相手を必要としていることを伝えて考え直してもらえば、復縁についてまじめに考え、行動を起こしてくれるでしょう。

 逆
相手は質問者を見下すような傲慢な感情を持ち、すんなりと復縁してくれそうにありません。相手を立てることで復縁の流れになる可能性はありますが、その後も相手のわがままな態度に悩まされることになります。

誠意を持って接することが大切です。相手にとって有益になるアドバイスや情報を、ときどき伝えるようにするといいでしょう。

対策 が「皇帝」だった場合

結果　　　　　対策
ペンタクルの7　皇帝

 正
相手に誠意のある態度を見せなさい、という助言です。自分から連絡を取り続けるなど、縁が切れないようにすることが必要です。復縁したら具体的にどのような関係を築きたいのか、自分の意見をまじめに伝えましょう。

 逆
傲慢で強気な態度を取ったほうがいい、という助言ですから、相手への不満や自分の希望を少し強引にぶつけてみるとよさそうです。それによって相手の心が動き、復縁できるタイミングが早まるかもしれません。

復縁できるかわからない、曖昧な状況が長く続きます。忍耐強く待ち続けることで、少しずつ復縁できる可能性は高まるでしょう。

似た意味でも ここ が違う！

ペンタクルのキング

「皇帝」のほうが、4種のキングより上の位です。「皇帝」が凄まじい実行力を持つのに対し、このキングは暗い表情で腰が重く保守的です。

ワンオラクルで占う 今日の運勢

正： リーダー的な役割をしっかり果たし、まわりからの信頼が高まります。

逆： 少し自信過剰になりがちです。横柄な男性に近寄るのも避けること。

皇帝のリーディング例 ➡ P.111 / P.171 / P.222 / P.224 / P.238 / P.266

MAJOR ARCANA

5

法王
The Hierophant

慈愛心

法王が2本の柱の間に座り、目の前にひざまずく2人の祭服を着た司祭に、右手で神の祝福のサインを送っています。身につけた三重冠と三重の十字架は、父・子・精霊などの三位一体を象徴し、足元にはクロスした天国へ通じるための鍵があります。

▽ 正位置 ▽

弱者を助ける
寛大な精神

顕教（けんきょう）を惜しみなく広める法王は、寛大で深い慈愛心を持っています。この法王のような優しさや親切さ、安心を感じる状況が訪れることを示します。何かで悩んでいても援助されたり、よい助言をもらったりするでしょう。逆に、自分自身が誰かを助ける場合もあります。少し離れて温かく見守り、いざとなると手を差し伸べる、真の慈愛心を示します。

▽ 逆位置 ▽

狭い心による
出し惜しみ

自分のメリットばかりを追求する、心と視野が狭い状態を示します。自分の得を優先し、物やお金、情報や優しささえも人に与えることを惜しみます。何かをしてもらいたがり、まわりへの不満や欲求も募ります。わざと意地悪するような冷たさもあるでしょう。そのような人に困るほか、孤立無援となり援助を得られないという意味もあります。

READING IMAGE

Q   気になる人がいます。その人と付き合えますか?

結果 が「法王」だった場合

 法王　 恋人

 正
相手が目をかけてくれて可愛がってもらえるような、温かい関係は築けます。しかし、相手の態度が甘い恋愛ムードにならず、先輩と後輩、もしくは兄弟姉妹のような雰囲気から抜け出すことは難しい、と読み取れます。

 逆
相手が質問者に恋愛感情を出し惜しみするような状況が読み取れ、残念ながら恋愛として交際するのは難しい、と言わざるを得ません。強引に交際に進めたとしても、相手の心の狭さに悩まされる可能性があります。

決して重くならないように爽やかに恋愛感情を見せるといい、という助言です。軽く食事やレジャーに誘ってみてもよさそうです。

対策 が「法王」だった場合

 ワンドの10 逆位置　 法王

 正
相手に慈愛心を見せて親切に振る舞うとよい、というアドバイスです。相手が何かで困っていたら優しく声をかけたり、手助けしたりするといいでしょう。いつでも見守っていることをアピールすることもおすすめです。

 逆
相手にそっけない態度を取るほうが気を引ける可能性があることを示します。もしくは、交際しても質問者が幸せにならない可能性があり、恋愛感情を持たずに嫌うくらいのほうがいい、という助言とも読み取れます。

恋愛関係に進めるには、かなりの努力が必要です。結果的にそれが苦痛となって、質問者自身が交際を諦める形になりそうです。

似た意味でも ここ が違う!

 ペンタクルの6

弱者を助ける寛大さが同じです。「法王」は主に精神に安らぎを与え、「ペンタクルの6」は直接的に慈愛行動を取る姿勢があります。

ワンオラクルで占う 今日の運勢

正： 目上の人や実力者の温かいサポートを得られ、何事も順調に進みます。

逆： いがみ合いの雰囲気に悩まされそう。こんな日こそ、笑顔を大切に。

法王のリーディング例 ➡ P.69 / P.185 / P.212 / P.242 / P.286 / P.288

MAJOR ARCANA

6

恋人
The Lovers

ときめき

エデンの園にアダムとイブが立ち、太陽の下では大天使が手を広げ、地上に力を与えています。アダムの後ろに12個の実をつけた生命の樹があり、イブの後ろには蛇が巻きついた善悪を知る知恵の樹があります。蛇は、実を食べるように誘惑しています。

▽ 正位置 ▽

心が弾む楽しい状況

アダムとイブが描かれたこのカードは、主に恋のときめきを表します。蛇にだまされるほどの無邪気な2人であることから、深刻さのない、まだ始まったばかりの楽しい恋愛感情です。恋愛以外には楽しい状況や軽いムードを表し、そこには深刻さや悩みはありません。趣味や遊びで気分が上がったり、人間関係では雑談で盛り上がったりするでしょう。

▽ 逆位置 ▽

責任感のない軽い遊び

逆位置になると軽いムードがまた一段と軽くなり、それがマイナスに働きます。何事にも責任感や誠意がなく、遊び半分で取り組んだり、気分でやったりやらなかったりします。恋愛では飽きっぽさが出て、浮気者になりがちです。一時的な快楽や娯楽にはまり、自分のノルマを軽視する場面もあるでしょう。それ以外には、「別離」という意味も持ちます。

READING IMAGE

Q   結婚したい人がいます。この人と結婚できますか？

結果 が「恋人」だった場合

恋人

カップの4
逆位置

 正
ドキドキするときめきや楽しさはあるため、口約束での結婚の話が出ることもありそうです。しかし、あくまでも軽く楽しい状況を示すことから、結婚に進むには勢いが足りず、恋人の関係から抜け出せないと読めます。

 逆
軽い恋愛交際を楽しむ状況が続くため、2人の関係に責任を持つことが苦痛になります。結婚へ進むことは難しそうです。別離という意味もあることから、最終的に結婚できる可能性は非常に低いと読み取れます。

交際パターンを変えるなど、停滞した関係に新鮮さを入れなさい、と告げています。それにより、結婚へ進むきっかけを得られます。

対策 が「恋人」だった場合

ソードのペイジ

恋人

 正
深刻な態度を取らず、あくまでも明るく爽やかに結婚の楽しさについて語り、相手に夢を持たせるとよい、というアドバイスを告げています。相手の結婚へのウキウキ感を高めることで、結婚の話がまとまるはずです。

 逆
相手の結婚への警戒心を解くために、あえて結婚の話は出さず、軽いノリで恋愛を楽しみ続けるとよい、というアドバイスになります。少し浮気っぽい態度を見せることで、相手が結婚を決意する可能性もあります。

結婚への用心深さや憧れが持てないことが災いして、結婚に踏み出せません。相手の結婚への条件が厳しいとも考えられます。

似た意味でも ここ が違う！

カップの2

恋人同士が描かれた2枚です。「恋人」は恋愛のほかレジャーなど幅広い意味を持ち、「カップの2」は甘い恋愛に特化しています。

ワンオラクルで占う 今日の運勢

正： 人間関係もレジャーも笑顔で楽しめる日。デートに誘われる予感も。

逆： 誠意のない言動で人に迷惑をかけるかも。甘い言葉を信じるのも×。

恋人のリーディング例 ➡ P.45 / P.123 / P.264 / P.284 / P.290 / P.292

MAJOR ARCANA

7

戦車
The Chariot

前進

王子のような若者が直立して戦車に乗り、目的地へ向かっています。戦車を引く白と黒のスフィンクスは正反対の性質を持ち、それを統合させて進まなければなりません。両肩には神の啓示に使う月があり、戦車には男女結合の記号が描かれています。

正位置

素早い前進と統合する力

若者が白と黒の2つのエネルギーを上手に統合して、==軽やかに前進する==姿が強調されます。一度流れに乗れば一直線に進むのは簡単で、==順調にスピードアップ==をはかれるでしょう。準備に時間をかけなくても、==スタートダッシュができる==状態も示しています。ただし、最終的に==目的地に着ける保証はなく==、それはほかのカードを参照する必要があります。

逆位置

焦りによる暴走と停止

白と黒の相反するエネルギーを統合できず、スフィンクスが暴れてしまいます。そのため、戦車が派手に==暴走==したり、==停止==してしまったりする状態を示しています。一度そうなると、==再び前進するのは困難==を極めます。占ったときの直感や状況により、暴走か停止かを選んでください。進む方向が間違っているため、==エネルギーを浪費==する状況も示します。

READING IMAGE

Q 恋人と別れようか悩んでいます。
このまま付き合ったらどうなりますか？

結果 が「戦車」だった場合

戦車

ペンタクルの
ナイト

 正

相手が質問者との交際に積極的であり、グイグイ押してくるパターンの交際が続くと読めます。別れようとしても、食らいついてくるような勢いがあります。そのため、別れるタイミングをつかむのが難しいでしょう。

 逆

相手の横暴さや暴走気味な態度を一方的に我慢することになり、調和した穏やかな交際をしていくことは難しいようです。これから交際を続けても、別れたいという気持ちはさらに強まっていくと想像できます。

相手の欠点を忍耐強く受け入れながらも、交際は続けたほうがいい、という助言です。別れを決断するには、時期尚早のようです。

対策 が「戦車」だった場合

女教皇
逆位置　　戦車

 正

結果が示す未来がネガティブであることから、別れに向かって前進しなさいと助言しています。自分から意見をはっきりと言い、別れを切り出して。強気で押すことにより、うまく別れられる可能性が高くなります。

 逆

やはり結果がネガティブなことから、相手から離れて逃走したほうがいい、と読み取れます。同時に、無理に動かず停止していたほうがいいとも読めますが、この場合は離れることをすすめている、と読むほうが自然です。

愛情が冷めて相手の欠点が気になるようになり、交際を続けてもイライラする状況が続きます。口論も絶えないでしょう。

似た意味でも ここ が違う！

ワンドのナイト

先を急ぎ前進する若者が共通点です。「戦車」を引くのは2頭で統合が必要ですが、「ワンドのナイト」の馬は1頭で勢いだけで進めます。

ワンオラクルで占う 今日の運勢

正：驚くほど早く目標に近づけそう。ただし細かい部分の見落としに注意。

逆：焦りが原因で予定通りに進みにくい日。交通機関の乱れにも警戒を。

戦車のリーディング例 ➡ P.87 / P.187 / P.228 / P.230 / P.284 / P.288 / P.290

MAJOR ARCANA

8

力
STRENGTH

強い意志力

活力ある黄色の背景のなか、ドレスを着た細身の女性が、荒れた獅子の口を涼しげな顔でおさえています。怪力ではなく、慈悲と忍耐、そして絶対に大丈夫という自信により、押さえ込んでいるのです。頭上には魂の成長を示すマークが浮かんでいます。

▽ 正位置 ▽

強固な意志で
成功をつかむ

体力気力に満ちあふれるパワフルな状態です。それと同時に、この女性のように自分のエネルギーを上手にコントロールして夢の実現や目標を達成させることを示します。ただ待っているのではなく、強い自信を持って自ら積極的に動くことで、自分でも驚くほど大きな成功をつかめるでしょう。難しいと感じる大計画もやり遂げられるはずです。

▽ 逆位置 ▽

意志が弱く
パワー不足

女性が獅子を手なずけられず、獅子の力に押し込められるイメージになります。自分の力のなさにすっかり落胆し、自信を喪失して脱力感を味わい、弱気になってしまうことも。夢の実現や目標達成に必要な実力が備わっていないことを、イヤというほど実感することになるのです。先に進むためには過信せず、コツコツと実力を蓄えていくことが大切です。

READING IMAGE

Q   責任ある大きな仕事を任されました。
私にうまくできますか？

結果 が「力」だった場合

全力投球ができ、自分の才能とエネルギーもうまく使いこなし、結果的に大成功を収められるでしょう。仕事中に何か問題が生じても、それに対処する能力も備わっています。自分の力を信じて取り組むことが大切です。

仕事の規模の大きさが自分の力のキャパシティーを超え、思うように結果を出すことができません。1人でこなすにはパワーが足りませんので、仕事の内容を見直して自分のやりやすい形に変えるなど、対処が必要です。

力　　ワンドのキング
　　　逆位置

まわりに遠慮することなく、少しだけ自己中心的になるといい、と助言しています。自分の意見や要望を強気で出すといいでしょう。

対策 が「力」だった場合

自分のエネルギーを出し切ることを恐れず、計算高さを捨て自信を持って取り組むといい、と助言しています。策略や目上の人の助けなど何かに頼る気持ちは捨て、自分のエネルギーを全力で注ぎ込むことが大切です。

「ソードの7」から、それなりの成功は期待できますが、仕事の規模が大きすぎる可能性があります。狡猾なやりかたをせず正々堂々と取り組めるよう、規模の縮小を考えましょう。無理せず周囲の人に頼ることも必要です。

ソードの7　　力

知力を活かし、それなりの成功を収めます。しかし計算高く、自分だけメリットを得るような狡猾な取り組みかたになりがちです。

似た意味でも ここ が違う！

戦車
パワーを示す2枚です。「戦車」は勢いで進む若さがありますが、「力」は、自分のエネルギーを工夫して使い成功する、成熟した動きです。

ワンオラクルで占う 今日の運勢

正：自分の才能と力を120％出し切り、大きな物事を成し遂げられそうです。

逆：心身の疲れが出やすい日。頑張るより休息を取ったほうがいいでしょう。

力のリーディング例 ➡ P.99 / P.189 / P.222 / P.248 / P.278

MAJOR ARCANA
9

隠者
THE HERMIT

深い思慮

老人の隠者が、暗闇でランプを掲げています。山頂にいるのは、隠者が悟りの域に到達しているためです。ランプのなかの精神性を表す六芒星(ろくぼうせい)を誘導灯として、人々を導いています。マントは真実を隠すことから、悟りを人々に伝えることには慎重です。

△ 正位置

内面を見つめ悟りを得る

悟りを得た隠者のよい面が強調されます。雑音や雑念から離れ、1人静かに内面を探求し、熟考を重ねる様子です。静かにすごす時間は多くの真の気づきをもたらし、人生を深めるでしょう。動く前に慎重な検討を重ねたり、潜在意識で求めているものを探ったり、過去を振り返るような状況も示します。考えるばかりで動かない点が難点にもなり得ます。

▽ 逆位置

心を閉ざして孤独を味わう

孤独で閉鎖的という、隠者のマイナス面が強調されます。内面に入り込みすぎてまわりに心を開けず、閉鎖的になりがちです。警戒心(けいかいしん)と猜疑心(さいぎしん)が強まり、言葉数も少なくなるでしょう。そのため人と接する機会が減り、孤独感を味わいます。心を開ける人が少なく、孤立無援になる状況が訪れるでしょう。外からの情報が得られない孤立も含まれます。

READING IMAGE

 Q 会社を辞めようか悩んでいます。
転職したらどうなりますか？

が「隠者」だった場合

結果 隠者

対策 ペンタクルの8

正：転職した場合、気持ちがすっきりせずに、本当に辞めてよかったのかと内省する状態に陥りそうです。1人で考えても、その結論は出にくいでしょう。もしくは勇気が出ずに、転職に向かって動けないとも読み取れます。

逆：転職した場合、孤独で閉鎖的な気持ちに陥る可能性があります。新しい会社になじめず、孤立無援になる心配もあります。もしくは会社を辞めても転職先が見つからず、引きこもり状態になるとも読み取れます。

結果からも、今の会社でもう少し地道に頑張り続けるとよい、と助言しています。会社を辞めるタイミングではないようです。

が「隠者」だった場合

結果 節制 逆位置

対策 隠者

正：すぐに転職に向かって動かず、もうしばらく今の状態で様子を見たほうがいい、というアドバイスを告げています。転職を考えるのであっても、急がずに時間をかけて検討を重ね、自分に合った会社を探す必要があります。

逆：閉鎖的になったほうがいい、ということですから、今はまだ転職はしないほうがいい、というアドバイスになります。今の会社に不満や不安な点があっても、しばらくじっと我慢して、様子を見ることがおすすめです。

このタイミングで転職しても状況は大きく変わらず、マンネリ感を味わいます。転職をしても意味がなかったと感じそうです。

似た意味でも ここ が違う！

女教皇

ともに精神性の高いカードです。「女教皇」が知識や情報など外から得られる知性を持つ半面、「隠者」が示すのは内面からくる知性です。

ワンオラクルで占う 今日の運勢

正：1人で考える時間が充実します。気が乗らない誘いは断ったほうが◎。

逆：孤独を感じやすい日です。自分から笑顔で人に話しかけましょう。

隠者のリーディング例 ➡ P.39 / P.159 / P.214 / P.242

MAJOR ARCANA
10

運命の輪
WHEEL OF FORTUNE

チャンス

運命を示す大きな輪が描かれ、上にいるスフィンクスが輪を自由自在に操っています。輪には「TARO」とヘブライ語で神の名が書かれ、四隅で火・地・風・水を司る聖獣が勉強しています。輪の左で邪神が転落し、右では冥界の神が上昇しています。

▽ 正位置 ▽

突然舞い込む大きな幸運

アヌビス神が上昇している、輪の右側にスポットが当たります。低迷期を抜けてようやく幸運の流れに乗り、チャンスをつかめる状態です。このままの流れで輪の頂点に立ち、幸福感を味わえるでしょう。しかし輪は頂点で止まることはなく、次の瞬間に下降運に入ることを忘れてはいけません。永続性に欠ける、瞬間的な幸運を示すカードなのです。

▽ 逆位置 ▽

機を逸して悪化する状況

蛇の姿のテュポンが下降している、輪の左側にスポットが当たります。運の流れは落ちる一方で歯止めが利かず、もうすぐ底辺に到着しようとしています。自力ではどうすることもできず、流れに任せるほかはありません。ピークをすぎて下降することや、状況が悪化することを示します。ただし輪は再び上昇を開始するため、一時的なものとなります。

READING IMAGE

Q 一度は諦めた夢にもう一度挑戦しようか悩んでいます。うまくいくでしょうか？

結果 が「運命の輪」だった場合

 今が大変良いタイミングであり、すぐに再チャレンジすれば、成功する可能性は非常に高いと判断できます。あまりにも順調によい流れに乗って成功して驚くかもしれません。すぐに動いたほうがいいでしょう。

 タイミングが悪く、今挑戦しても成功させることは難しいようです。対策のカードは諦めずに頑張ることをすすめていますから、取り組むタイミング、もしくは考えているやりかたを変えるかどうか検討するといいでしょう。

 運命の輪

 ワンドの5 逆位置

計画を立てずにさまざまな方法を使って、手当たり次第に挑戦すべし、という助言です。下手な鉄砲も数撃てば当たるの精神です。

対策 が「運命の輪」だった場合

 リベンジするには今が最高のタイミングであるため、すぐに挑戦しなさい、というアドバイスを告げています。深く考えず、動くことで訪れる波にしっかり乗るといいでしょう。タイミングを逃すと難しくなります。

「カップのキング」が成功する可能性を示しますが、「運命の輪」逆位置は挑戦を勧めていません。今はほかにもっとやるべきことがあるなど、その挑戦自体が質問者にとって無意味である可能性が考えられます。

カップのキング　運命の輪

情に厚く親切な実力者に援助してもらえ、成功する可能性が高いと判断できます。成功した人の話が参考になることも考えられます。

似た意味でも ここ が違う！

世界

大きな輪と四隅の聖獣が共通点です。「運命の輪」は一時的で俗物的な幸運を示すことが多く、「世界」は永遠に続く、真の幸福を示します。

ワンオラクルで占う 今日の運勢

正：待っていたラッキーニュースが入りそう。すぐに動くことがポイント。

逆：何かとタイミングが悪いようです。無謀なことへの挑戦は避けること。

運命の輪のリーディング例 ➡ P.35 / P.147 / P.214 / P.218 / P.286

MAJOR ARCANA
11

正義
JUSTICE

合理性

柱と柱の間に無表情な女神が座り、裁判官の役割を担っています。左手に持つ天秤で人々の罪と徳を量り、右手に持つ剣を使ってその罪を裁いたり、不正を正したりしています。ギリシャ神話の正義の女神アストレイアがモデルになっています。

正位置

合理的判断で調停をはかる

描かれた女神は主観を挟まず、正確に罪と徳を量り、バランスと調停をはかっています。そのため、合理的で平等な思考や行動を示しています。理屈の通った冷静な判断を下すため、まわりを納得させられるでしょう。感情に流されず、やるべきことを秩序正しく進められます。しかし豊かな感情とは無縁であり、愛情面ではマイナスに出がちなカードです。

逆位置

決断できずに迷いが続く

女神が持つ天秤のバランスが崩れ、ゆらゆらと揺れ続ける状態になります。冷静さを失って判断基準が曖昧になり、迷いが増えて決断を下すことができません。とくに、二者択一の場面ではどっちつかずになり、どちらも中途半端な状態になりがちです。感情的になって何かの判断に私情や偏見が入り、不公平な決断を下すことも意味しています。

READING IMAGE

Q 折り合いのよくない上司がいます。
上司との関係は、この先どうなりますか？

結果 が「正義」だった場合

正
お互いに相性が悪いと感じているとしても、それを顔や行動に出すことなく、合理的かつ事務的に、淡々とした交流ができるでしょう。そのため衝突することもなく、問題なく冷静にそれぞれの役割に取り組めそうです。

逆
お互いに違う主義や価値観を持ち、それを相手の前で隠すことなく出し合うため、ひんぱんに衝突して、感情論になる心配があります。分かれた意見を調停することもできず、ギクシャクした雰囲気が漂います。

 正義
 ソードの8

下手に動くことなく、忍耐強くじっと我慢したほうがいいと助言しています。相手に逆らうような言動を取るのは禁物です。

対策 が「正義」だった場合

正
相手の前で自分の感情を出さず、理屈の通った話や行動を心がけるように、というアドバイスです。嫌な思いをしても、あくまでも合理的な視点から見るようにして。2人の意見を調和させる努力も必要です。

逆
衝突することを恐れず、遠慮しないでできるだけ自分の意見を出していくといいでしょう。違う意見を衝突させ続けることにより、お互いの方針が見えてきたり、新しい状況が生まれたりすることも期待できます。

ペンタクルの5 逆位置 / 正義

相手と考えや意見が噛み合わず、話すほど混乱状態に陥り、虚しくなりがち。仕事の進めかたも見えなくなり、はかどりません。

似た意味でも ここ が違う！

節制

バランスや中庸を保つことが共通点です。「正義」は主に複数の物事を調停するのに対し、「節制」は複数の物事を調合して純化させます。

ワンオラクルで占う 今日の運勢

正： 冷静になり、仕事や勉強がはかどる日。大きな決断事をするのも吉。

逆： 複数のことに着手して、どれも中途半端に。目標を1つに絞って。

正義のリーディング例 ➡ P.63 / P.143 / P.230 / P.244 / P.264 / P.274

MAJOR ARCANA
12

吊るされた男
THE HANGED MAN

試練

絞首刑台に、男性が逆さ吊りにされています。身動きが取れない状態ですが、その表情は恍惚感にあふれ、頭には悟りを得たことを示す後光が輝いています。絞首刑台の木には青々とした葉が茂り、男性の生命力の強さと明るい未来を想像させます。

▽ 正 位 置 ▽

実りのある
試練や忍耐

輝く後光や茂った葉など、ポジティブな面が強調されます。吊るされるという試練を通して、悟りや精神力の強さなど、何かを得ることを示します。実りを得るために必要な、将来的に報われる試練や忍耐であるといえるのです。苦しく動けない状態から解放されたあとに深い達成感を得られるでしょう。何かのために自分を犠牲にすることも示します。

▽ 逆 位 置 ▽

報われない
忍耐や苦悩

吊るされた男性の苦悩という、ネガティブな部分が強調されます。強制的に身動きの取れない苦痛な状況に追い込まれ、その見返りや報酬は期待できません。骨折り損のくたびれ儲けであり、何かのために自分を犠牲にしても、搾取される一方で終わるでしょう。ただひたすら苦しみに耐えるしかなく、いつ解放されるかもわからない状況が続きます。

READING IMAGE

Q 友人と起業を考えています。この起業は、うまくいきますか？

結果 が「吊るされた男」だった場合

 正　試練と忍耐を通して実りを得る、ということを示しますが、予想よりスムーズに進まず、苦労することは否めません。それでも試練を乗り越えていく姿勢があれば、時間がかかっても結果的に軌道に乗せられるはずです。

 逆　起業すると、予想以上に苦しい思いをすることが読み取れます。頑張る割に期待していた報酬が得られないなど、骨折り損に終わりがちに。このまま進むとエネルギーの浪費となるので、対策を取り入れる必要があります。

 吊るされた男
 星 逆位置

理想を持たないようにということ、つまり理想を下げなさい、という助言になります。そうすれば起業時のつらさが和らぐでしょう。

対策 が「吊るされた男」だった場合

 正　起業することをすすめてはいますが、それなりに苦労が多いため、長い目で見て忍耐力を持って取り組みなさい、と助言しています。手っ取り早く高い成果を出そうとせず、時間をかけて進めていくことを考えましょう。

 逆　起業をやめたほうがいいとまでは伝えていませんが、起業するとかなり苦しい状況になることを覚悟しなさい、という助言です。苦痛を和らげるため、起業の規模を縮小するなど負担の少ない方法を考えるといいでしょう。

 ワンドの5
 吊るされた男

起業のための細かいやるべきことが多すぎて、頭が混乱するような状態に陥りがちです。友人と言い争いになる場面もありそうです。

似た意味でも ここ が違う！

ソードの8

身動きができない状況が共通点です。「吊るされた男」は悟りや実りを得られますが、「ソードの8」の拘束は、ただ苦痛に耐える状況です。

ワンオラクルで占う 今日の運勢

正：先へ進むための乗り越えるべき試練が訪れます。逃げずに受け止めて。

逆：自分で自分を苦しめてしまう気配。忙しくなりすぎないように調整を。

吊るされた男のリーディング例 ➡ P.111 / P.183 / P.274 / P.276 / P.280 / P.284

MAJOR ARCANA

13

死 神

DEATH

終了

キリスト教で不吉とされる13番目のカードです。白馬に乗った死神が、生命を象徴するバラを描いた黒い旗を掲げ、そのまわりには死に近づく王様や僧侶、子供がいます。2本の柱の間には不死の太陽が輝き、未来に希望があることを示しています。

正位置

後腐れのない
完全な終了

死をイメージさせ、初心者を怖がらせるカードです。しかし、死だけではなく、すべての物事の終了を意味します。たとえば誰かが引っ越しをして縁が切れたり、何かの予定が中止になったりすることも含まれます。予期しなかった強制終了が多いものの、その終わり方はスッパリとして、後腐れがありません。そして、次の段階へ進むことができるのです。

逆位置

転換による
新しい展開

絵柄のなかの生命を象徴するバラや、不死の太陽にスポットが当たります。何かが完全終了したあとの段階で、新しい世界が目の前に開けてくる転換期を示します。今までの状況が180度変化し、生まれ変わったような気分になれるでしょう。正位置と同じく何かの終了を示す場合もありますが、その後に好転や明るい展開が約束されているといえます。

READING IMAGE

Q Family 子供が話をしてくれません。
私（親）のことをどう思っているのでしょうか？

結果 が「死神」だった場合

結果 死神

対策 カップの6

正 スッパリと縁が切れるイメージから、ほかの物事に強く気を取られるなどして、親のことをほとんど考えていない状態と読み取れます。心が無の状態ですが、親から距離を置いていることは意識しているかもしれません。

逆 転換期を示しているので、親に対する考え方や存在のありかたが、今までとは大きく変わってきている可能性があります。たとえば、以前は親に甘えていたのであれば、自立心が生まれてきた、というように判断できます。

過去のように接するということ、つまり幼少時と同じように接するといいでしょう。幼少時の話をすると心を開いてくれそうです。

対策 が「死神」だった場合

結果 ソードの6 逆位置

対策 死神

正 自分から子供に強く関わっていくことをやめ、離れた位置から見守るといい、とアドバイスしています。完全に放置するくらいのほうが、子供も安心感を持ち、結果的によい関係を築けることにつながるようです。

逆 子供への接しかたを今までと大きく変えてみましょう、というアドバイスです。たとえば、今まで子供扱いをしていたのであれば、1人の大人として認めていると伝え、責任感を持つことを促すといいでしょう。

親から気持ちが次第に離れていっている状況が読み取れます。親の世話を受けずに自立し、自分の道へ進みたいのかもしれません。

似た意味でも ここ が違う！

ソードの10

物事の終わりを示す2枚です。「死神」はよしあし関係なくスパッと切れる終わりかたで、「ソードの10」は悔恨を残す悪い終わりかたです。

ワンオラクルで占う 今日の運勢

正： 長く続けたことが終了したり、人と縁が切れたりという小さな変化運。

逆： 大変だった状況が一段落して、新しいステージに入れるチャンス。

死神のリーディング例 ➡ P.129 / P.165 / P.232 / P.292

MAJOR ARCANA
14

節制
TEMPERANCE

自然体

天使が澄んだ水に足をつけ、2つの聖杯の間で生命の水を循環させています。額には太陽のマークを、胸には三角と四角を重ねた7を意味するマークをつけ、その上にはヘブライ語の神の名が隠されています。完全な精神を持つ天使である証拠なのです。

▽正位置▽

調和が取れた自然な流れ

聖杯の間で循環され、浄化されている生命の水にスポットが当たります。流れる水はよどむことなく透明感と純粋さを保ち、人々に安らぎを与えます。バランスが取れた中庸の状態であり、流れは自然で順調で穏やかです。大自然のなかですごすような伸びやかさがあり、無理なく心からリラックスできて、ありのままの自分でいられる状態を示します。

逆位置

マンネリでよどんだ流れ

天使が生命の水の循環をやめてしまい、水がよどんだ状態になることを示します。同じ場所で停滞し続けることにより、気持ちの新鮮さが失われてしまいます。慣れた状況から抜け出すことが億劫(おっくう)になって惰性ですごし、マンネリな状態に陥ってしまうでしょう。穏やかなカードですから、逆位置でも極端に悪くはならず、退屈な日常的な感覚を示します。

READING IMAGE

Q   年老いた母親と同居しようか悩んでいます。同居したら、どうなりますか？

結果 が「節制」だった場合

結果　節制

対策　ペンタクルの10 逆位置

正：お互いに必要以上に気を使い合うことなく、ありのままの姿でリラックスしながら一緒に暮らすことができそうです。生活リズムも合い、衣食住のなかで共感し合う部分も多く、衝突することもないでしょう。

逆：親子同士ありのままの姿で、気を使い合うようなこともなくラクな気持ちで暮らせます。しかし馴れ合いが強くなり、生活がどこまでもだらしなくなる可能性も。それでも問題はありませんが、適度に気を引き締めて。

寝坊をしたり、部屋が散らかっていたりと、少しルーズな雰囲気作りをしたほうがお互いに安心して仲よく生活できるでしょう。

対策 が「節制」だった場合

結果　正義

対策　節制

正：同居して問題ないと、前向きにすすめています。同居する場合はお互いに気を使わないよう、リラックスできる関係作りが大切です。相手の言動に我慢してストレスをため込まないよう、普段から感情を出し合いましょう。

逆：同居を否定してはいませんが、すぐに決めず流れに任せ、本当に必要と感じたら同居するといいでしょう。同居する際にはしっかりやろうと気を張らず、少しならだらけてもいい、と割り切るくらいでいいようです。

同居すると役割分担をするなど協力し合い、きちんとした生活を送れます。しかしその分、お互いに安らぎは感じにくいようです。

似た意味でも ここ が違う！

ソードの2

2つのものを扱う点が共通です。「節制」は2つを調合し調和させますが、「ソードの2」は、2つを同時にバランスよく扱います。

ワンオラクルで占う 今日の運勢

正：計画通りに進む順調な日。背伸びをせずありのままの自分を出すと◎。

逆：集中力に欠けて、だらけてしまいがち。約束の時間に遅れないこと。

節制のリーディング例 ➡ P.53 / P.220 / P.236 / P.244 / P.258 / P.262 / P.278 / P.288

MAJOR ARCANA

15

悪魔
THE DEVIL

堕落

山羊の頭と蝙蝠(こうもり)の翼を持つ悪魔のバフォメットが祭壇上にいます。額には悪魔崇拝のシンボルをつけ、右手で悪の祝福を送り、左手には黒魔術の象徴の松明(たいまつ)を下げています。前にいる男女の鎖は緩く、自分の意志でつながれていることがわかります。

正位置

堕落と誘惑に束縛される

自分からつながれている男女のように、悪魔の世界にトリコになっている状態を示します。罪悪感を持ちながらも怠惰や快楽の状態から抜け出せず、人間性が堕落していく一方です。具体的には何かの中毒や犯罪、悪い仲間、引きこもり状態などを表します。陶酔しながらも心の奥では恐怖を感じているのです。強制的な束縛を意味することもあります。

逆位置

束縛状態から解放される

首にはまっていた鎖が抜け、悩みが解消されるなど、悪魔の世界から解放されることを示します。それは突然ではなく、自然の流れのなかで起こります。悪魔の世界が実は苦しいことに気づき、素の自分になれるラクな道を選ぶことができるでしょう。何かと縁がなくなることも示しますが、それはよい方向へ進むための出来事であり、苦痛は感じられません。

READING IMAGE

Q 賃貸マンションの更新時期が迫ってきました。引っ越したらどうなりますか？

結果 が「悪魔」だった場合

 正 — 引っ越すことで、思わしくない状況に縛られる心配があります。たとえば騒音に悩まされたり、隣人がよくない人だったりするかもしれません。ネガティブな環境により、生活が荒れたり堕落したりする可能性があります。

 逆 — 引っ越すことで、悪い状況から解放されることを示します。苦手な人や状況と離れ、生活全体がよい形に変わる可能性があります。現在の住まいで負担に感じる物事があれば、それも改善され、生活がラクになるでしょう。

 結果 悪魔

 対策 ワンドのペイジ

引っ越しする前に、新しい物件の情報を集めなさい、という助言です。希望に沿った理想に近い物件を念入りに探しましょう。

対策 が「悪魔」だった場合

 正 — 結果のカードがネガティブであることからも、まだ引っ越しはせず、今の住まいにいたほうがいい、というアドバイスを告げています。現状に不満や問題点があっても、無理に引っ越すよりはよいということでしょう。

 逆 — 現状からの解放を勧めているということで、引っ越したほうがいいという助言と読めます。しかし結果の「カップの9」逆位置から、無理をしてまで引っ越しをせず、金銭的に不満のない方法や場所を選ぶことが大切です。

 結果 カップの9 逆位置

 対策 悪魔

引っ越しを機に物欲が強まるなど、主に金銭状態が悪化しそうです。引っ越しやインテリアにお金がかかり、不満を感じることも。

似た意味でも ここ が違う！

吊るされた男

ともに身動きが取れない状況ですが、「吊るされた男」が神経を研ぎ澄ますなかでの忍耐であり、「悪魔」は堕落した、緩んだ精神状態です。

ワンオラクルで占う 今日の運勢

正： 魔が差してラクなほうに流されがち。頭痛や腹痛にも気をつけて。

逆： 悩み事や不安だったことが解決して、気持ちがラクになりそう。

悪魔のリーディング例 ➡ P.89 / P.173 / P.216 / P.262 / P.270 / P.272 / P.274 / P.292

MAJOR ARCANA
16

塔
THE TOWER

突然の崩壊

王冠をつけた高い塔に稲妻が突き刺さり、一瞬で塔が崩壊する様子が描かれています。傲慢な人間達に神が気づきを与えるため、窓からは豪華な衣装を着た人物が投げ出されています。神聖なヘブライ文字が22個散り、神の恩寵も感じさせるカードです。

▽ 正位置 ▽

突然起こる衝撃の出来事

崩れる塔のように、築き上げてきた物事や価値観が瞬時にして崩されることを示します。その精神的ダメージは、かなりのものでしょう。しかしそれは、土台自体が揺らいでいたことも原因です。何かをごまかし積み上げてきたことは、いつか無に帰さなければなりません。事故や事件も示すため、占いで出たら予定を中止するなど回避に努めてください。

▽ 逆位置 ▽

崩壊寸前の強い緊張感

正位置が持つ衝撃は若干薄れますが、ほとんと意味は変わらず、強いネガティブさを持ちます。崩壊の一歩前の強い緊張状態を示し、激しく動揺するなど精神的ダメージを受けることは否めません。しかし、完全崩壊は免れるなど、激しくても一時的なダメージで終わるでしょう。やはり占いで出たら方向転換をするなど、回避に努める必要があります。

READING IMAGE

Q   親しかった友人と疎遠になってしまいました。関係は戻りますか？

結果 が「塔」だった場合

 正　関係を戻すことは難しいと、はっきり告げています。相手が何かで怒っていたり、ショックを受けたりしている可能性が。無意識のうちに相手を傷つけたなど、取り返しのつかないことを行った可能性も考えられます。

 逆　正位置と大きく変わりませんが、何かしらの理由があり、相手は質問者に激しい動揺や緊張感を持っていそうです。やはり関係を戻すのは非常に難しいといえます。冷静に話してその理由を知ることも難しいでしょう。

結果　　　対策
塔　　　ソードの9
　　　　逆位置

結果が悪いため、関係を戻すのは完全に諦めたほうがいいことと、何か心当たりがあれば反省すること、という助言が読み取れます。

対策 が「塔」だった場合

 正　相手から何か言ってくるのを待つのではなく、自分からアクションを起こし、2人の関係に強い揺さぶりをかけるといい、という助言が読み取れます。突然連絡を入れたり、待ち伏せしてみたりと驚かせるといいでしょう。

 逆　正位置が示すアドバイスとほとんど変わりません。自分から唐突にアクションを起こし、関係を大きく動かしましょう。相手に連絡をして、心配しているということや驚くようなニュースを伝えてみてください。

結果　　　対策
ペンタクルの　塔
クイーン

相手は質問者を信頼しながらも行動力に欠け、単純に連絡することが億劫なのだと読めます。きっかけがあれば友達に戻れそうです。

似た意味でも ここ が違う！

ソードの9

ともに精神的ダメージを示します。「塔」は瞬時に打ち砕かれる破壊的なダメージであり、「ソードの9」は、比較的長く続く失望や苦悩です。

ワンオラクルで占う 今日の運勢

正：人の言葉や態度にショックを受けるかも。不注意による転倒も心配。

逆：小さな間違いや失敗に要注意。何事もよく確認しながら進めましょう。

塔のリーディング例 ➡ P.141 / P.191 / P.246 / P.248 / P.252 / P.270 / P.286

MAJOR ARCANA

17

星
THE STAR

理想

夢のなかのような、幻想的な絵柄です。全裸の女性が大地にひざまずき、神秘の水を、大地と海の両方に流しています。夜空には大きな八芒星(はちぼうせい)と、7つの小さな星が輝いています。遠くで輝く手に届かない星からも、理想や希望という意味が想像できます。

正位置

憧れや理想に陶酔する

闇夜で輝く星を眺めたときのような、ロマンチックな陶酔感に浸れることを示します。自分の理想的な姿を空想したり、大スターを想ったりと、手が届かないものに憧れる状況です。新しい夢や希望が見つかる場合もあります。しかし、それは幻想の域を抜けず、現実とはかけ離れている場合が多いのも事実。「美しさ」という意味も持つカードです。

逆位置

理想と現実の強いギャップ

理想や憧れが幻想であると気づき、がっかりしたり悲しんだりすることを示します。何かを実際以上に美化していたことがわかり、幻滅することも。理想が高すぎる状態なのです。逆位置でも非現実的ムードで、考えすぎから悲嘆に陥る場合もあります。逆位置になると上に水が来て下に落ちるため、「涙を流す」「雨が降る」という意味も読み取れます。

READING IMAGE

> **Q** Human Relations　チームメイトに性格の合わない人がいます。努力して仲よくしたほうがいいでしょうか？

結果 が「星」だった場合

結果：星

対策：ペンタクルの6

正　これから先の相手との関係は、2人とも共通の夢や目標を持って頑張れるため、それを理由に意気投合できると判断できます。相手の思わぬ長所や尊敬できる部分を発見して、強い魅力を感じる場面もありそうです。

逆　相手と仲よくしようと頑張っても思うようにいかず、結果的にはがっかりすることになりそうです。相手に期待をかけるほど、裏切られることに。相手の思わぬ欠点を見つけて、幻滅する場面もあるかもしれません。

相手を拒否せず、できるだけ親切にしていく姿勢が必要です。相手が何かで困っているときは、声をかけて手助けをしましょう。

対策 が「星」だった場合

結果：法王 逆位置

対策：星

正　相手との関係が好転することへの希望を持ちましょう、というアドバイスです。そして、できるだけ相手の長所を見るようにして、積極的にほめるといいでしょう。未来の夢について語ることも、プラスになります。

逆　努力しても相手との関係が好転することは難しいため、あまり希望を持たないほうがいい、というアドバイスが読み取れます。期待するほど、がっかり度が高くなります。決定的に合わない部分があるのかもしれません。

互いに温かい感情を持てず、険悪な雰囲気が漂います。ともに思いやりに欠け、自分だけのメリットを求めることが原因のようです。

似た意味でも ここ が違う！

ペンタクルの9

美しさが共通テーマです。「ペンタクルの9」は、美しさによる寵愛という意味が強く、「星」は希望や憧れなど広範囲の意味となります。

ワンオラクルで占う 今日の運勢

正： ロマンチックな気分になれる出来事が起こる日。美容院へ行くのも◎。

逆： 憧れの人の欠点を見つけてがっかりするかも。身だしなみにも注意。

星のリーディング例 ➡ P.59 / P.159 / P.225 / P.252 / P.268 / P.288 / P.292

MAJOR ARCANA

18

月

THE MOON

不安

右側に向かって満ちる月が描かれ、その表情は憂えています。2つの塔の間には未知の世界へ続く道があり、その前には残虐な性質を示す犬と狼が月を見上げ、下には劣悪な本能を示すザリガニが浮かんでいます。思考の雫が、それらをなだめています。

正位置

未知の世界の不安と幻想

月に描かれた不安げな表情が、そのまま正位置のイメージです。先が見えない手探り状態のなかで、強い不安や迷いを抱えている状態です。まわりが見えないため、何かの決断を下すことができません。うそやデマも確かめるすべがなく、誤解したり、されたりすることにもつながります。未知の世界という意味から、霊感や幻想を示す場合もあります。

逆位置

クリアになる現実の視界

もやっていた霧がすっかり晴れたり、夜が明けて周辺に陽が当たったりするような、視界がクリアになる状況を示します。現実が見えて不安や迷いが消え去り、進むべき道がわかるでしょう。真実をつかんで誤解が解けたり、デマを見破ったりします。障害がなくなるため、自然の流れで物事が順調に進むようになります。うそや隠し事のない状態なのです。

READING IMAGE

Q 2〜3年以内に、私は仕事で独立できますか？

結果 が「月」だった場合

 2〜3年後になっても、はっきりした結果が得られないことを示します。いつか動こうと思いながら、ズルズル先延ばしになったり、独立の内容が曖昧で、何をしていいのかわからなかったりすることが原因と思われます。

 2〜3年以内に、自然の流れのなかで、独立に向かって順調に進んでいくことが読み取れます。それは、自分が目指す方向性や、独立に向けて取り組むべき内容が、頭のなかで明確になっているからといえるでしょう。

結果
月

対策
ワンドの3
逆位置

成功を信じて未来への期待を持ち、明るい気持ちで進みましょう、という助言です。少しくらい高い目標を持ってもいいでしょう。

対策 が「月」だった場合

 もしかしたら質問者にとって、独立自体が少々難しいことかもしれません。無理に独立しようと頑張らずに、しばらくの間は曖昧な状況にして、具体的な独立の内容について、ゆっくり考えていくことをすすめています。

 独立に向けて、具体的に見えていない部分が多いようです。具体的にどのような順序で取り組んでいくのか、何を準備するのかなどを明確にし、進行方向をクリアな状態にしましょう、というアドバイスを伝えています。

結果
カップのクイーン

対策
月

椅子に座った夢見がちな女性を示すことから、独立への夢や憧れを抱えつつも、なかなか行動に起こせないことが読み取れます。

似た意味でも ここ が違う！

カップの7

迷いが共通のテーマです。「月」は比較的範囲が絞られたなかでの迷いを示し、「カップの7」は漠然として、考えがまとまらない状態です。

ワンオラクルで占う 今日の運勢

正： 誤解したり、誤解されたりしそう。本音は隠さず伝えるようにして。

逆： 疑問や謎が解け、先行きが明るくなる日。素直で正直にすごすと◎。

月のリーディング例 ➡ P.75 / P.177 / P.228 / P.268 / P.284

MAJOR ARCANA
19

太陽
The Sun

明るさ

快晴の空に、太陽が大きく輝いています。その下では、赤い羽根をつけた裸の子供が馬に乗って笑顔を見せ、そのまわりには英語で「太陽の花」と呼ばれるひまわりが並び、明るさを強めています。白い馬も裸の子供も、穢(けが)れのない純粋さの象徴です。

▽ 正位置 ▽

無邪気で快活な明るさ

すべてが明朗さと純粋さで構成された絵柄で、裏表と屈託のない明るさを示します。不安や苦痛が微塵もなく、笑顔ですごせる状況が訪れるでしょう。うそや隠し事がなく、心から信頼できそうです。太陽が世を照らすことから、夢や願望の実現、名声や名誉という意味もあります。しかし主に精神的な明るさを示し、物質的な成功にはあまり関与しません。

希望のない暗黒の世界

太陽がすっかり沈んで闇夜が訪れ、暗黒の世界になることを示します。光がどこにも見当たらず、暗闇から逃れる方法が見つかりません。気分は重くどんより沈み、希望を見出せない状況です。何かの成功も困難で、手探りで動いても大失敗しやすいので、慎重になりましょう。純粋な子供とは真逆の、悪意を持つ腹黒い人や否定的な人を表しています。

READING IMAGE

Q   舞台のオーディションに受かりますか？

結果 が「太陽」だった場合

 正

太陽に照らされ、明るく光り輝く状況を示すことから、合格する可能性が高いとはっきり告げています。合格すると心のなかが明るく晴れ上がるのはもちろん、未来への明るい道筋や展望も見えてくるはずです。

 逆

暗黒の世界という意味から、合格する可能性は低いと判断できます。外に出たくなくなるほど激しく落ち込むかもしれません。対策の「ソードのエース」が示すように、悔いが残らないよう全力を出し切りましょう。

結果：太陽　対策：ソードのエース

ライバルと戦うという闘争心を持ち、まわりに遠慮することなく少し過激な態度を取りましょう。鋭い発言もプラスになります。

対策 が「太陽」だった場合

 正

審査員の前で明るく光り輝くような自分を演出するとよい、というアドバイスを伝えています。なるべく大きな声で話したり笑ったりジョークを言ったりと、明るくパワフルで存在感のある自分をアピールしましょう。

 逆

「ペンタクルの8」逆位置からも、合格することが難しいため、このコンテスト自体を諦めたほうがいい、という後ろ向きな助言が読み取れます。質問者にとって、必要のないオーディションなのかもしれません。

結果：ペンタクルの8 逆位置　対策：太陽

合格する可能性は低いようです。その原因として、全力を出さずに小手先で動くなど、手を抜いてしまうことが考えられます。

似た意味でも ここ が違う！

ワンドの6

日の目を見る点が共通です。「太陽」には皆が笑顔になる寛大で明るいパワーがあり、「ワンドの6」は自己満足的な勝利が強調されます。

ワンオラクルで占う 今日の運勢

正： 気の合う仲間とワイワイにぎやかにすごせます。屋外スポーツが◎。

逆： ドッと気分が沈む出来事があるかも。明るく元気な人と会話をして。

太陽のリーディング例 ➡ P.83 / P.175 / P.240 / P.260 / P.278

MAJOR ARCANA

20

審判
JUDGEMENT

復活

イエスが再臨して死者をよみがえらせるという、「最後の審判」の場面です。キリスト教の旗をつけたラッパを大天使が吹き鳴らし、瞬時に多くの死者が墓から立ち上がり、恍惚の表情を見せています。そして天国と地獄に死者が振り分けられるのです。

▽ 正位置 ▽

神が与える復活と許し

「最後の審判」をクリアして、永遠の命が与えられる側になることを示します。過去のよい行いが神に認められ、奇跡のような出来事が起こるでしょう。一度終わったことや諦めたことが復活したり、物事が天に導かれるように、トントン拍子に進んだりします。神の息がかかっているため、正しい方向に進み、結果的にまわりを喜ばせることができます。

▽ 逆位置 ▽

神が与える罰則や消滅

「最後の審判」で裁きを受け、地獄に落ちる側になることを示します。悪い行いが足を引っ張り、何かを復活させることができなかったり、成功をつかむきっかけが得られなかったりします。よいことが消滅する場合もあります。まるで罰に当たるかのような、不運に見舞われる状態です。神から見放されているため、物事を根本から見直す必要があるのです。

READING IMAGE

Q 1カ月以内に出会いがありますか？

結果 が「審判」だった場合

結果
審判

対策
月 逆位置

 正

天が用意して与えてくれるような、運命的な出会いがあると読み取れます。何かが復活する、という意味もあることから、過去の恋人や知り合いとばったり再会して、それが恋愛に発展する、という場面も想像できます。

逆

残念ながら、この1カ月間ではピンとくる人との出会いは期待できません。対策の「月」逆位置を見ても、無理に頑張る必要がないことから、ほかの時期に運命の出会いが用意されている可能性も考えられます。

出会いを得ようと画策することなく、自然体ですごしましょう。情に振り回されず、異性の性格を冷静に見極めることも大切です。

対策 が「審判」だった場合

結果
ワンドのナイト

対策
審判

 正

「ワンドのナイト」が示す異性は、天が質問者に用意した運命の人かもしれません。そのため拒否することなく受け入れるとよい、という助言が読み取れます。デートに誘われたらOKして、いろいろな話をしてみましょう。

 逆

「ワンドのナイト」が示す異性は、質問者にとって運命的ではない、あまり望ましくない人物かもしれません。アプローチされても気安く受けずに、警戒心を持ち、まずは相手の性格や素性を調べることが必要です。

人物が向かってくる絵柄から、1人の積極的な異性がスピーディーかつ情熱的に、質問者に接近してくる可能性が読み取れます。

似た意味でも ここ が違う！

法王

2枚とも、高い存在が低い存在を救っています。「法王」の援助は少数に向けたもので、「審判」の規模は大きく、多くの人が救われます。

ワンオラクルで占う 今日の運勢

正： 日頃のよい行いが実りそう。過去に一度諦めたことが実現する予感が。

逆： 期待していたことが叶わず、がっかりしそう。よい行いを増やすと吉。

審判のリーディング例 ➡ P.93 / P.153 / P.216 / P.230 / P.246 / P.250 / P.276 / P.280 / P.292

MAJOR ARCANA
21

世界
THE WORLD

完成

赤い無限大マークで結ばれた植物の輪のなかで、人物がダンスを踊っています。この人物は精神的に完成され、物質世界の苦悩を離れ、恍惚感に浸っています。「運命の輪」で出てくる勉強中だった聖獣たちが、まわりで恍惚の表情を浮かべています。

▽ 正位置 ▽

最高の幸福を伴う完成

大アルカナ最後のカードで、精神的な成長を遂げ、真の幸福を手に入れることを示します。宇宙を漂うかのような幸福感に浸り、何を体験してもよい面が見え、輝きを感じる状況です。物事が完成し、最良の結果にたどり着けるでしょう。深い感動を伴う幸せな出来事が訪れるのです。それは富や名誉など俗物的なものではなく、精神的な幸福を示しています。

▽ 逆位置 ▽

未完成で中途半端な形

逆位置でも、極端に悪い意味にはなりません。しかし物事を完成させられず、未完成の中途半端な状況が続くことを示しています。何かにチャレンジするパワーに欠け、それほど悪くはないけれど、喜びも感じられない現状に甘んじてしまいがちに。また、植物の輪がネガティブに出て「狭い世界」を表し、そこから抜け出せないこともイメージできます。

READING IMAGE

Q この婚活パーティーで、いい出会いはありますか？
Love

結果 が「世界」だった場合

正　素晴らしい出会いが用意されていることを示します。完成という意味から、最終的には結婚に進むような運命の異性と出会える可能性大です。話していて、幸福な気持ちになれる異性をチェックするといいでしょう。

逆　それなりにフィーリングが合う異性との出会いは、いくつかありそうです。しかしどの人も中途半端で、ピンとくる人はいないでしょう。誰かと強引に恋愛へ進めても、結局結婚にまではたどり着かないようです。

結果  世界

対策  カップの3

縁探しに真剣になるより、いろいろな人と軽く笑顔で会話し、楽しい雰囲気作りを心がけて。華やかに着飾ることもおすすめです。

対策 が「世界」だった場合

正　ガツガツした空気は出さず、パーティーを楽しむような優雅で余裕のある気持ちで参加するといい、と助言しています。何かを得ようとするよりは雰囲気を楽しんで。ファッションは手を抜かずに完璧を目指しましょう。

逆　期待が持てないことから、あまり気合を入れずに、肩の力を抜いて参加したほうがいい、というアドバイスが読み取れます。異性の前では背伸びをして気取らず、ありのままの自分を出したほうが好かれるでしょう。

結果  ソードの5 逆位置

対策 世界

屈辱的な敗北を意味することから、素敵な異性を発見しても、ほかの人に取られて悔しい思いをする可能性が考えられます。

似た意味でも ここ が違う！

カップの10
ともに究極の幸せな状況です。「カップの10」の幸福は家族間の狭い範囲と限られ、「世界」の範囲は無限大で、永久的な幸福を示します。

ワンオラクルで占う 今日の運勢

正：心からの幸せを感じられる日。長く頑張ったことが完成する予感が。

逆：あと一歩のところで何かを諦める気配があります。もう一押しして。

世界のリーディング例 → P.137 / P.181 / P.223 / P.234 / P.236 / P.270 / P.290

CHAPTER.2

カード
LESSON

Part 2
56枚の
小アルカナ
編

トランプのように、
4つの種類（スート）からなりたつ
56枚の小アルカナ・カード。

四元素や西洋占星術とも関連があり、
覚えるとより奥深いタロットの世界を
感じられます。

MINOR ARCANA

ワンドの エース
Ace of Wands

誕生

のどかな田園風景の上に湧いた雲のなかから、太いワンド（棒）を握った力強い手が現れています。その手はオーラで輝き、ワンドからはイキイキとした葉が芽吹いていて、強い生命力を持つことがわかります。若葉からも「誕生」がイメージできます。

▽ 正位置

無からの 誕生と創造

ワンドは、「火・水・風・地」の四元素のなかでも最初の火に属し、四元素が生まれたばかりの状態を示す、もっとも純粋な状態です。無の世界で生じたビッグバンのような、爆発的パワーを秘めています。そうしたことから、無の状態からの誕生や創造という意味を持ち、何かの開始がパワフルに行われることを示します。

▽ 逆位置

力不足による 終了や破滅

正位置とは正反対の、何かの終わりや破滅という意味になります。物事が燃え尽きてパワーを失い、再燃を諦めて消滅させるしかない状態です。下に向けたワンドには、新たに火をつけることもできません。計画を企てても実行に移せないまま頓挫したり、極度な体力・気力不足に陥って動けなかったりと、何かを開始できないという意味も持ちます。

READING IMAGE

Q 片想いの人がいます。相手は私のことを、どう思っていますか？

結果 が「ワンドのエース」だった場合

 ワンドのエース
 ペンタクルのナイト 逆位置

 正
爆発するほどの強くエネルギッシュな感情を持つことを示します。相手は質問者に非常に強い関心を持ち、何かを始めたいと思っていることがわかります。それは告白をするか、恋人関係への進展の可能性が高いでしょう。

 逆
質問者に、終了や破滅という感情を持つということを示し、残念ながらこの関係には後ろ向きです。既に質問者の気持ちを知っているなど意識はしているでしょう。しかし、恋人として交際する意欲はないといえます。

結果のカードが、好意的か否定的かを明確に示すこともあり、下手に動かず現状維持のまま様子を見たほうがいいという助言です。

対策 が「ワンドのエース」だった場合

 愚者
 ワンドのエース

 正
新しい行動を起こして現状を打ち破るように、と助言しています。デートに誘ったり、告白したりと、ストレートな行動を取るといいでしょう。よい方向へ進む可能性が高いために、前向きな助言を出しています。

 逆
片想いを終了させなさいという、はっきりとした否定的なアドバイスを告げています。「愚者」が示すように、今は2人の関係が表面的なものにすぎず、理解が深まるにつれ、相性の悪さなどが露呈するかもしれません。

質問者への好奇心はありますが、表面的で浅い感情です。ほかのことに気を取られ、特別な感情を持っていないとも読み取れます。

似た意味でも ここ が違う！

ソードのエース

同じパワーと勢いを持ちますが、ワンドが誕生と創造の意味を持つのに対し、ソードのほうは、何かを切りつける、破壊に近いイメージです。

ワンオラクルで占う 今日の運勢

正： 新しいことに着手できるチャンスあり。夢や目標が見つかることも。

逆： パワーがなく、思い通りに進まない日。無理をしても空回りしそう。

ワンドのエースのリーディング例 → P.113 / P.117 / P.223 / P.228 / P.244 / P.260 / P.270 / P.288

MINOR ARCANA

ワンドの2
II OF WANDS

野心

背の高い男性が、海岸の上にある城の屋根から自分の領土を眺めています。彼は手にした地球と自分の領土を見比べ、全世界に思いを馳せています。しかしその背には哀愁が漂い、これから犠牲にすることや失うものを憂慮しているかのようです。

▽ 正位置 ▽

犠牲の上に成り立つ成功

苦難が多くても世界制覇に憧れるこの男性のように、何かに==犠牲を払ってでも社会的成功を収める==ことを示します。大きな夢を持ち野望に燃え、自由や友情を投げうってでも、==さらなる成功を求める姿勢==があります。まだ伸びしろがあり、その野望は実現していくでしょう。男性が背を向けていることから、==人間関係では優しさを感じにくい状態==です。

逆位置

突然起こる驚きの出来事

逆位置でも、それほどネガティブな意味にはなりません。辛うじて支えていた2本のワンドが大きく揺らぎ、下に落ちるイメージがあります。そのことから、==突然の予期しなかった出来事が起こり驚く==ことを示します。それには急な==トラブル==も含まれますが、なかには驚くことで==価値観が変わり==、仕事一辺倒の==生き方を見直す==ような出来事もあるでしょう。

READING IMAGE

Q 好きな人がいますが、ライバルの女性がいます。
Love　彼は彼女のことを、どう思っていますか？

結果 が「ワンドの2」だった場合

結果　ワンドの2

対策　太陽

 正
男性が背を向けている絵柄と、仕事への野心に燃える意味があることから、彼はライバルの女性にあまり関心がないと読み取れます。成功への夢や目標を追っていて、今は恋愛自体にあまり興味がないかもしれません。

 逆
最近、ライバルの女性との関係に何か変化があったのか、その女性に驚くような気持ちを抱えていると読み取れます。しかし、逆位置でも恋愛の色は薄いため、ライバルの女性に恋愛感情を持っている感じはありません。

結果により希望が持てることから、彼との明るい未来を期待し、彼に屈託なく明るく接するといい、という質問者への助言です。

対策 が「ワンドの2」だった場合

結果　ワンドの7の逆位置

対策　ワンドの2

 正
質問者に対して、この恋愛に自信を持ち、野心を持って堂々と取り組むように、というアドバイスを伝えています。彼の前では女性らしく振る舞うより、何かを頑張っていることをアピールするといいでしょう。

 逆
今までの彼への接しかたを少し変えて、2人の関係に変化を与えましょう、と助言しています。彼のライバルの女性への気持ちが薄いことから、状況を動かすことで質問者と彼の関係が好転する可能性が考えられます。

気弱になり、優柔不断になっている気持ちを示します。ライバルの女性の強い押しに、少々疲れを感じているのかもしれません。

似た意味でも ここ が違う！

皇帝

ともに社会的に成功した男性が描かれていますが、「ワンドの2」はさらなる野望を抱えるのに対し、「皇帝」は既にトップに立っています。

ワンオラクルで占う 今日の運勢

正：才能を活かして何かを達成し、得意げな気分に。夢も広がります。

逆：予想外の出来事が起こり、予定が変わるかも。柔軟に対応しましょう。

ワンドの2のリーディング例 ➡ P.95 / P.171 / P.232 / P.242 / P.258 / P.266 / P.278 / P.288

MINOR ARCANA

ワンドの3
III OF WANDS

期待感

黄金色に輝く空と海を背景にして、地面に植えられた3本のワンドの間に男性が立ち、背を向けています。海を走る、あふれるほどの荷物を積んだ船は、彼の所有物です。彼は商人であり、期待と希望に満ちた気持ちで、海を渡る船を見つめています。

▽ 正位置 ▽

明るく輝く期待と希望

この商人のように、未来への希望に満ちて、心が明るく輝いている様子を示します。成功が期待できる新しい企画案が出たり、成功の兆しが見えたりするなど、具体的な意味が読める場合もありますが、未来への期待感を持つという、主に気持ちの面にスポットが当たります。そのため、実際の未来がどうなるのかは、別のカードを参照することになります。

▽ 逆位置 ▽

確実性の薄い期待と希望

このカードは逆位置になってもほとんど意味は変わりませんが、若干パワーが弱くなります。未来への期待感にあふれる点は、正位置と同じです。しかし、その期待はどこか現実味に乏しく夢見がちであり、少し実現が難しいものに向けられています。現実を見ずに、過剰な期待をかけている場合もあります。期待が実現する率は、正位置よりも低めです。

READING IMAGE

Q Love 別れた恋人とやり直したいと思っています。復縁できますか？

結果 が「ワンドの3」だった場合

 結果 ワンドの3

 対策 カップの6 逆位置

正 相手の態度がやわらかくなるなど、復縁への希望が見えて、気持ちが明るくなることを示します。完全に復縁するかまでは、このカードでは読めませんが、正位置ということもあり復縁する可能性は高めといえるでしょう。

逆 正位置と同じく、相手の前向きな態度などから復縁への希望が見えてきて、気持ちが明るくなることを示します。ただし正位置よりも若干パワーが弱く、結果的に復縁にたどり着ける可能性は、やや低いといえます。

過去と同じ接しかたはやめて、まったく違う態度を取ってみましょう。イメージチェンジで、新鮮な印象を与えるのもおすすめです。

対策 が「ワンドの3」だった場合

 結果 ソードの4

 対策 ワンドの3

正 復縁を諦めることなく、希望を持ってすごしましょう、というアドバイスです。具体的に何か動けというわけではなく、あくまでも希望を捨てずに、相手に対して明るく前向きな気持ちを持ち続けることをすすめています。

逆 意味はほとんど正位置と同じで、復縁への希望を持つようにと告げています。ただし逆位置であることから、真剣に復縁を求めるというより、夢見る気持ちでワクワク期待していましょう、というニュアンスになります。

全体的な動きが止まるため、復縁のきっかけがつかめません。さらなる未来は、もう少し時間がたってから、再び占うといいでしょう。

似た意味でも ここ が違う！

ワンドの2

背を向けている、似た絵柄です。「ワンドの3」の男性の心は希望に満ちて明るく輝いているのに比べ、こちらは満たされず憂いがあります。

ワンオラクルで占う 今日の運勢

正： 願いが叶うことへの期待感が高まります。でも人に話すのは時期尚早。

逆： ワクワクする計画が浮上しそう。友人とは未来の話が盛り上がります。

ワンドの3のリーディング例 ➡ P.71 / P.105 / P.214 / P.240 / P.260 / P.290

MINOR ARCANA

ワンドの4
IV OF WANDS

平和な休息

門の構えのように、非常に長いワンドが4本立てられ、その上部には豪華な花輪が結びつけられています。奥の家から2人の女性が花束を掲げて現れ、訪れる者を歓迎しています。来客はここでつかの間の休息を取り、心身の疲れを癒やすのです。

▽ 正位置 △

平和で幸福な休息時間

祭り会場のような、豊かで平和なシーンを描いています。ここで休息を取る人のなかには、多くの苦難を乗り越えた旅人や、戦場の戦士も含まれるでしょう。平和なムードのなかで肩の力を抜き、ひと息つける状況を示しています。まわりの人達も穏やかで、笑顔で日常を送れることを意味する場合もあります。愛情に関しても幸運度の高いカードです。

△ 逆位置 ▽

華美な休息時間

正位置とほとんど意味は変わらず、平和な休息時間を味わえることを示します。しかし、結びつけられた花輪にスポットが当たり、正位置よりも若干ムードが華美になります。ただ安らぐだけではなく、豪華な食事を満喫したり、華やかに着飾ったりと、きらびやかな要素がプラスされます。そのため休息にはまり、厳しい世界に戻りにくいかもしれません。

READING IMAGE

 Q Love　気になる人がいます。その人と付き合えますか？

結果 が「ワンドの4」だった場合

結果　ワンドの4
対策　ペンタクルのエース

正：相手と平和で幸福な時間を持てるということで、交際できる可能性が高いことを示します。それも強引に頑張って成功させるのではなく、自然の流れで、楽しく話しているうちに交際に進むイメージがあります。

逆：読みかたは正位置とほとんど変わらず、自然の流れで両想いになり、交際できる可能性が高いでしょう。遊びに近い雰囲気はありますが、「ペンタクルのエース」を見ても、愛情あふれる関係を築けると推測できます。

結果の「ワンドの4」から、交際が期待できることもあり、相手のことを宝物のように大事に一途に想いましょう、という助言です。

対策 が「ワンドの4」だった場合

結果　戦車 逆位置
対策　ワンドの4

正：情熱的に愛情を示して押していくのではなく、相手に安らぎの時間を与えなさい、というアドバイスを告げています。相手が疲れているときに温かい言葉をかけたり、優しく労（いたわ）ったりと、ホッとさせてあげましょう。

逆：相手に安らぎを与えることをすすめているのは正位置と同じです。それに加え、明るい色合いのファッションで、少し華やかなイメージ作りを心がけるとよさそうです。楽しめそうなレジャーに誘うのもいいでしょう。

相手とのコミュニケーションが上手に取れず、恋愛関係への進展は難しそうです。性格や話題が合わないのかもしれません。

似た意味でも ここ が違う！

カップの10

ともに家が描かれた平和な情景です。「ワンドの4」は短期間の平和を示し、「カップの10」は永続性のある完成度の高い平和を示します。

ワンオラクルで占う 今日の運勢

正：好きな人達と、リラックスしてすごせる日。日頃の疲れも解消します。

逆：少しぜいたくな時間を味わい、日頃のストレスや疲れを解消できます。

ワンドの4のリーディング例 ➡ P.41 / P.125 / P.230 / P.268 / P.272 / P.290

MINOR ARCANA

ワンドの5
V OF WANDS

無駄な闘争

思い思いの服を着た若者5人が、まるで何かの競技のように、長い棒をぶつけ合っています。それは争いの模倣であり、戦争のための訓練です。皆真剣に取り組んでいますが、勝敗も出ず、終わりも見えないこの訓練に不毛さを感じて疲れ果てています。

▽ 正位置 ▽

結果の出ない
不毛な争い

疲弊しながら訓練を続ける若者達のように、結論の出ない不毛な争いに巻き込まれることを示します。もしくは何かを真剣に頑張り続けても結果が出ず、徒労感を味わうかもしれません。多くの人が問題に関わるほど状況が複雑化し、誰かが結論を諦めない限り、無駄な闘争にエネルギーを浪費し続けるでしょう。問題の原因が複数あることもあります。

▽ 逆位置 ▽

疲れるだけの
混乱状況

正位置と似た意味を持ちますが、5本のワンドの動きがさらに不規則で複雑になり、正位置よりも状況は混乱します。もはや、誰が何をしているのかがわからなくなるほどの悪戦苦闘です。たくさんの物事に取り組んでも混乱するだけで終わったり、多くの人間の思惑がぶつかり、ギスギスした空気と疲労感だけが残ったりと、強い不毛感を味わうでしょう。

READING IMAGE

Q 結婚したい人がいます。この人と結婚できますか？

結果 が「ワンドの5」だった場合

△正 結婚に向けて、相手と話し合う場面はありそうです。しかし、相手との結婚観が合わずに話がまとまらず、結婚の方向へ進めないことを示します。それ以外にも、身内の反対があるなど、原因は複数出てくるでしょう。

▽逆 正位置以上の混乱状態になることを示します。相手の結婚に対する考えがコロコロ変わって言い争いになったり、いろいろな人に反対されたりと、頑張るほど状況は混乱しそうです。結果的に、結婚は難しいでしょう。

 ワンドの5

 悪魔 逆位置

結果がネガティブなことからも、執着心を捨てなさい、つまりこの相手との結婚を考えることはやめなさい、という助言を示します。

対策 が「ワンドの5」だった場合

△正 「ワンドの9」が待っているだけでは結婚に進まないと示すことからも、さまざまな試行錯誤を繰り返すといいという助言が読み取れます。相手の希望をしっかり聞いたり、結婚のメリットについて話したりしてみましょう。

▽逆 「ワンドの9」が自然の流れに任せても難しいと意味することからも、少し感情的になって暴れてみなさいという助言が読み取れます。しつこいほど何度も希望をぶつけたり、ほかの人にも協力を頼んだりするといいでしょう。

 ワンドの9 ワンドの5

相手が結婚はまだ早いと考えるなど、保守的になって結婚の方向へ進まないことを示します。しばらくの間は、結婚は難しそうです。

似た意味でも ここ が違う！

ソードの5

不穏な争いが描かれた2枚です。「ワンドの5」は、結果が出ずに混沌としているのに対し、「ソードの5」は、勝者と敗者に分かれています。

ワンオラクルで占う 今日の運勢

正： 結論が出ない言い争いが起きそう。ゴタゴタからは距離を置いて。

逆： やることが多すぎて、頭が混乱気味に。優先順位をつけて取り組んで。

ワンドの5のリーディング例 ➡ P.55 / P.59 / P.221 / P.224 / P.260 / P.286

MINOR ARCANA

ワンドの6
VI OF WANDS

勝利

戦いで勝利した軍の指導者が大勢の歩兵を従えて、誇らしげに帰途についています。勝利と栄光を象徴する月桂冠をかぶり、手にしたワンドにもリボンのついた月桂冠を結びつけ、高く掲げています。道行く人達に、勝利をアピールしているのです。

▽ 正位置 ▽

勝利による
誇りと優越感

この騎士のように、何かの戦いや勝負事で勝利を収めることを意味しています。その勝利は喜びのほかに、誇らしさや優越感を伴うものでしょう。優越感とは、何かを下に見ていることから生まれる感情です。勝利の規模は比較的小さく、試合やゲームに勝つようなものです。確実に敗北者を作り、社会全体ではなく、自分やまわりだけの喜びとなります。

▽ 逆位置 ▽

敗北による
落胆と劣等感

敗北したほうの軍に、スポットが当たります。カードのなかの騎士とは正反対で、敗北感に打ちひしがれ、帰途についても劣等感を味わい、顔を上げられないでしょう。何かに負けることも意味しますが、それ以上に敗北感などの感情面が強調されます。しかし、敗北の規模は大きくはなく、ゲームに負ける程度のものです。そしてリベンジも可能なのです。

READING IMAGE

Q 恋人と別れようか悩んでいます。このまま付き合ったらどうなりますか？

結果 が「ワンドの6」だった場合

結果　ワンドの6 ／ 対策　カップのエース

 正

優越感を味わえるという意味から、このまま交際を続けたら、相手が質問者に献身的に尽くしてくれたり、わがままを聞いてくれたりする、優位な交際になることが予想できます。交際を続けてよかったと思えるはずです。

 逆

交際を続けた場合、質問者が相手の言いなりになるなど、劣等感を味わう場面が増えそうです。しかし、対策が「カップのエース」であるため、相手に純粋な愛情を注ぎ続けることで、温かい交際に変わる可能性があります。

ピュアな愛情を注ぐといいと言っています。すなわち別れを考えず、恋人に純粋な見返りのない愛情を注ぎ続けなさい、という助言です。

対策 が「ワンドの6」だった場合

結果　ソードのクイーン 逆位置 ／ 対策　ワンドの6

 正

相手の前で謙虚にならず、堂々とした強気な態度を取ったほうがいい、というアドバイスです。不満を感じたらストレートに伝え、自分の希望を押し通しましょう。そうすれば、有利な交際に変わっていくかもしれません。

 逆

相手を立てて、謙虚に下手（したて）に出たほうが険悪なムードを免れます。絵柄の騎士が去るように見えることから、別れたほうがいいとも読めます。その場合も下手に出て、別れてくれるように頼み込むのがいいでしょう。

交際を続けるほど相手の欠点が目につき、心を閉ざしがち。批判的な言葉を振りかざすような、冷たい雰囲気の交際になりそうです。

似た意味でも ここ が違う！

ソードの5

ともに「勝利」の意味を持ちます。「ワンドの6」は試合などオーソドックスで公平な勝利ですが、「ソードの5」は残虐さによる勝利です。

ワンオラクルで占う 今日の運勢

正： ライバル争いや試合に勝つなど、誇らしく感じる出来事がありそう。

逆： ライバルに先を越されて自信を喪失しがち。人と比べないほうが◎。

ワンドの6のリーディング例 ➡ P.119 / P.155 / P.220 / P.254 / P.258 / P.260 / P.272 / P.276

MINOR ARCANA

ワンドの7
VII OF WANDS

有利な戦い

若者が険しい岩の上に立ち、勇敢に6人の敵に応戦しています。1人で戦う若者が不利に見えますが、頂上という高い位置にいて敵が登ってこられないため、有利な立場にあるのです。戦い続けた結果、彼は勝利を得られるでしょう。

▽ 正位置 ▽

有利な立場で戦いに挑む

多勢に無勢のこの若者が成功を収めるように、物事が自分に都合よく、有利に展開されていくことを示します。それは、まわりに比べると突出した能力を持っていたり、過去の経歴が輝いていたりと、大きな長所があるためでしょう。目の前に困難があれば、勇敢に乗り越えられます。とくに議論や仕事上の交渉など、主張する場面で高い能力を発揮します。

▽ 逆位置 ▽

不利な立場で気が弱くなる

カードが逆になると若者が下になり、6人の敵が高い位置にいるという構図に逆転します。上から降ってくるワンドをはねのけることは難しく、若者は不利な状況に陥ります。苦戦を強いられることは一目瞭然で、戦闘意欲を失ってしまうでしょう。そのため気弱になったり、決断を下さず優柔不断になったりします。実際に勝つことも難しい状況です。

READING IMAGE

Q 責任ある大きな仕事を任されました。
私にうまくできますか？

結果 が「ワンドの7」だった場合

 次々と苦難が襲う状況で、決して簡単には進みません。そうしたなかでも、自分の才能や実行力を信じて全力で取り組み、有利な状態に持ち込めます。苦労は伴いますが、最終的に高い成果を出すことができるでしょう。

 予想以上に難問が多く、大変苦労することが予想されます。苦痛な状態が続いて次第に疲れを感じ、意欲や自信を失ったり、気が弱くなり、大きな決断を下せなくなったりします。対策を練る必要がある状態です。

結果　ワンドの7
対策　ペンタクルの
キング 逆位置

金銭面では支出を抑えて守りを固める必要があるほか、収益を得ることを優先し、少し利己的に取り組むといい、という助言です。

対策 が「ワンドの7」だった場合

 取り組む問題が多く、大変な状況が予想されますが、自分の能力を信じて勇敢な姿勢で乗り越えましょう。反対者など妨害が出てきても怯んだり譲ったりすることなく、自分の意見を曲げずに推し進めていってください。

 あまり気合を入れすぎることなく、適度に肩の力を抜き、次々と起こる問題に対して柔軟かつ臨機応変に対応しましょう。1人で頑張るより、謙虚になって人の意見を取り入れたり、援助を求めたりすることも必要です。

結果　審判
対策　ワンドの7

天職であるかのように、驚くほど順調に進むでしょう。質問者の人生のなかでも、重要で有意義な仕事になる可能性があります。

似た意味でも ここ が違う！

ワンドの5

ともにワンドを持って戦う姿。「ワンドの5」は目的なく戦い合い、「ワンドの7」は明確な目的の下、1人対大勢の状況下で果敢に戦います。

ワンオラクルで占う 今日の運勢

正： 1人で多くのノルマをこなさなければなりませんが、達成できるはず。

逆： 多勢に無勢で、1人で頑張っても結果を出せない日。無理は禁物です。

ワンドの7のリーディング例 ➡ P.83 / P.161 / P.234 / P.248 / P.264 / P.290

MINOR ARCANA

ワンドの8
VIII OF WANDS

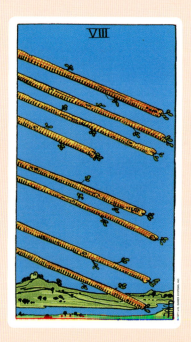

急速な変化

動くものがない田園風景の上を、8本のワンドが矢のように飛んでいます。その動きは非常に早くて規則正しく、きちんとコースに沿っています。静けさを瞬時に打ち破り、空間に躍動感を与えています。もうすぐどこかに到着し、変化が始まるのです。

▽ 正位置 ▽

瞬時の速さで動く物事

ワンドが飛ぶ速さから、何かがスピーディーに動くこと、急激な変化が訪れることを意味します。待っていた物事が予想よりも早く展開されたり、急な変化や変更に戸惑ったりするでしょう。しかし結果的には喜ばしい状況へと導かれるはずです。飛ぶワンドを矢に見立て、キューピッドの恋の矢が飛んで、よい連絡が飛び込んでくる可能性も。

▽ 逆位置 ▽

ゆっくりと離れる物事

正位置と正反対で、ゆっくりとした動き、もしくはゆっくりと何かが離れていくことを意味します。離れていることにも気がつかない遅さで、人間関係であれば自然消滅に近い動きです。予定や計画の進行が遅れたり、延期になったりすることも。正位置の意味の恋の矢が逆位置では嫉妬の矢という意味に変わることから、「嫉妬」という意味も持ちます。

READING IMAGE

Q 会社を辞めようか悩んでいます。
転職したらどうなりますか？

結果 が「ワンドの8」だった場合

結果 ワンドの8　対策 ワンドの2

△ 正
何かがスピーディーに動くという意味から、質問者はすぐにでも転職を実行することが考えられます。転職後は状況が大きく変わって、初めは戸惑っても、結果的には新鮮さを得られ、よい方向へ進むでしょう。

▽ 逆
ゆっくりと何かが離れるという意味から、転職しても今ひとつ満足できず、結局また転職した会社から離れることを、時間がかかっても決意していくと読み取れます。自分の夢や目標に合う会社をよく検討しましょう。

野心を持てという意味から、今いる会社も含め、自分の夢や目標に合う会社を選んだほうがいいと読み取れます。

対策 が「ワンドの8」だった場合

結果 カップの5 逆位置　対策 ワンドの8

△ 正
今すぐに転職を実行したほうがいい、というアドバイスになります。結果の「カップの5」逆位置から、転職すると状況の改善が見込めることもその理由です。今がよい会社が見つかるタイミングなのかもしれません。

▽ 逆
結果がまずまずよいことから、少しずつゆっくりとでも、今の会社から離れて転職することを検討したほうがいい、というアドバイスが読み取れます。焦らず時間をかけて、用意周到に転職の準備を進めていきましょう。

転職することで絶望的だった状況から脱し、ほのかな安心や希望が感じられそうです。ただし、少しラクな気持ちになる程度でしょう。

似た意味でも ここ が違う！

運命の輪

共通の意味は、変化です。「ワンドの8」は、よしあしに関係ない変化ですが、「運命の輪」には好転や悪化という意味が加えられています。

ワンオラクルで占う 今日の運勢

正： 何事も予想以上に早く展開しそう。停滞していたことが動く予感も。

逆： 予定の延期などで、ひと息つける日。仕事も勉強もゆっくり進めて。

ワンドの8のリーディング例 ➡ P.35 / P.177 / P.242 / P.254 / P.290

MINOR ARCANA

ワンドの9
IX OF WANDS

防御

8本のワンドで築いた頑丈な防壁の前で、男性が1本のワンドを抱えて立っています。頭の包帯は過去の敗戦を示し、警戒心を強め、戦いに慎重になっているのです。防御は完璧ですが、受け身で待つだけであり、物事が遅れることは免れません。

▽ 正位置 ▽

防御と準備に力を入れる

丁寧に並べられたワンドのように、時間をかけて準備し、物事に備えるという意味を持ちます。人の気持ちであれば、保守的で警戒心が強い状態です。そうした念入りな準備や警戒心が功を奏し、大きなトラブルは免れるでしょう。しかし受け身の態勢のため、物事の動きが少なくなったり、遅延したりしがちに。守り重視で攻撃ができない状況なのです。

▽ 逆位置 ▽

慎重すぎる遅延と停滞

防御を固めるマイナスの面が強調されます。慎重になりすぎて守りがガチガチになり、自分自身の身動きが取れない状況に。動けなくなることから計画が大幅に遅れたり、停滞したりします。極端に強まった警戒心は多くの人との交流を排除して、自分を苦しめがち。引きこもって行動範囲が狭まったり、狭い思考の枠から抜け出せなくなるでしょう。

READING IMAGE

Q 一度は諦めた夢にもう一度挑戦しようか悩んでいます。うまくいくでしょうか？

結果 が「ワンドの9」だった場合

 過去の失敗などが尾を引いているせいか、挑戦することに保守的になり、準備を重ねるばかりでなかなか動き出せないようです。少しずつは前進できますが、結果を出すまでにはかなりの時間を要するでしょう。

 やはり過去の経験などから失敗を恐れるために、夢に挑戦することに慎重になりすぎて、守りばかりを固めがちです。そのため、なかなか動き出すことができません。そのまま時間ばかりがすぎる結果になりそうです。

結果 ワンドの9 ／ 対策 ソードのエース 逆位置

結果が保守的なことから、それを打ち破りなさい、という助言です。過去の怒りや悔しさをモチベーションにするのもいいでしょう。

対策 が「ワンドの9」だった場合

 夢に挑戦したほうがいいとすすめていますが、成功を急がず準備を重ねなさい、というアドバイスを強調しています。必要なものを揃えるなど計画性を持ち、時間をかけて動くことで、確実に夢の実現に近づけるでしょう。

 夢に挑戦することを、あまりすすめてはいません。ほかのことで忙しくて時間が取れないことも、理由として考えられます。結果はよいため、挑戦するのであれば生活に支障がない程度に時間をかけ、計画的に進めましょう。

結果 ペンタクルの3 ／ 対策 ワンドの9

地道に努力を重ねる勤勉さが功を奏して、着実に夢の実現に近づけるでしょう。実現させるための腕前や技術も備わっています。

似た意味でも ここ が違う！

ソードの8

膠着した状況が共通点です。「ワンドの9」は自ら準備して待つ能動的な姿勢で、「ソードの8」は強制的に拘束されている状況です。

ワンオラクルで占う 今日の運勢

正： 考えや行動が保守的で頑固になっています。人の意見も取り入れて。

逆： 警戒心が強まることが災いして、動き出せずに予定が遅れる心配あり。

ワンドの9のリーディング例 ➡ P.89 / P.137 / P.220 / P.228 / P.272 / P.286

MINOR ARCANA

ワンドの10
X OF WANDS

重圧

男性が1人で10本の長いワンドを抱え、目的地に運んでいます。その重さから背中は曲がり、前をよく見ることもできず、援助も得られません。運んだワンドが邪魔になる心配もあります。彼は何かの成功者であるため、この重圧に苦しんでいるのです。

△ 正位置 △

重い負担と過重労働

この男性が感じるような、大きな重圧感を意味します。自分の==キャパシティーを超えた活動==を行っているため、必死に頑張る割にはよい結果につながりません。歯を食いしばって達成しても、まわりに幸福を与える可能性は低いのです。==責任感が強すぎ==て負担を抱え込み、==過重労働==となりがちです。人に頼らず、1人で==頑張りすぎていること==も警告しています。

▽ 逆位置 ▽

責任放棄の陰謀や策略

逆位置になると、ワンドを放り投げる構図に変化し、==責任放棄==を示します。重い作業をまじめにコツコツ取り組むことに==嫌気==がさして、苦労することなく少しでも==ラクしようと考え==ます。そのために==陰謀==をはかったり、==策略を練ったり==することを示します。==自己中心的==な思考のため、なんとか作業をやり遂げても、まわりを満足させる結果は得られないでしょう。

READING IMAGE

Q 折り合いがよくない上司がいます。
上司との関係はこの先どうなりますか？

結果 が「ワンドの10」だった場合

結果
ワンドの10

対策
カップのナイト

 正
折り合いはなかなかつかず、今後も強い重圧を感じながら仕事に取り組む状況が予想されます。上司との不協和音を、自分1人で背負わなければいけない苦しい状況です。対策を取り入れることが必要です。

 逆
上司と折り合いが悪いことに嫌気がさして、関係を改善するための努力を放棄しがちです。機嫌を取ろうと表面的にいい顔をしたり、上司がいないところでズルをしたりと、姑息な行動に走るようになります。

自分から上司に敬愛心があることや、信頼していることを伝えましょう。お中元やお歳暮などの贈り物をするのもプラスになります。

対策 が「ワンドの10」だった場合

結果
力 逆位置

対策
ワンドの10

 正
上司の言うことをきちんと聞き、言われたことを黙々と実行するしかない、という助言です。精神的・肉体的な負担からは逃れられませんが、絵柄のなかにゴールが見えることから、いつかは苦痛から抜け出せるはずです。

 逆
無理に頑張りすぎることなく、適度に手を抜きなさい、という助言を告げています。少しでもラクに感じる方法を選んで取り組み、負担を減らすことを最優先しましょう。ときには、上司の指示に反論してもいいでしょう。

上司との関係に強いストレスを感じ、労働意欲を失いがちに。自分のエネルギーを上司に吸い取られ、疲弊する感覚もあるでしょう。

似た意味でも ここ が違う！

吊るされた男

ともに肉体的な苦痛を感じる姿です。「ワンドの10」は頑張る割に何も得ませんが、「吊るされた男」は、試練を通して精神的成長を得ます。

ワンオラクルで占う 今日の運勢

正： ノルマが多すぎてキャパを超えています。無理せず予定を調整して。

逆： 投げやりな気分でノルマに取り組みがち。1つひとつ丁寧に進めること。

ワンドの10のリーディング例 ➡ P.45 / P.167 / P.223 / P.238 / P.260 / P.288

MINOR ARCANA

ワンドの
ペイジ
PAGE OF WANDS

よい知らせ

火の精霊サラマンダーが描かれたチュニックを着た少年が、砂漠のなかでワンドを使い、何かを布告しています。彼は無名でも信頼できる人物で、仕えている君主に情報やニュースを伝える役割を持ちます。その内容は、意外性があり好ましいものです。

△ 正位置

よい知らせや
うれしい情報

すべてのペイジは==メッセンジャーの役割==を持ち、そのなかでもこのカードがもっとも強く、その役割を担っています。占いでこのカードが出ると、==よい知らせ==や==うれしい情報==が入ってくることを示します。==知りたかったこと==を誰かに教えてもらえる場合も含まれます。とくに情熱的な火の元素の性質を持つ、==名誉や野心の実現に関する知らせ==が多いでしょう。

▽ 逆位置

悪い知らせや
残念な情報

正位置とは正反対で、==悪い知らせ==や==がっかりする情報==が入ってくることを示します。それ以外にも==得たい情報が得られなかったり==、==待っている連絡が入らなかったり==、==連絡ミス==をしたりする場合も含まれます。連絡全般に対して注意が必要になるのです。正位置ではまじめだった少年の性格は==優柔不断==で==不安定==な、==信頼しにくい==ものに変化します。

READING IMAGE

Q 友人と起業を考えています。
この起業は、うまくいきますか？

結果 が「ワンドのペイジ」だった場合

ワンドのペイジ　ワンドのクイーン 逆位置

 正
うれしい情報やよい知らせが入ることが多く、起業は順調に進みそうです。とくに起業に必要な情報を多く得られ、スムーズに開業できるでしょう。友人とも有意義な情報交換ができて議論も充実しそうです。

 逆
起業に関する悪い知らせやがっかりする情報が入り、スムーズに開業できないようです。計画ミスや連絡ミスが流れを停滞させる可能性も。友人との意思の疎通がうまくいかず、誤解やトラブルを招く心配もあります。

友人に遠慮することなく、自分の希望を強調して伝えるようにしましょう。相手に合わせると、後々不満が残る可能性があります。

対策 が「ワンドのペイジ」だった場合

カップの4　ワンドのペイジ

 正
起業に関する情報を積極的に集めなさい、というアドバイスになります。いろいろな経験者の話を聞いたり、著作を読んだりするといいでしょう。友人と積極的に、アイデアや意見交換をすることもおすすめです。

 逆
正位置と同様に情報収集は必要ですが、経験者の失敗談など、できるだけネガティブな情報に目を向けるといい、という助言が読み取れます。それにより目標を下げられたり、思わぬ失敗を免れたりすると考えられます。

起業しても、不満や倦怠感を持つことを示します。状況は悪くありませんが、高い目標に届かないことからの倦怠感かもしれません。

似た意味でも ここ が違う！

ソードのペイジ
情報伝達役の少年が共通点ですが、伝達内容が違います。ワンドのほうは温かくよい情報を、ソードのほうは秘密的な情報を伝達します。

ワンオラクルで占う 今日の運勢

正： 待っていた連絡や情報が入りそうです。小まめに携帯のチェックを。

逆： よい連絡を待っていても期待できません。うわさ話も信じないこと。

ワンドのペイジのリーディング例 ➡ P.65 / P.238 / P.274 / P.276

MINOR ARCANA

ワンドの
ナイト

KNIGHT OF WANDS

移動

荒れ狂う馬に乗った青年が、目的地へと飛ばしています。武装していても戦闘が目的ではなく、移動のための旅に出発したところです。火の精霊サラマンダーの衣装や灼熱の地、馬の表情から、性急で闘争的で情熱的な人物であることがわかります。

正位置

目的地への
出発と移動

ナイトが目的地へ向かうように、<mark>移動</mark>することや<mark>出発</mark>することを示します。また、ナイトはすべて、乗っている馬の表情がそのナイト自身の性質を表しています。移動の動きは<mark>スピーディー</mark>で<mark>情熱的</mark>、脇目も振らず一直線に目的地に向かいます。実際の移動や<mark>引っ越し</mark>、<mark>旅行</mark>も意味しますが、主に<mark>目標に向かって情熱を燃やし</mark>、前進する様子を示します。

逆位置

突然の
分離や中断

荒々しい気質を持つ馬が暴れ出し、制御が利かなくなる状況を示します。荒馬が突然足を止めて、ナイトが地面に放り出されるかもしれません。そうしたことから、何かから<mark>分離</mark>されることや、物事が<mark>中断</mark>されるという意味を持ちます。<mark>状況のコントロールが利かず</mark>、目的に向かって進めません。人間関係では<mark>意見が一致せず</mark>、<mark>対立しやすい</mark>状況に陥ります。

READING IMAGE

Q 子供が話をしてくれません。
私（親）のことをどう思っているのでしょうか？

結果 が「ワンドのナイト」だった場合

ワンドのナイト　ソードのキング

正 親を避けようとする気持ちは持っていないようです。むしろ親に面と向かい、何か言いたいことがあるかもしれません。もしくは自分の目標に進むことに専念し、そちらに気を取られている可能性も考えられます。

逆 親から離れていきたい、という願望を強く持っている可能性があります。親の意見や考えに従うことに抵抗を感じ、自由に我が道を進みたい、と感じているかもしれません。やや暴走気味な感情がうかがえます。

放置せずに厳しい態度を取りなさい、という助言です。気を使いすぎず、何を考えているのかをズバッと問いただすといいでしょう。

対策 が「ワンドのナイト」だった場合

ペンタクルの7　ワンドのナイト
逆位置

正 自分から子供に歩み寄り、子供に対してどのような考えや感情を持っているのかを、しっかりと伝えるといい、というアドバイスです。とくに、何かを応援しているということを伝えると安心するかもしれません。

逆 しばらくは子供に歩み寄らず、放置する形で自由にさせておくといい、というアドバイスが読み取れます。気休めのために無理に話を合わせるより、むしろ違う価値観があることを明確にしたほうが理解し合えそうです。

親が理解してくれないというような不満や諦め、がっかり感があり、親との関係を築くことを、投げ出していると考えられます。

似た意味でも ここ が違う！

ソードのナイト

ともに突進を示していても、心情と目的が違います。ワンドのほうは移動の旅で悠々とし、ソードのほうは戦うために神経をとがらせています。

ワンオラクルで占う 今日の運勢

正： 移動する場面が増え、順調に活動できます。旅行の話が入る予感も。

逆： 離れていく人が現れます。友人知人の異動や引っ越しの話に驚くかも。

ワンドのナイトのリーディング例 ➡ P.75 / P.149 / P.244 / P.268

MINOR ARCANA

ワンドの クイーン
Queen of Wands

情熱的な女性

四元素のなかの火の聖獣・獅子の姿が刻印された玉座に座るクイーンは、情熱的で自由を好み、全クイーンのなかでもっとも男性的です。太陽を象徴するひまわりを手にして大きく足を開いて座り、寛大で高い行動力を持つことがわかります。

▽ 正位置 ▽

自由を好む 情熱的な女性

コートカードは女性が1枚しかないため、クイーンは主に女性のことを示します。このクイーンはワンドのキングと同じ性格を持ち、目標を目指して情熱的に行動します。朗らかでユーモラスですが、怒ると一歩もあとを引きません。そうした女性と縁ができることを示すと同時に、質問者や占う対象が女性の場合、その人自身を示すことも多くなります。

▽ 逆位置 ▽

わがままで 短気な女性

情熱的な性格のネガティブな面が強調されます。気性が激しく、先を急ぐあまり短気になり、負けず嫌いでわがままな性格です。ささいなことで怒りを爆発させては、まわりを怖がらせます。そのような女性と関わる可能性があると同時に、質問者や占う対象が女性であれば、その人が理性を失い、感情に身を任せて暴走しやすいので注意が必要です。

READING IMAGE

Q Family　年老いた母親と同居しようか悩んでいます。同居したら、どうなりますか？

結果 が「ワンドのクイーン」だった場合

ワンドのクイーン

魔術師 逆位置

△正
性格を考慮すると、このクイーンは母親と考えられます。もし同居したら、母親は束縛されることを好まず自由に活動しようとするため、それほど世話は必要ないかもしれません。母親も同居を望んでいないでしょう。

▽逆
性格的にこのクイーンは、やはり母親と読み取れます。同居すると、負けず嫌いでわがままな母親に質問者が振り回される可能性が考えられます。母親は自由気ままに行動するため、同居の意味がないかもしれません。

消極的という意味から、すぐに同居を決める必要はなさそうです。現状のまま肩の力を抜いて、しばらく様子を見るといいでしょう。

対策 が「ワンドのクイーン」だった場合

ワンドの3

ワンドのクイーン

△正
結果の「ワンドの3」から、同居話は進めていいといえます。このクイーンが母親であると見なすと、母親の意見を尊重し、できるだけ相手の希望に沿って自由にさせましょう、というアドバイスが読み取れます。

▽逆
やはりクイーンを母親として見なし、意味は正位置とほぼ同じになります。できるだけ母親の考えを尊重し、わがままを言っても否定せずに受け止めましょう。同居をするか否かは母親の意見に従うといいでしょう。

同居すると安心感を得られ、未来にも希望が見え、心が明るく輝くでしょう。今後の生活設計も発展的に立てられそうです。

似た意味でも ここ が違う！

ワンドのキング

同じスートのクイーンとキングは、性別以外ほぼ同じ性質です。しかしクイーンは感情の起伏が激しく、キングのほうが安定感があります。

ワンオラクルで占う 今日の運勢

正：元気でパワフルな女性と縁ができそう。レジャーに誘うと仲よしに。

逆：強気な女性に振り回される心配が。わがままな人から距離を置いて。

ワンドのクイーンのリーディング例 → P.101 / P.131 / P.232 / P.272 / P.274 / P.284

MINOR ARCANA

ワンドの
キング
King of Wands

情熱的な人物

灼熱の地に置かれた玉座にキングが座っています。ほかのキングと同様、王冠の下に儀式に用いる式帽をつけています。背もたれには四元素の火の象徴である円になったサラマンダーと獅子が描かれ、燃える性質を持つ人物であることを示します。

▽ 正位置 ▽

情熱にあふれ
行動的な人物

クイーンが主に女性を示すのに対し、キングは責任ある立場にいる大人の男性を示します。ワンドのキングは火の性質が強く、未来志向で向上心が高く、情熱的でじっとしていない男性です。同時にキングは状況を示す場合も多く、状況としては野心と目標を持って何かをバリバリ頑張ったり、積極的に大勢の先頭に立ったりすることを示します。

▽ 逆位置 ▽

ワンマンで
感情的な人物

情熱的な性質がマイナスに働き、感情の起伏が激しくワンマンで、わがままな大人の男性を表します。特に怒ると手がつけられず、暴力に走る心配もあります。目的志向でももと視野が狭いため、ますます自己中心的になってしまうのです。状況としては感情に任せて乱暴に物事に取り組むことや、ケンカや口論が多くてぶつかり合う状況を示します。

READING IMAGE

Q   賃貸マンションの更新時期が迫ってきました。引っ越したらどうなりますか？

結果 が「ワンドのキング」だった場合

結果：ワンドのキング　対策：カップの8

 正

引っ越しすると、パワフルで情熱的な人物と縁ができたり、自分自身が情熱的で前向きな気持ちになったりすることが読み取れます。気分が一新することや、生活環境がよくなることが、前向きになる理由かもしれません。

 逆

引っ越しすると、わがままで感情的な精神状態になったり、そうした人物に困らされたりする可能性が考えられます。しかし、対策の「カップの8」は引っ越しをすすめていますので、よい環境を慎重に探すことが大切です。

古くなった物事をすべて捨てなさい、という意味。つまり新しい場所へ引っ越したほうがいい、とはっきりとアドバイスしています。

対策 が「ワンドのキング」だった場合

結果：ペンタクルの6 逆位置　対策：ワンドのキング

 正

未来への情熱という意味から、引っ越しはしていいでしょう。しかし縮こまることなく、できるだけ自分の夢や希望を叶えるような、よい物件を選ぶことがおすすめです。行動力のある人物に相談してもいいでしょう。

 逆

正位置と大体同じ内容で、行動的な人物という性質から、引っ越しはしてもよい、と読み取れます。その際にはできるだけお金を出し渋らず、夢や理想が叶えられるような野望を満たせる物件を探すことがおすすめです。

家賃や引っ越し代の問題で、金銭的にケチになることを示します。安易に物件を決めることで環境が悪化し、心が狭くなる心配も。

似た意味でも ここ が違う！

皇帝

キングは血統的に与えられた地位であり、皇帝は実力でトップに立った人物であることから、「皇帝」のほうが実力者であると見なします。

ワンオラクルで占う 今日の運勢

正： リーダーシップを取り行動できます。自信を持ち元気に振る舞って。

逆： ワンマンでわがままな人に振り回されそう。派手なケンカにも要注意。

ワンドのキングのリーディング例 ➡ P.51 / P.143 / P.268 / P.278

MINOR ARCANA

カップの
エース
ACE OF CUPS

純愛

蓮(はす)が咲く水面の上の雲から、大きなカップを支えている手が現れています。カップからは湧き水のように各方面に水があふれ、イエスの肉体を示す、十字が描かれた聖餅(せいへい)をくわえた白い鳩が舞い降り、カップのなかに着水しようとしています。

正位置

穢(けが)れのない
ピュアな愛情

カップから流れ出る湧き水のような<mark>透明さ</mark>と<mark>純粋さ</mark>にスポットが当たります。四元素の水は愛情を意味することから、一点の曇りもない<mark>ピュアな愛情</mark>を示しています。<mark>見返りのない与えるだけの愛</mark>のほかに、心から湧き上がる、涙を流すような<mark>深い感動</mark>や<mark>感激</mark>も含まれます。物質的・現実的な状況とは無関係に、そうした<mark>心が洗われる感情</mark>全般を示します。

逆位置

純粋な心が
痛む

正位置が持つピュアな心や感情は維持されますが、逆位置ではそのために<mark>心が痛み</mark>、<mark>傷つけられた感情</mark>を持つことを示します。具体的には心からの優しさや親切を踏みにじられたり、大切な人が苦しんでいる様子を見て、心を痛めたりするような状況です。つらい心理状態ですが、どこか<mark>センチメンタル</mark>で、その根底には<mark>必ず純粋な愛が潜んでいる</mark>のです。

READING IMAGE

Q Human Relations　親しかった友人と疎遠になってしまいました。関係は戻りますか？

結果 が「カップのエース」だった場合

カップのエース　　ソードのペイジ 逆位置

正 友達関係に戻れるということを、はっきりと示しています。それも、大きな感動を伴う友情の復活になるでしょう。相手も深い友情を持っていることがわかったり、感動的な近況を聞けたりするかもしれません。

逆 残念ながら、友情を取り戻すことは難しいと、はっきりと伝えています。相手が質問者にネガティブな感情を持っていることがわかるなど、がっかりしたり、心を痛めたりする出来事を伴う可能性があります。

相手の近況などを探ってみなさい、という助言が読み取れます。SNSを検索したり、直接相手に近況を尋ねたりするといいでしょう。

対策 が「カップのエース」だった場合

ペンタクルの5　　カップのエース

正 純粋な友情があることを相手に素直に伝えるといい、という助言です。連絡先がわかれば思い切って連絡を入れ、わからなければ共通の友人に伝言を頼むといいでしょう。いかに深い友情があるのかを伝えてください。

逆 心を痛めなさいということ、すなわちその友人との関係が復活する可能性は非常に低く、諦めたほうがいい、というアドバイスが読み取れます。既に消息不明の状態であるなど、動いてもなしのつぶてかもしれません。

空虚な状態を示すことから、残念ながら友情は復活しないようです。きっかけに恵まれないことが、その理由として考えられます。

似た意味でも ここ が違う！

カップの10

幸福感あふれる2枚です。「カップのエース」で発見した純粋な愛のエネルギーが、「カップの10」でもっとも幸福な形に完結しています。

ワンオラクルで占う 今日の運勢

正：心からの感動と幸福を感じる出来事あり。芸術に触れるのもおすすめ。

逆：悲しい思いや残念な思いをするかも。トコトン泣いてすっきりして。

カップのエースのリーディング例 ➡ P.91 / P.121 / P.214 / P.268 / P.280 / P.292

MINOR ARCANA

カップの2
II OF CUPS

恋愛

若い男女が向かい合い、愛の誓いを述べ合っています。ぶつけ合ったカップの間から、ヘルメス神が持つ2匹の蛇が巻きついたカドゥケウスの杖が現れています。翼の間に火の象徴である獅子の頭があるのは、情熱的な愛が生まれたことを表します。

▽ 正位置 ▽

甘い恋愛に
ときめく心

絵柄通りストレートに、恋のときめきという意味を持ちます。向かい合う男女は交際してからまだ間もなく、ドキドキする純粋なときめきと感動に満ちています。このカードは、エースで生まれた水の元素が最初に形になった段階であり、始まったばかりの幼い恋を示しています。恋愛以外には、よいパートナーシップや心が弾む状況を示します。

▽ 逆位置 ▽

冷めていく
恋のときめき

2人の愛が離れるなど、恋愛が悪い状況になることを示します。調和していた信頼関係が崩れ、心のつながりが切れてしまう状況です。片想い中であれば両想いになるのは難しく、両想いであれば、ときめきが冷めてしまい、別れが訪れるのも時間の問題です。恋愛以外でも、何かへの情熱が冷めることや、大事な人との関係が疎遠になることを示します。

READING IMAGE

Q チームメイトに性格の合わない人がいます。
努力して仲よくしたほうがいいでしょうか？

結果 が「カップの2」だった場合

カップの2

吊るされた男

 正

相手と好感を持ち合い、よいパートナーシップを得られる、という未来を示します。対策の「吊るされた男」のように、自己主張を抑える姿勢を持つことで、さらに衝突することはなく、楽しく交際できるでしょう。

 逆

相手と仲よくしようと努力しても親しくなることが難しく、結果的に関係が疎遠になる未来を示します。会話をする機会も減っていきますが、その分相手の存在感が薄くなり、大きく衝突することもないでしょう。

自分の感情を抑えて相手に合わせるなど、少し自分を犠牲にするといい、という助言です。それは結果的に、仲を改善するはずです。

対策 が「カップの2」だった場合

皇帝
逆位置

カップの2

 正

相手が尊大であっても、質問者からは相手に好意があることを伝え、優しく声をかけたり、ほめたりするといい、とアドバイスしています。そうすることで、相手の傲慢な態度が軟化することが期待できます。

 逆

相手の傲慢な態度が簡単には変わらない可能性が高いため、自分からは相手に接近せず、できるだけ距離を置いたほうがいい、という助言になります。会話をする機会があっても深くは入り込まず、淡々と接しましょう。

相手が質問者を見下し、尊大で傲慢な態度を取ることが増えそうです。そのため、将来的にも仲よくすることは難しいといえます。

似た意味でも ここ が違う！

カップの6

男女が向かい合う姿が共通点です。「カップの2」は対等な恋愛関係で、「カップの6」は、男の子が年下の女の子に慈愛心を与えています。

ワンオラクルで占う 今日の運勢

正： ラブロマンスが訪れる幸せな1日になりそう。告白も成功する予感。

逆： 大切な人とケンカをする心配あり。愛のある言葉をかけるようにして。

カップの2のリーディング例 → P.145 / P.151 / P.228 / P.240 / P.250 / P.262 / P.286 / P.290

MINOR ARCANA

カップの3
III OF CUPS

歓楽

多くの作物が実る豊かな庭園で、3人のうら若き乙女がカップを掲げ、乾杯するかのように楽しくすごしています。彼女たちは美しく豪華な服を身にまとい、恵まれた毎日を送っていることがわかります。幸福を謳歌し、快楽に酔いしれている状況です。

▽ 正位置 ▽

心が弾む楽しい時間

この乙女たちのように、気分は軽く、楽しめる状況が訪れることを示します。深刻なムードはかけらもなく、煩雑な日常から離れて楽しいレジャータイムを持てるでしょう。人間関係では、軽い遊びやおしゃべりで盛り上がりそうです。ただし真剣さには欠けるため、楽しめるものの、仕事や勉強では気が散って成果を出せないなど、悪く出がちです。

▽ 逆位置 ▽

過度な快楽に溺れる

享楽的な時間にはまりすぎて、状況が悪化することを示します。飲み食いやレジャーが過度になって、体調に悪影響が出たり、体重が増えたりすることも。シビアな現実に戻ることが億劫になり、怠惰になってしまうでしょう。その場しのぎの快楽から抜け出せなくなるのです。乙女のふくよかさから妊娠という意味も持ち、望まない妊娠にも要注意です。

READING IMAGE

Q 2〜3年以内に、私は仕事で独立できますか？

結果 が「カップの3」だった場合

 本格的な独立は難しそうですが、インターネットを使った副業的なものなど、小規模な形の事業は行えるかもしれません。ただし、結果を出して儲けるというより、自分自身が楽しむために行う運営になります。

 独立したいという憧れの気持ちは長く抱え続けますが、実際に独立するほどの強いパワーには欠けているようです。そのため思い切って行動できず、いつまでも夢を語るだけの状況が続いてしまう可能性があります。

 カップの3
 ワンドのエース 逆位置

独立しないほうがいいと、はっきり助言しています。結果から、適性がなく成功しにくいことがわかり、労力が無駄になりそうです。

対策 が「カップの3」だった場合

 独立に向けて、楽しく準備を進めていくといい、という前向きな助言です。あまり深刻に考えることなく、自分が楽しいと思える形での独立を計画しましょう。友人と力を合わせて起業するのもおすすめです。

 結果の「カップの9」がポジティブなため、独立は前向きに考えて大丈夫です。正位置と同様に深刻になることなく、自分自身が楽しめる形で進めましょう。小規模で楽しんでいるうちに事業が発展する形を狙えます。

 カップの9
 カップの3

願いが叶い、独立が実現しそうです。好きな仕事で多くの収入を得ることができて、物質的にも精神的にも理想の形となるでしょう。

似た意味でも ここ が違う！

ペンタクルの2

 遊ぶシーンが共通点です。「カップの3」ではぜいたくを謳歌していて、「ペンタクルの2」ではゲームのような娯楽に没頭しています。

ワンオラクルで占う 今日の運勢

正： 気の合う友達との話に花が咲き、ワイワイにぎやかにすごせそう。

逆： 食べすぎたり散財したりと節操がなくなりがち。遊びはほどほどに。

カップの3のリーディング例 ➡ P.77 / P.189 / P.224 / P.240 / P.272 / P.284 / P.286   113

MINOR ARCANA

カップの4
IV OF CUPS

倦怠感

木の下で男性が腕を組み、座っています。目の前の3つのカップは、既に男性が手に入れたものです。雲から手が出て4つ目のカップを渡そうとしますが、それを不服として受け取りません。恵まれた状況に退屈を覚え、倦怠感を味わっているのです。

▽ 正位置 ▽

倦怠感と飽満感

この男性のように、決して不幸な状況ではないにも関わらず、倦怠感や飽満感を持つことを示します。恵まれた環境にいるために新鮮味や緊張感がなく、与えられたものにさえ、マンネリ感や不満を持つ状況です。変化や刺激がない生活が続き、すっかり退屈してしまうでしょう。物質的には満たされていても、精神的にはそれがアダになってしまうのです。

▽ 逆位置 ▽

新鮮味のある新たな展開

正位置の倦怠感を味わう状況に新鮮な風が吹き込みます。流れのなかに新しい変化が出て、適度な緊張感とともに、イキイキした精神状態がよみがえるでしょう。たとえば、ルーティンだった仕事から離れて大事業の企画に関わったり、退屈な恋愛関係が遠距離交際に変わったり……という状況です。さあ頑張ろう、と意欲が湧き、前向きになれるのです。

READING IMAGE

Q   舞台のオーディションに受かりますか？
Others

結果 が「カップの4」だった場合

結果　カップの4

対策　ソードの10

正：倦怠感や不満を持つという意味から、合格することは難しいと判断できます。合格発表を聞いて自分よりレベルの低い人の合格が判明するなど、理不尽な思いをしたり、モヤモヤした感情を味わったりするかもしれません。

逆：停滞している状況が動くという意味から、合格する率はほどほどに高いと判断できます。ただし、それほど強いカードではないため、一次審査程度に通ったとしても、歓喜するような結果までは得られないかもしれません。

合格は諦めなさい、とはっきり告げていて、難しいオーディションであると推測できます。参加自体を取りやめてもいいでしょう。

対策 が「カップの4」だった場合

結果　ペンタクルのペイジ 逆位置

対策　カップの4

正：合格は難しいという結果から、あまり期待することなく、気合を入れすぎずに適度に気を抜いて気楽に取り組むといい、というアドバイスが読み取れます。ダメならダメでかまわない、という精神でいるといいでしょう。

逆：頭のなかで考えているやり方では、結果のように落ちる可能性が高いため、少し新しい方法を取り入れてみましょう。自己紹介にも斬新さと個性を取り入れて。そうすると流れが変わり、合格率が上がる可能性があります。

ペイジの逆位置は悪い知らせを示すことから、合格の可能性は低いといえます。視野が狭く発想が平凡になることが敗因のようです。

似た意味でも ここ が違う！

カップの 8

カップを拒む男性が描かれた2枚。「カップの4」ではカップへの執着は残しますが、「カップの8」は完全に興味を失い、放棄しています。

ワンオラクルで占う 今日の運勢

正：変化のない1日に退屈さを感じそう。体を動かしてリフレッシュを。

逆：新しい仕事が始まるなど、生活のなかに新鮮な風が吹いてきます。

カップの4のリーディング例 ➡ P.47 / P.101 / P.238 / P.278 / P.290

MINOR ARCANA

カップの5
V OF CUPS

損失

黒いマントを着た男性が、目の前で倒れている3つのカップを見つめて肩の力を落としています。なかには彼の所有物が入っていて、それを失ったことを嘆き悲しんでいるのです。しかし背後には2つのカップが残っていて、それに気づいていません。

▽ 正位置 ▽

半分以上の損失と落胆

男性の前で倒れている3つのカップにスポットが当たります。5つのうちの3つという、==半分以上のものを損失==することを示します。そして失ったものばかりに==執着==し、==嘆いている==状態です。==背後に2つ残っている==こと、遠くには自分の所有物である城と土地があることを思い出さなければいけません。==期待が少ししか叶わない==ことも意味しています。

▽ 逆位置 ▽

ほのかな喜びと希望

男性の背後に残っている、2つのカップにスポットが当たります。男性が振り向き、カップが2つも残っていることに気がつく状況です。落胆していた状況のなかで、==ほのかな喜び==や==希望==が出てきます。絶望的だと思っていた状態が、==実はそれほど悪くなかったとわかる==でしょう。また、逆位置では「==血族==」「==祖先==」など、==血縁関係==という意味もあります。

READING IMAGE

Q 1カ月以内に出会いがありますか？

結果 が「カップの5」だった場合

カップの5　　愚者逆位置

 正

期待しているようなよい出会いがなく、がっかりすることを示しています。しかし、まったくないわけではありません。5人ほどの異性と知り合い、そのなかの2人は友達という形でつながりを持つことができそうです。

 逆

なんとなくいいなと思える異性と、2人ほど縁ができる可能性があります。しかしカード自体は弱いため、すぐに恋愛関係に発展するほどの勢いはありません。それでも、新しい出会いが気持ちを少し明るくするでしょう。

出会いを求めて頑張ることなく、気の向くままにすごすことをすすめています。出会い自体を忘れたほうが、よい結果になりそうです。

対策 が「カップの5」だった場合

ワンドのエース　　カップの5

 正

素晴らしい出会いはありますが、それを先につなげられない可能性が高いため、大きな期待を持たないように、というアドバイスが読み取れます。素敵な異性と出会っても、残念ながらそこまでの強い縁はないでしょう。

 逆

1カ月以内に新しく出会う異性との今後に、少し希望を持ちましょう、というアドバイスを告げています。素敵な異性と出会ったら、それで終わらせるのではなく、連絡先を尋ねるなど、次につなげるようにしてください。

会った瞬間に心が燃え上がるほどの素晴らしい異性と、縁ができる可能性があります。相手は初対面の人である可能性が高いでしょう。

似た意味でも ここ が違う！

ソードの9

沈んでいる人物が共通点です。「カップの5」では実際に何かを失っていますが、「ソードの9」は妄想など考えすぎの場合があります。

ワンオラクルで占う 今日の運勢

正： 期待通りに進まずがっかりしますが、得られるものもあるはずです。

逆： 一度諦めたことに希望が見えてきます。物事のプラス面を見て。

カップの5のリーディング例 ➡ P.95 / P.179 / P.216 / P.218 / P.232 / P.274

MINOR ARCANA

カップの6
VI OF CUPS

過去

古い庭園で2人の子供が遊ぶこの場面は、現在ではなく遠い過去の回想シーンです。道化師のような服装の少年が、年下の小さな女の子にカップに入った白い花を手渡しています。遠くに戦士が歩くことから、平和な時代ではないことがわかります。

△ 正位置

過去に関わる出来事

カップが対応する四元素の水は、時間的には過去を示します。このカードが出ると過去に関わる出来事が浮上したり、過去の思い出に浸ったり、過去の出来事にこだわりを持ったりすることを示します。過去からの強い影響を受けていることを示すのです。また、子供の絵が気になる場合は、その優しさや親切心から意味を読み取れる場合もあります。

▽ 逆位置

過去から離れ未来へ進む

正位置とは正反対の、未来という意味になります。過去とはまったく無縁の新しい状況が訪れたり、執着していた過去を吹っ切り、新しい世界に飛び込んだりします。意識も過去から離れ、これから訪れる時間へと向けられるでしょう。今はまだ見えていない未来を示すため、人間関係の場合は、これから出会う人が鍵になると読むことができます。

READING IMAGE

Q この婚活パーティーで、いい出会いはありますか？

結果 が「カップの6」だった場合

 カップの6　 ワンドの6

 正

過去という意味から、婚活パーティーで昔の知り合いと再会したり、同郷の人と会ったりするかもしれません。その人自身が結婚相手にならなくても、そうした人の紹介から良縁を得られる場合も考えられます。

逆

未来や新しい世界という意味から、今までまわりにいたタイプとは違うタイプの異性と、出会えることが想像できます。直接結婚につながるほどの強さはありませんが、その出会いから人生の流れが変わりそうです。

自信ありげに背筋を伸ばし、堂々と振る舞いましょう。異性の前で謙遜しすぎず、自分の長所を積極的にアピールしてください。

対策 が「カップの6」だった場合

ペンタクルの4 逆位置　カップの6

 正

過去に幸運があることを示すため、かつて縁があった異性と似たタイプの異性に注目するといいでしょう。また、カップを手渡す少年のように、自分に親切にしてくれる異性がいれば、その人をチェックしましょう。

 逆

過去を吹っ切るとよいという意味から、今まで交際してきた異性のタイプとはまったく違うタイプの異性に注目するといいでしょう。新鮮さを感じられる、自分とは違う人生観や趣味を持つ異性もおすすめです。

パーティーの参加者に魅力的な異性が何人もいて、1人に絞りきれないようです。ついあの人もこの人も……と抱え込みたくなります。

似た意味でも ここ が違う！

法王

慈愛心を持つ男性が共通点です。「カップの6」は郷愁という意味での温かさを示すのに対し、「法王」はまさに慈愛の意味を持ちます。

ワンオラクルで占う 今日の運勢

正： 懐かしい人から連絡があり、思い出話で盛り上がるかも。

逆： 古いことへの執着心を断ち切り、新しいことに挑戦したくなりそう。

カップの6のリーディング例 ➡ P.61 / P.85 / P.242 / P.266 / P.268 / P.280 / P.284

MINOR ARCANA

カップの7
VII OF Cups

幻想

背を向けた男性が、雲のなかから現れた7つのカップを驚いて見つめています。カップには女性の頭、布で隠された人物、蛇、城、宝石、月桂冠、悪魔が入っており、それらはすべてこの男性の恐れや願望の象徴です。これは男性の幻想のシーンなのです。

正位置

現実逃避の幻想と妄想

この男性のように幻想の世界に浸り、思考や状況が曖昧で混沌としていることを示します。恐れと願望がごっちゃになり、考えを整理することができません。現実も直視できず、主観や個人的な感情から、的外れな言動に走りがちです。迷いが多くて決断できない迷走状態も続くでしょう。多くのものがあるようでいて、本質的なものは何もないのです。

逆位置

クリアな現実的思考

正位置とは正反対の意味となり、現実的で視界がクリアな状況が訪れます。7つのカップがすべて幻想であると気づき、目の前の濃霧が晴れたようなスッキリとした状態になります。状況を明確に読み取れますから、現実に沿ってきちんとした計画を立て、実行できるでしょう。不明瞭だった何かの原因もはっきりと把握でき、不安も立ち消えます。

READING IMAGE

Q 片想いの人がいます。
相手は私のことを、どう思っていますか？

結果 が「カップの7」だった場合

カップの7　　カップのエース
　　　　　　　逆位置

 相手は、質問者がどのような人であるのかが見えていないようです。質問者のさまざまな性格を見ているためか、よくわからない人という印象を持っています。不安や不信があるため、恋愛感情は持ちにくいでしょう。

 相手は、質問者がどのような人であるのかよく把握していて、すっきりとした明るいイメージを持っている気配があります。しかしクリアである分、魅力や刺激は感じにくく、恋愛の対象としては見ていないでしょう。

結果のカードがこの恋愛の難しさを示すため、諦めなさい、もしくは心を痛めていることを伝えてみなさい、という助言になります。

対策 が「カップの7」だった場合

ソードの9　　カップの7

 相手のことに意識を集中して深く知ろうとするよりも、視野を広げてほかのいろいろな異性にも興味を持ったほうがいい、という助言が読み取れます。それはこの異性と両想いになることが難しいためでしょう。

 相手のことを冷静な目で見て判断しなさい、というアドバイスが読み取れます。理想が先走り、相手を美化しているのかもしれません。相手の美点だけではなく、欠点も含めて冷静に観察しましょう。

相手は質問者のことを考えると、過去の嫌な出来事などを思い出し、悲観的な気持ちになるようです。そのため接近しにくそうです。

似た意味でも ここ が違う！

ワンドの5

ともに混沌としたカードです。「カップの7」は夢想にふけって陶酔感があるのに対し、「ワンドの5」は戦いに疲れ果て消耗しています。

ワンオラクルで占う 今日の運勢

正： 集中力や判断力に欠け、理想と現実をごっちゃにしやすいので要注意。

逆： 今まで不透明だった部分がはっきりして、先行きがクリアになりそう。

カップの7のリーディング例 ➡ P.139 / P.155 / P.236 / P.252 / P.280 / P.290

MINOR ARCANA

カップの8
VIII OF CUPS

放棄

海辺に並べられた8つのカップを背にして、男性が立ち去っています。カップのなかには成功した仕事や真剣な愛情など、彼が丹精込めて積み上げてきた物事が詰められています。しかし、それらが重要ではないということに気づき、放棄したのです。

▽ 正位置 ▽

積んだ物事を捨て去る

今まで抱え続けてきた物事を、完全に放棄することを示します。それは価値観が変化し、大事だった物事がそれほど大事ではなくなることから生じます。具体例としては、長く勤めてきた会社を思い切って退職したり、頑張り続けてきた恋に見切りをつけたりすることなどが挙げられます。それは、新たな世界へ進むために必要なことでもあるのです。

▽ 逆位置 ▽

根気よく積み上げる

正位置とは正反対で、物事を途中で投げ出さずに時間をかけてコツコツと積み上げていく、という意味になります。それがよい結果を呼ぶかどうかは別のカードを参照することになりますが、頑張っているという精神的充実感は得られるでしょう。それとは別に「大きな喜び」という意味も持ちます。まるで祝杯をあげるかのような喜びごとが訪れるのです。

READING IMAGE

Q 好きな人がいますが、ライバルの女性がいます。
彼は彼女のことをどう思っていますか？

結果 が「カップの8」だった場合

結果　カップの8　　対策　ペンタクルの4

 正

何かしらの理由があり、彼はライバルの女性のことを完全に放棄している姿が読み取れます。恋愛の対象として見ていないだけではなく、その女性との縁を完全に切るほどの覚悟があると考えられます。

 逆

彼はライバルの女性に大きな喜びを感じていて、時間をかけて2人の関係を築いていこうとする姿勢があります。恋愛感情の有無はこの1枚ではわかりませんが、大事に思っていることは確かなようです。

彼に執着して離さないようにしなさい、というアドバイスです。執着して粘り続けることで、両想いに近づけるのかもしれません。

対策 が「カップの8」だった場合

結果　恋人 逆位置　　対策　カップの8

 正

彼との恋愛を頑張り続けることなく、完全に捨て去ったほうがいい、と質問者にアドバイスしています。それはライバルとは関係なく、両想いになるのは難しいからかもしれませんし、彼が遊び人気質だからかもしれません。

 逆

彼への気持ちを投げ出さずに、根気強く想い続けていくといい、というアドバイスを伝えています。ライバルの女性に対し、彼の愛情がほとんどないという結果から、両想いになれる希望が見えるのでしょう。

彼はライバルのことを異性として意識はしていますが、軽い気持ちのようです。2人が恋人同士なら、愛情が冷めてきていそうです。

似た意味でも ここ が違う！

ペンタクルの5

物を持たないという点は同じですが、求めても得られない「ペンタクルの5」の飢餓感は、自ら捨てる「カップの8」にはありません。

ワンオラクルで占う 今日の運勢

正： 嫌々続けた物事から離れるチャンス。物や交際の断捨離もおすすめ。

逆： 大きな喜びごとが起こる予感。うれしいことがあれば皆でお祝いして。

カップの8のリーディング例 ➡ P.107 / P.173 / P.212 / P.254 / P.278 / P.286　123

MINOR ARCANA

カップの9
IX OF CUPS

満足感

善良で裕福な、ふくよかな体つきの男性が座り、背後の弓型のカウンターにはワインで満たされたカップが9個並べられています。金銭的にも精神的にも豊かな生活を送る男性の表情は満足げです。これから先の豊かな生活も保証されているのです。

▽ 正位置 ▽

心の底からの深い満足

トランプ占いで願いが叶うとされる「ハートの9」に対応するこのカードは、別名「ウィッシュカード」と呼ばれ、正位置で出ると願いが叶うといわれています。最終結果がネガティブであっても状況は緩和されるでしょう。物質的にも精神的にも満たされる状況が訪れ、心の底からの深い満足感を味わえます。その笑顔は、まわりをも幸福にするはずです。

△ 逆位置 △

欲張りによる強い不満

物質的に豊かな状況が過剰になり、歯止めが利かなくなります。次から次へとぜいたくをむさぼるような状態で、それでも足りずに不満や不足感が募ります。具体例を挙げると、物を買いすぎて部屋が不用品で満ちあふれたり、派手な美食を重ねて体調を崩したりするなど、ぜいたくに慣れて物足りなくなり、さらなるぜいたくを求める……という状況です。

READING IMAGE

Q 別れた恋人とやり直したいと思っています。復縁できますか？

結果 が「カップの9」だった場合

結果　カップの9　／　対策　ワンドの4 逆位置

 正

願いが叶って大満足できるという意味を持つことから、復縁できる可能性は非常に高いといえます。復縁が叶ったあとは相手から深く愛され、心の底から満ち足りた日々を送れることが期待できます。

 逆

思うように相手と復縁できず、質問者は不満がたまる一方に……。それは、どこかぜいたくになっているからかもしれません。復縁願望を抑えられず、相手に不満をぶつけて、さらに状況が悪化する心配もあります。

相手に安らぎと癒やしを与えると同時に、豪華な食事やレジャーに誘うなど、華やいだ雰囲気を一緒に楽しむとよさそうです。

対策 が「カップの9」だった場合

結果　カップの10　／　対策　カップの9

 正

相手に深刻な表情を見せたり、不満をぶつけたりすることなく、幸せで満たされた自分をアピールしましょう。会話をするときも、笑顔で楽しく幸福な話をすることで、相手の復縁願望を高めることができそうです。

 逆

相手に自分の現状についての不満をストレートにぶつけるとよい、というアドバイスが読み取れます。現状が満たされていなくてつらいことや、そのために復縁したいことを告げれば、相手も前向きに考えてくれそうです。

幸せな家族の絵柄から、相手と復縁して真の幸福を得ることができるでしょう。そのまま結婚まで進む可能性も高いといえます。

似た意味でも ここ が違う！

ペンタクルのエース

ともに物質的な満足感を示します。「ペンタクルのエース」が唯一の宝物を示し、「カップの9」が質より量で、多くのものを手にしています。

ワンオラクルで占う 今日の運勢

正： グルメや買い物で思い切りぜいたくができて、幸せな気分に浸れそう。

逆： まわりへの不満が爆発しますが、それは自分のぜいたく心が原因です。

カップの9のリーディング例 ➡ P.65 / P.113 / P.230 / P.250 / P.280 / P.286 / P.292

MINOR ARCANA

カップの 10
X OF CUPS

家族愛

空に現れた大きな虹のなかに、10個のカップが並んでいます。この奇跡に驚いた若い夫婦が手を挙げて歓喜しています。近くで遊ぶ子供達はそれには気づきませんが、自分達なりの方法で幸福感を味わっています。遠くにはこの家族の家が見えます。

△ 正位置 △

平和で幸福な温かい家族愛

四元素の水が示す愛情が、平和な家庭という形で完結しています。最高の愛の形にたどり着いたのです。この絵柄のように平和と幸福感を味わい、心からリラックスできる状況が訪れるでしょう。とくに家族や仲間に関しては幸運で、穏やかな家族愛や友愛に満たされ、真の幸福を味わうことを示します。恋愛では、結婚を意味することもあります。

▽ 逆位置 ▽

家族愛のない孤独感

家族間で生じるネガティブな物事にスポットが当たります。家族同士で心が通い合わなくなり、口論や暴力的な問題が出てきたり、関係がギクシャクしたりします。家族的な温かい交流が得られず、孤独感を味わうことも。恋愛では、結婚に進まず、安らぎを得られない交際を示す場合があります。家族全般に関する悪い面が強調されるのです。

READING IMAGE

Q 気になる人がいます。その人と付き合えますか？

結果 が「カップの10」だった場合

正
最高の愛の形にたどり着けるということで、相手と交際できる可能性は非常に高いといえます。お互いに安らぎを感じる相性であり、恋人関係にとどまらず、最終的には結婚にたどり着ける可能性も十分考えられます。

逆
安らぎを得られず孤独を感じる状況を示すことから、残念ながら相手と交際することは難しいと判断できます。しかし、「ソードのナイト」がアタックをすすめているため、自分から捨て身で動くことで成功率は高まります。

結果　カップの10　　対策　ソードのナイト

はっきり告白したり頻繁に連絡したりと、一直線に相手に向かうことで、交際が成立する可能性があります。駆け引きはご無用です。

対策 が「カップの10」だった場合

正
色気を見せて口説こうとするのではなく、穏やかで平和なムードを出しながら相手に接近したほうがいい、と告げています。自分の将来の夢やお互いの家族の話をすると、相手との距離が縮まるでしょう。

逆
幸せになれないことを示し、相手との恋愛には否定的です。それでも交際したいのであれば、家族の悩みを話すなど、自分が持つ孤独感を伝えるといいでしょう。そうすることで、真の愛情を持ってもらえるかもしれません。

結果　ペンタクルの9 逆位置　　対策　カップの10

2人の間に恋愛の甘いムードは漂うでしょう。しかし、そこに真の愛情はなく、計算の入った遊びのような恋愛関係になりがちです。

似た意味でも ここ が違う！

ペンタクルの10

ともに幸福な家族が描かれています。「カップの10」が精神的な幸福感を強調し、「ペンタクルの10」は物質的な豊かさを強調しています。

ワンオラクルで占う 今日の運勢

正： 家族や仲間と平和で穏やかにすごし、真の幸せを実感できます。

逆： 家族との関係がギクシャクしがち。自分から心を開いて話して。

カップの10のリーディング例 → P.125 / P.167 / P.220 / P.236 / P.260 / P.280 / P.284

MINOR ARCANA

カップの
ペイジ
PAGE OF CUPS

幼さ

色白で愛くるしく、少し女性的な雰囲気を持つ少年が海辺に立って、手にしたカップを眺めています。カップのなかから小魚が顔を出していますが、この小魚は少年の心が投影された映像です。この少年は情感豊かで、芸術的感覚も優れています。

▽ 正位置

純粋無垢で
幼い精神

ペイジのなかでももっとも幼く女性的な性質を持ち、子供のように純粋無垢な人物を示します。愛嬌があり甘え上手で、目上の人から可愛がられるタイプです。自分自身がそのような心理状態になる場合と、そうした純粋無垢な人物と関わる場合とがあります。ペイジはメッセンジャーであることから、愛情に関するよい知らせが入ることも意味します。

▽ 逆位置

未熟で甘えた
依存心

幼い性質のネガティブな面が強調されます。考えや行動が幼すぎて未熟であり、激しい感情を露骨に表し、すぐに人に頼って何かをしてもらおうとします。依存心が強いため、自分の力で頑張ることなど考えもしません。能力面でも未熟で、仕事や勉強では合理的な思考ができず、成果が上がらないでしょう。まるで赤ん坊のような状態なのです。

READING IMAGE

Q 結婚したい人がいます。この人と結婚できますか？

結果 が「カップのペイジ」だった場合

 カップのペイジ
 女帝 逆位置

 正
相手から十分愛情をかけてもらえたり、甘えさせてもらえたりと、結婚に進む雰囲気は少なからずありそうです。しかし動きが弱いカードであるため、確実に結婚に進むには、もうひと押しが必要になります。

 逆
結婚したい願望は強まりますが、自分や相手の考えが未熟であり、結婚することに踏み切りがつきません。そのため、曖昧な状態がズルズル続く気配があります。お互いに相手任せになることも原因といえそうです。

相手に不満をぶつけ、わがままに振る舞いましょう、という助言になります。結婚したいことを感情的に強く訴えるといいでしょう。

対策 が「カップのペイジ」だった場合

 死神
 カップのペイジ

 正
上手に甘え、相手の母性本能や父性本能をくすぐってみましょう、というアドバイスになります。相手を頼りにし、必要であると伝えることで、結婚の方向へ進んでいく可能性が高まります。

 逆
結婚したいと駄々をこねるなど、少し相手に寄りかかり、依存するような態度を取ってみなさい、というアドバイスが読み取れます。赤ん坊のように甘えることで、相手の結婚願望を高めるかもしれません。

相手と結婚することなく別れが訪れる、とはっきり告げています。行動次第では変わりますが、もともと結婚の縁が薄いのでしょう。

似た意味でも ここ が違う！

ペンタクルのペイジ

優しそうな少年が共通点です。「カップのペイジ」がロマンチストなのに対し、「ペンタクルのペイジ」はまじめで現実的です。

ワンオラクルで占う 今日の運勢

| 正： | 子供のように誰かに甘えられる日。芸術的な趣味を楽しむのも吉です。 |
| 逆： | 依存心が強まり、人に寄りかかりがち。自分のことは自分でこなして。 |

カップのペイジのリーディング例 → P.37 / P.131 / P.218 / P.221 / P.246 / P.278

MINOR ARCANA

カップのナイト

KNIGHT OF CUPS

贈り物

戦いを好まない優美で夢想家の騎士が白馬に乗り静かな歩調で進んでいます。カップは愛を象徴することから、大事な人のところへ愛情を届けにいくのでしょう。ヘルメットと靴にはヘルメスの翼がつき、彼が神々の使いでもあることがうかがえます。

△ 正位置

愛を届ける存在の接近

愛情や優しさを届けにいく人物であり、まさに「白馬に乗った王子様」のイメージです。恋愛を占った場合、女性であれば男性から告白やプロポーズをされ、男性であれば女性に告白やプロポーズをすることを示します。恋愛以外ではよい協力者が現れたり、うれしい仕事や連絡が入ったりするでしょう。接近してくる人物は、信頼できると見ていいのです。

▽ 逆位置

甘い言葉で惑わす詐欺師

夢想的な性質がマイナスに出て、うそが多い詐欺的な人物を示します。その場しのぎでいいことを言ったり、甘い言葉で気を引こうとしたりと、言動に誠意がありません。恋愛では結婚詐欺やうわべだけの愛情表現に乗せられないよう注意が必要です。逆位置になると馬が離れていくイメージが強まり、大事な人や物事が離れていくことも意味します。

READING IMAGE

Q 恋人と別れようか悩んでいます。
このまま付き合ったらどうなりますか？

結果 が「カップのナイト」だった場合

結果　カップのナイト　　対策　ワンドのクイーン

 正

相手は質問者に純粋な愛情を持ち続けるため、このまま交際を続けていけば相手の深い愛を感じながら交際することができそうです。プレゼントをもらうなど、相手の思いやりや親切さに感激することも増えるでしょう。

 逆

このまま交際を続けても相手の誠意のなさが目につくようになり、信頼できなくなるでしょう。口先だけの愛情表現に惑わされるような場面もありそうです。相手のほうから離れていく可能性も考えられます。

我慢することなく、自分の思うままに行動し、常に希望を強気で相手に伝えましょう。そうすることで交際がラクになるはずです。

対策 が「カップのナイト」だった場合

結果　カップのペイジ　逆位置　　対策　カップのナイト

 正

無理に別れることなく、今後も相手に誠意を持って愛情を伝え続けるといい、と告げています。相手が甘えたがっている気持ちを受け止めて、できるだけ優しく、献身的に愛情を込めて接していくといいでしょう。

 逆

相手の甘えた態度を許すことなく、容赦なく離れるといい、というアドバイスが読み取れます。少なくとも、甘えを助長するような親切な態度は控えましょう。質問者にとっては、何も得られない交際かもしれません。

交際を続けると、相手の依存心が強まり、質問者に甘えてきそうです。お互いに交際に依存し、そこから抜け出せないという場合も。

似た意味でも ここ が違う！

カップの6

男性がカップを渡す場面が共通点です。「カップのナイト」はこれから愛を届けますが、「カップの6」は過去の回想のなかにあります。

ワンオラクルで占う 今日の運勢

正： 素敵な男性から愛の告白をされるかも。男性なら告白するチャンス。

逆： 甘い言葉に乗せられて、損をする心配あり。警戒心を持ちましょう。

カップのナイトのリーディング例 ➡ P.41 / P.99 / P.274 / P.290 / P.292

MINOR ARCANA

カップの クイーン

QUEEN OF CUPS

QUEEN of CUPS.

献身的な女性

金髪で色白のクイーンが、水辺に置かれた玉座に座り、手にした豪華なカップをじっと見つめています。彼女は物静かで夢想家であり、カップのなかに幻想を見ているのです。水は女性的性質を持つため、クイーンのなかでもっとも女性らしい女性です。

△ 正位置 △

愛情深く 献身的な女性

4枚すべてのクイーンは、主に女性のことを示します。このクイーンは愛情が深く献身的、良妻賢母で家庭的な女性を示しています。権力や闘争には無関心で善良であり、空想や芸術にはまるロマンチストです。そのようなタイプの女性と関わることを示すと同時に、女性が占って出ると、その人自身がそうした心理状態になることが多くあります。

▽ 逆位置 ▽

気まぐれで 感情的な女性

情の深さと感受性の豊かさがマイナスに出て、気まぐれで感情の浮き沈みが激しい、わがままな女性を示します。特に悲観的な気持ちが強く、少しのことで落ち込んで泣き出すなどして、周りを心配させがちです。そのような女性と関わる可能性があると同時に、質問者が女性であれば、同じように冷静さを失う状態になりやすいので注意しましょう。

READING IMAGE

Q Work　責任ある大きな仕事を任されました。
私にうまくできますか？

結果 が「カップのクイーン」だった場合

 カップのクイーン　　 ソードのキング 逆位置

△ 正　周りにこまやかに気を使いながら、穏やかにこの仕事に取り組めそうです。優しさを忘れないため、敵をつくることや、誰かと衝突することもないでしょう。ただし押しは弱く、大きな成果は出せないかもしれません。

▽ 逆　仕事中に感情の浮き沈みが激しくなり、冷静に進めることが難しくなりそうです。とくに、考えすぎによる落ち込みやヒステリーでまわりを振り回しがち。もしくは、感情的な女性に邪魔をされる可能性も考えられます。

周りに気を使うことなくバリバリ取り組み、自分自身の判断で進めていきましょう。足を引っ張る人には厳しく叱咤してください。

対策 が「カップのクイーン」だった場合

 ペンタクルの9　　 カップのクイーン

△ 正　エネルギッシュに取り組むのではなく、まわりへの献身性を忘れずにこまやかな気配りの姿勢を持ちながら進めるといい、という助言が読み取れます。結果のカードから、とくに実力者に尽くす姿勢を持つといいでしょう。

▽ 逆　無理して頑張るのではなく、自分の感情を素直に出しながら取り組むといい、というアドバイスです。やりたくないことはやらないと、わがままを言ってもいいでしょう。そうすれば、実力者が手助けしてくれるはずです。

実力者からの寵愛や援助を受けることにより、成功できることを示します。甘え上手や頼り上手であることが功を奏します。

似た意味でも ここ が違う！

ペンタクルのクイーン

強い女性性を持つ2人ですが、カップのほうが富に無関心でロマンチストなのに対し、ペンタクルのほうは現実的で富を大事に考えます。

ワンオラクルで占う 今日の運勢

正：家族や恋人など大事な人に献身的に尽くし、愛情を伝えられます。

逆：素直になれず、身近な人にひねくれた態度を取りがち。すぐに謝って。

カップのクイーンのリーディング例 → P.71 / P.185 / P.248 / P.252 / P.268 / P.280

MINOR ARCANA

カップの キング

KING OF CUPS

親切な人物

海の上の玉座にキングが座り、左手には権力を示す笏(しゃく)を、右手にはカップを持っています。キングの右側には帆を張った船が通過し、左側ではイルカが跳ねています。海水に囲まれた玉座とその丸みのある形から、情が深く温厚な性質が読み取れます。

△ 正位置 ▽

寛大で親切な 情の厚い人物

四元素の水は女性的な性質を持つため、このキングは温厚で争いを好まず、情が深く親切心にあふれる性質です。そのような人物と縁ができて困っているときに援助してもらったり、質問者自身が誰かに親切に手を差し伸べたりすることを示します。人情味あふれる寛大な性格が功を奏して自然と人望が高まり、多くの賛同者がつく場合もあります。

△ 逆位置 ▽

不正が多い 不誠実な人物

感情豊かな性質の、ネガティブな面が強調されます。感情的になって理性が利かなくなり、自分のメリットだけを求めるようになります。平気でうそをついたり、不正行為を行ったりします。実力者には媚を売るなど、裏工作に走る欲深さもあるでしょう。そうした裏のある人物にだまされないように注意が必要です。スキャンダルという意味も持ちます。

READING IMAGE

Q 会社を辞めようか悩んでいます。
転職したらどうなりますか？

結果 が「カップのキング」だった場合

 転職を実行すると、援助者に恵まれて成功すると判断できます。よい転職先を紹介してくれたり、役立つ助言をもらえたりするでしょう。また、転職先の上司に恵まれるなど、心温まる環境で働くことができるとも読めます。

 転職した場合、転職先の会社が言われた条件と違っていて困惑するなど、詐欺のような状態に陥りやすいという警告です。対策の「魔術師」を見ると転職して問題ありませんが、転職先は十分検討する必要があります。

新しいことを実行するといいということ、すなわち転職したほうがいい、とすすめています。独立を視野に入れてもいいでしょう。

対策 が「カップのキング」だった場合

 結果の「ペンタクルのエース」逆位置とキングが椅子に座っていることから、すぐに転職するのは避け、もう少し今の会社にいることをすすめています。まわりに親切な態度を取り続けることで、居心地がよくなるでしょう。

 正位置と同じく、まだ今の会社から動かないほうがいい、というアドバイスを告げています。それと同時に会社の上司に媚を売るなど、自分が居心地よくすごせるように、少し裏から手を打ってみるといいでしょう。

転職することで、大事なものを失う心配があります。とくに金銭的な損失が懸念され、報酬額が大幅に減るかもしれません。

似た意味でも ここ が違う！

法王

親切な男性が共通しています。「法王」は直接人々に奉仕しますが、「カップのキング」は事業などの役割を通して人々に貢献します。

ワンオラクルで占う 今日の運勢

正： 頼りになる親切な男性が現れそう。遠慮なく甘えるのがおすすめ。

逆： 人の甘い言葉を鵜呑みにして、裏切られたと感じる場面があるかも。

カップのキングのリーディング例 ➡ P.55 / P.161 / P.221 / P.254 / P.276

MINOR ARCANA
ソードのエース
ACE OF SWORDS

攻撃

荒野の上にある雲から、鋭い剣を持つ手が突き出しています。剣は勝利を示す王冠を掲げ、王冠の左には女性性を示すオリーブの葉、右には男性性を示すナツメヤシの葉がついています。王冠は、この剣による戦いが必ず勝利することを示します。

正位置

攻撃心による
決断と勝利

トランプで一番の凶札といわれる「スペードのA」に対応し、正位置でもネガティブな要素を含みます。勝利をつかむための強い攻撃心を示します。何かを得るためには人を傷つけてもいいと容赦なく進み、権力を行使したり略奪したりします。強い意志で戦う姿勢を示し、勝利をつかめるでしょう。強い意志で大きな決断を下すという意味もあります。

逆位置

暴力的で
残虐な行為

正位置に含まれたネガティブな要素が強調されます。恨みや復讐心、強い怒りなど激しい攻撃心を持ち、何かで勝つこと以上に人を傷つけることを目的とした、サディスティックな要素が表れます。具体的には人に傷つけられたり傷つけたりするほか、バッサリと何かを切り落とすことを示します。正位置の勝利とは逆に、敗北するという意味も持ちます。

READING IMAGE

Q Others 一度は諦めた夢にもう一度挑戦しようか悩んでいます。うまくいくでしょうか？

結果 が「ソードのエース」だった場合

結果　ソードのエース　　対策　世界

△正　強い決意と高いモチベーションを持って諦めた夢に再チャレンジして、見事成功を収めることを示します。それにより誰かを傷つけることもあるかもしれませんが、それも成功のためには必要なことであると考えられます。

▽逆　夢に再挑戦した場合、成功させたい欲望が強くなりすぎて、取り組みかたが攻撃的で乱暴になる心配があります。それによってまわりの人を傷つけるだけでなく、自分自身も傷つく結果になりかねません。

これが最後という気持ちで再挑戦するといい、という助言です。結果が示す攻撃心を抑え、幸福感とロマンを持って取り組みましょう。

対策 が「ソードのエース」だった場合

結果　ワンドの9 逆位置　　対策　ソードのエース

△正　「ワンドの9」逆位置が示す保守的な結果を打ち壊すために、強い攻撃心を持って行動を起こしなさい、というアドバイスを告げています。思い切って大胆にアクションを起こすことで、夢の実現をつかめるはずです。

▽逆　たとえまわりの誰かを傷つけても、夢の実現に向かって強気の姿勢で突き進むことをすすめています。失敗しても構わない、という捨て身の行動により、満足できる結果を得られるでしょう。

過去の失敗が災いして、慎重になりすぎるようです。守りを固めることに専念するあまり、再挑戦できず終わってしまうことに。

似た意味でも ここ が違う！

塔　ともに破壊力の強い衝撃的なカードです。「塔」は天から罰が下る印象が強く、「ソードのエース」は人間が持つ怒りや欲により破壊します。

ワンオラクルで占う 今日の運勢

正：決断力に優れる日。迷っていたことがあるなら、思い切って決断して。

逆：人に強い怒りや恨みを持ってしまうかも。怒りを出す前に深呼吸を。

ソードのエースのリーディング例 ➡ P.73 / P.97 / P.222 / P.230 / P.262 / P.270

MINOR ARCANA

ソードの2
II OF SWORDS

バランス

暗い海辺に座った女性が、肩の上で2本の剣を交差させています。長くて重い剣ですが、難なく傾きを左右対称にして上手にバランスを取っています。目隠しのため、視覚的情報は得られません。背後の海は暗くても、波はなく穏やかです。

△ 正位置

バランスよく調和した状態

バランスの取れた2本の剣にスポットが当たり、==2つの物事を上手に調和==させられる状態を示します。剣が左右対称であることから、対等な関係として==「友情」==という意味もあります。剣は鋭く、決して情を示すスートではありませんが、知性という意味から==表面的な会話を軽く楽しめる関係==です。2つの同じようなものがあることを示す場合もあります。

逆位置

中途半端に揺れ動く状態

逆位置になると2本の剣の==バランスが崩れ、不安定な状態==になることを示します。剣がグラグラ揺れて決断ができなくなり、==優柔不断==に陥ります。とくに二者択一では、==決断を下せません==。集中力に欠けて深く考えられず、思いつきで複数のことを進めたり、気分で取り組んだりします。友情も不安定になり、相手への==感情がコロコロ==と変わる状態です。

READING IMAGE

Q 折り合いのよくない上司がいます。
上司との関係は、この先どうなりますか？

結果 が「ソードの2」だった場合

結果：ソードの2　対策：カップの7 逆位置

△ 正
お互いに相手の立場や状況を考えて動くようになり、次第に調和したよい関係を築けることが読み取れます。上下関係を超えて、なんでも話し合えるような友達関係に近い付き合いかたができる可能性もあります。

▽ 逆
その場の状況や気分によって、相手の質問者への接しかたが変わり、つかみどころのない不安定な関係が続きそうです。相手の主義や方針がよく見えないことから、どう接していいのかわからないことも多いでしょう。

常に自分の心情や考えを明確に伝え、自分の内面をよく理解してもらいましょう。そうすることで、衝突のないよい関係を築けます。

対策 が「ソードの2」だった場合

結果：ソードの5　対策：ソードの2

△ 正
まるで友人と接するように、明るく爽やかな態度を取るといい、という助言が読み取れます。ときどきジョークを言ってもいいでしょう。違った意見があれば、相手が上司であっても、抑えずに伝えることも大切です。

▽ 逆
上司への態度を一貫させるのではなく、そのときの状況や相手の機嫌などにより、臨機応変に対応していくといいと読み取れます。自分の意見をはっきりと言うのは避け、できるだけ相手に合わせるといいでしょう。

質問者が部下でありながらも攻撃的な言動を取り、上司を打ち負かす場面が増えそうです。そのため、不穏な雰囲気は拭えません。

似た意味でも ここ が違う！

正義
似た姿勢で座り、何かでバランスを取る姿です。「正義」は私情を挟まない客観性を持ち、「ソードの2」は、主観的に軽く楽しむ姿勢があります。

ワンオラクルで占う 今日の運勢

正：誰とでも上手に交際できる日。気まずかった人に、声をかけると◎。

逆：複数のことをこなして、どれも中途半端に。大事なことに集中して。

ソードの2のリーディング例 ➡ P.37 / P.157 / P.228 / P.238 / P.244 / P.250 / P.260 / P.270

MINOR ARCANA

ソードの3
III OF SWORDS

悲しみ

中央にある赤いハートは、人間の心臓であり魂であり、心でもあります。そのハートに、3本の剣が完全に突き刺さっています。背景は厚い雲に覆われ、その雲からは土砂降りの雨が落ちています。この雨は、剣が刺さったハートが流す、涙の象徴です。

▽ 正位置 ▽

泣くほどの深い悲しみ

雨が一方向へと激しく流れ落ちているため、ストレートに強い悲しみの感情を示します。とくに、心を傷つけられたことによる悲しみです。剣は言葉を象徴するため、言葉により傷つけられる場合が多いでしょう。涙が止まらないほどの深い悲しみや悲観であり、実際に涙を流す場面もあります。生じる出来事よりも、感情面にスポットが当たっています。

▽ 逆位置 ▽

悲しみの上の精神錯乱状態

絵柄が逆さになると、雨が落ちる方向がバラバラになります。そのことから、正位置が示す悲しみに、心が乱される状態が加わります。悲しみを通り越して精神の錯乱状態に陥り、まわりが見えなくなり、物事を冷静に判断することができません。心が激しく動揺し、何も手につかないでしょう。正位置と同様に、出来事よりも心の状態を表します。

READING IMAGE

Q 友人と起業を考えています。
この起業は、うまくいきますか？

結果 が「ソードの3」だった場合

正 今の状況のままで起業に取り組むと、悲しい思いをする結果になることが読み取れます。それは、予想よりも経営状況が厳しくなるからかもしれませんし、友人と価値観の違いから衝突し、心が傷つくからかもしれません。

逆 今の状況のままで起業に取り組むと、悲しさを感じる上に、気持ちが混乱する結果になることを示します。思わぬトラブルに悩まされるなど予想通りに進まず、準備不足であたふたと慌てるような状況が想像できます。

結果：ソードの3 ／ 対策：ペンタクルのペイジ

起業するために必要な知識やノウハウをしっかり学びなさい、という助言です。アクションを急がず、勉強に長い時間を取って。

対策 が「ソードの3」だった場合

正 結果の「塔」逆位置からも、この友人との起業はやめたほうがいい、というアドバイスと判断できます。起業を諦めることで悲しみを感じる可能性はありますが、起業で失敗するよりもまだよい、といえるでしょう。

逆 読みかたは、正位置とほぼ同じです。ただし、混乱したほうがいいというニュアンスもあることから、起業を諦めないのであれば、計画に何か重大なミスがないか徹底的に調べてみるといい、とも読み取れます。

結果：塔 逆位置 ／ 対策：ソードの3

激しい緊張という意味から、起業すると意外な問題が生じ、軽いショックを受けそうです。何かを見落としているのかもしれません。

似た意味でも ここ が違う！

ソードの9

悲観を示す2枚です。「ソードの3」は心が傷ついたことによる悲しみに特化し、「ソードの9」はそれに絶望や恥が上乗せされます。

ワンオラクルで占う 今日の運勢

正： 人の冷たい言動に悲しい思いをするかも。楽しいことを考えると吉。

逆： 精神的に不安定になりやすい日。頭が混乱したら少し休みましょう。

MINOR ARCANA

ソードの4
IV OF SWORDS

一時停止

鮮やかなステンドグラスの窓があるこの部屋は墓場であり、騎士の墓の上に、祈りのポーズを取った、その騎士自身の像が横たわっています。騎士の墓の上には3本の剣が並べて飾られ、墓の下には、像に添わせるように1本の剣が置かれています。

△ 正位置

一時的な休息時間

動くものが何もないこのカードは、==一時停止==を示します。主に、==忙しく活動したあとの休息==です。すべての進行がストップし、進んでいたことも一時停止するでしょう。精神的には==無に近い状態==です。しかし、あくまでも一時的な休息であり、==休んだあとは再び活動==が始まります。未来がまだ決められていない場合に、結果の位置に出ることもあります。

逆位置

停止状態から慎重に動く

絵柄が逆になると横たわっている騎士の像が起き上がる格好となり、休息が終了して==止まっていた状況が動き出す==ことを示します。その動きは慎重でゆっくりですが、十分な休養を取ったあとのため、==準備万端でエネルギーも満ちて==います。順調な流れに乗れる可能性が高いでしょう。状況が動き出すほかに、==悪い状況から回復==するという意味も持ちます。

READING IMAGE

Q 子供が話をしてくれません。
Family 私（親）のことをどう思っているのでしょうか？

結果 が「ソードの4」だった場合

ソードの4 　　正義
　　　　　　逆位置

 正　一時停止という意味から、親にネガティブな感情を持って避けているわけではなく、とくに何も考えていないと判断できます。ほかのことで頭がいっぱいなのか、自分自身のやるべきことで非常に忙しいのかもしれません。

 逆　ポジティブなカードであるため、親に悪い感情は持っていないとわかります。休息という形で親と距離を置き、そろそろ充電できたという段階かもしれません。近々親に前向きに接してくるようになる可能性があります。

子供の様子を見ながら態度を変えるなど、臨機応変に接しましょう。何かを強制することは避け、子供の行動に合わせてください。

対策 が「ソードの4」だった場合

ワンドのキング　ソードの4

 正　自分からは子供に話しかけず、適度に放置して距離を置くといい、と助言しています。怒ったり何かを強制したりすることもせず、子供のほうから働きかけてくるまで、できるだけ静かに様子を見守りましょう。

 逆　会話をしない状態がある程度続いたのなら、自分のほうから少しずつ声をかけるようにするとよさそうです。感情的な態度は取らず、日頃の楽しいことや未来のことなどのポジティブな話題を振ってみましょう。

親より自分のほうが偉いという、強気な感情と自尊心を持っていそうです。親に下手に出ることを拒んで、話さないのでしょう。

似た意味でも ここ が違う！

ワンドの9

停止や膠着状態を示す2枚です。「ソードの4」は一時的な完全停止を示し、「ワンドの9」は準備して何かの到来を待っています。

ワンオラクルで占う 今日の運勢

正：進んでいたことが一時停止する気配が。焦らず休息時間と割り切って。

逆：企画に着手するなど、停止していた状況が少しずつ動き出しそうな日。

ソードの4のリーディング例 ➡ P.85 / P.169 / P.225 / P.244 / P.262

MINOR ARCANA

ソードの5
V of Swords

残忍な勝利

3本の剣を手にする尊大な性格の男性が、得意気な表情で戦いに負けて去る2人の男性を見送っています。彼はこの土地の領主です。地面には敗者が打ち捨てた2本の剣が転がり、領主は戦利品であるその剣も自分のものにできると満足そうです。

▽ 正位置 ▽

残忍な手段で勝利をつかむ

手前に立っている勝利した男性にスポットが当たります。勝ち負けや得ることにこだわり、残忍で卑怯な手段によって勝利を収めることを示します。同時に、それに伴う優越感も表します。何かに勝利すること自体も意味しますが、人を傷つけての利己的な勝利であり、その満足感は長く続きません。報復による戦いを挑まれるなど、心も安らぎません。

▽ 逆位置 ▽

屈辱的な敗北を喫する

敗北して去っていく、背を向けた2人の男性にスポットが当たります。残忍な手段によって傷つけられた上に敗北を喫し、悔しさと屈辱感を味わう状態を示します。大事な剣を奪われたことから、敗北により大事なものを失うなど、何かしらの損失も伴います。それでもリベンジのチャンスはあり、次の戦いで勝利を収める可能性は残されているのです。

READING IMAGE

Q 年老いた母親と同居しようか悩んでいます。同居したら、どうなりますか？

結果 が「ソードの5」だった場合

ソードの5 ／ カップの2

 質問者が戦いの勝者側になることを示すことから、同居すると母親に対して口やかましくなるなど強気な態度を取り、母親が弱気になってしまう心配があります。対策の「カップの2」の内容を重視しましょう。

 質問者が戦いの敗者側になることから、同居すると母親の立場が強くなりすぎて、質問者が委縮し、弱気になってしまうことが考えられます。親であっても、気を使って謙虚になりすぎないことが大事なようです。

同居することをすすめています。その際には母親に愛情を持ち、対等な立場として楽しい交流を心がけるといい、と告げています。

対策 が「ソードの5」だった場合

ソードの8 逆位置 ／ ソードの5

 同居する場合は母親に気を使いすぎて自分自身が疲れないように、ある程度の自己主張をするなど、自分の生活環境をしっかりと守る姿勢が大切です。自分が住みやすいよう、生活上のルールを決めるのもいいでしょう。

 読みかたが難しいカードです。離れていく敗者にスポットが当たり、結果がネガティブであることからも、母親との同居はできるだけ避けたほうがよいと読み取れます。状況が整ってから考え直すといいでしょう。

同居すると質問者の負担が大きすぎて、拘束に近い苦しい状態に陥りそうです。居場所がないような苦しさが長く続くでしょう。

似た意味でも ここ が違う！

ソードの7

計算高い男性が共通点です。「ソードの5」は人を傷つける残忍なタイプなのに対し、「ソードの7」はおべっかを使う狡猾なタイプです。

ワンオラクルで占う 今日の運勢

正： 争いや勝負事に勝てますが、恨みを買いやすいので謙虚にすごして。

逆： 自分より上にいる人を見て、焦りや嫉妬を感じそう。比べないこと。

ソードの5のリーディング例 ➡ P.77 / P.139 / P.232 / P.258 / P.272

MINOR ARCANA

ソードの6
VI OF SWORDS

安全な進行

渡し舟の船頭が小舟に女性とその子供を乗せて、向こう岸へと運んでいます。積み荷はほとんどなく、風もなく川の流れは穏やかで船頭はこの仕事をラクに終わらせられるでしょう。舟の両脇には3本ずつ剣が立てられ、女性と子供を守っています。

▽ 正位置 ▽

援助者と安全に進む

各スートの6は調和を表し、剣のなかではもっとも温和でポジティブなカードです。乗客が、高い仕事の能力を持つ船頭と6本の剣に守られていることから、安全な方向へ順調に進むことを示します。困難から脱出することや、未来の見通しも立ち、進んでいる方向が正しいことも示します。船頭のような信頼できる援助者や協力者にも恵まれるでしょう。

▽ 逆位置 ▽

安全な物事が離れていく

絵柄が逆になると、舟に乗った人物が背を向けて、離れていくイメージが強調されます。協調したくてもできない状態で、大切な人や物事が離れていくことを示します。また、進行に関すること全般のネガティブな側面も示します。正位置とは逆に、間違った方向へ進むことや、舟が転覆するように、進んでいた物事が頓挫するという意味が読み取れます。

READING IMAGE

Q 賃貸マンションの更新時期が迫ってきました。
引っ越ししたらどうなりますか？

結果 が「ソードの6」だった場合

 正

もし引っ越しした場合、よい不動産会社などに恵まれ、安全で安心できる物件に引っ越すことができると予想されます。家族の賛同とサポートも得られるでしょう。しかし対策から、今は無理に動かなくてもよいと判断します。

 逆

進むことに関するネガティブな意味を持つため、引っ越ししようとしたら、何かと障害にはばまれることが考えられます。スムーズによい物件が見つからなかったり、一緒に引っ越す家族に反対されたりしそうです。

引っ越しの結果がよくても、動かないほうがいいことを示します。不満がなければ、今のところに住み続けたほうがいいでしょう。

対策 が「ソードの6」だった場合

 正

引っ越しをする際には1人で頑張るのではなく、協力してくれる人やよい情報をくれる人を探しましょう、というアドバイスです。力を貸してくれそうな人に声をかければ、さらにスムーズに引っ越しが進むでしょう。

 逆

舟に乗る人が離れていくように見えることと、結果の「運命の輪」により、今の場所から離れたほうがいいという助言が読み取れます。まわりに協力してくれる人が見当たらなくても、1人で頑張ってみましょう。

引っ越しのタイミングは、ベストであると告げています。よい物件が見つかり、それによって全体運が上がることも期待できます。

似た意味でも ここ が違う！

ペンタクルの6

人を助ける絵柄が共通点です。「ソードの6」は特定の人を手助けするのに対し、「ペンタクルの6」は広く弱者を助ける姿勢があります。

ワンオラクルで占う 今日の運勢

正： 安全で正しい方向へ進んでいるので、計画通りにすごせば大丈夫です。

逆： 約束がキャンセルになるなど、予定通りにいかない日。臨機応変に。

ソードの6のリーディング例 ➡ P.61 / P.175 / P.221 / P.234 / P.262 / P.292

MINOR ARCANA

ソードの7
VII OF SWORDS

策略家

軍隊の駐屯地の近くに7本の剣が立てられ、計算高い男性が、そのなかから5本を素早く盗み出そうとしています。その表情には余裕があり、盗みに自信があるかのようです。軍人達は遠くで火を焚いていて、剣が盗まれていることに気がつきません。

▽ 正位置 ▽

策略家の ずる賢い行動

この男性の行動のように、策略家や、ずる賢い行動という意味を持ちます。頭のよい人物ですが、その頭脳明晰さを悪用し、自分のメリットを求めて計算ずくで動きます。狡猾で、信用できない人物です。うわべだけのよい言葉にも警戒が必要です。策略は成功するため、極端に悪いカードではありません。しかし人に迷惑をかけることは必須です。

▽ 逆位置 ▽

役に立つ アドバイス

正位置の策略家や狡猾さが逆となり、頭脳明晰さを正しく誠意を持って使う形に変わります。とくに、よいアドバイスという意味が強く、誰かから役立つアドバイスをされたり、自分自身がしたりします。正位置では盗んでいた5本の剣を、逆位置では人々に配るような形になり、人のために行動することも示します。信頼できる人物なのです。

READING IMAGE

Q Human Relations　親しかった友人と疎遠になってしまいました。関係は戻りますか？

結果 が「ソードの7」だった場合

結果　ソードの7　／　対策　女教皇

△ 正　相手と連絡がついておしゃべりできるなど、再び交流することはできそうです。しかし、相手の言葉がうわべだけで本心を出さないなど、あくまでも表面的な形になりがち。信頼しにくく、心の距離を感じそうです。

▽ 逆　再会したり電話での会話が実現したりして、充実したよい内容のおしゃべりができそうです。会話の内容から、相手の誠意が感じられる可能性も。今後相手とどう付き合えばよいかということも話し合えるでしょう。

冷静沈着な態度で相手に話しかけたり、連絡を入れたりするといいと助言しています。疎遠になった原因も尋ねるといいでしょう。

対策 が「ソードの7」だった場合

結果　ワンドのナイト 逆位置　／　対策　ソードの7

△ 正　本音でぶつかろうとせず、あくまでも軽いノリで連絡を入れて、表面的な会話をしてみるといいでしょう。話を合わせるために、なるべく聞き役になり、相手の話を否定せずにうなずくようにすると、無難に交際できます。

▽ 逆　相手に連絡を入れるといいのは正位置と同じですが、誠意を持って会話をすることが大切です。相手の役に立つようなアドバイスをいくつかすると、喜んでもらえる可能性があります。小さな贈り物をしてもいいでしょう。

分離という意味から、友達に戻ることは難しいと、はっきり告げています。人生観の変化など、共通点が減ったためかもしれません。

似た意味でも ここ が違う！

魔術師　知性ある男性が共通点です。「ソードの7」では知性を自分のために詐欺に使うのに対し、「魔術師」では創造に使って人々に貢献します。

ワンオラクルで占う 今日の運勢

正：自分だけ得する出来事があるかも。まわりにも幸運を分けてあげて。

逆：いろいろな人との会話を通して、よい助言をしたりされたりしそう。

ソードの7のリーディング例 ➡ P.43 / P.51 / P.218 / P.240 / P.276 / P.292

MINOR ARCANA

ソードの 8
VIII OF SWORDS

拘束

目隠しをされて上半身を紐で縛られた女性が、水辺に立たされています。まわりには8本の長い剣が立てられ、身動きを取ることができません。しかし、縛り方は緩く下半身は自由なため、少しずつでも剣のそばから離れることができるでしょう。

正位置

強制的な拘束状態

強制的に拘束され、身動きの取れない状況を示します。たとえば睡眠時間が取れないほど多忙を極めたり、体調を崩して寝込んだりする状態も含まれます。極度な心配から何も手につかないなど、精神的な拘束を示すことも多いでしょう。しかし、縛られた女性が自分の足で拘束された場を離れられることから、あくまでも一時的な拘束を示します。

逆位置

困難や障害に妨害される

縛られている上に逆さ吊りになるため、正位置よりも、さらに苦しい拘束状態を示します。目の前に大きな困難や障害が立ちふさがり、少しも動くことができません。もがくほど状況は悪化するため、ただひたすら、忍耐するしかない状況です。その上に、その状態はすぐには改善されず長く続くでしょう。状況のさらなる悪化にも注意が必要です。

READING IMAGE

Q Human Relations　チームメイトに性格の合わない人がいます。努力して仲よくしたほうがいいでしょうか？

結果 が「ソードの8」だった場合

結果：ソードの8

対策：カップの2 逆位置

正：相手が質問者と仲よくする気持ちがないなど、話をするチャンスに恵まれずに動けないまま険悪な状態が続きそうです。苦痛を感じながらも、適度な距離を保ちつつ、ただ相手のことを見ているしかない状況です。

逆：相手が意地悪な態度を取ってきたり、徹底的に合わない部分があったりと、仲よくしようと努力するほど苦痛を感じて、傷ついてしまう状況です。動くほど関係が悪化しますから、ただじっと耐えているしかありません。

相手のことは気にせず、疎遠になって問題ないという助言です。仲よくなる必要はほとんどなく、無理に話しかけなくてよいのです。

対策 が「ソードの8」だった場合

結果：ソードの3

対策：ソードの8

正：相手に近づこうとして下手に動くことなく、相手との関係を見守っているといい、とアドバイスしています。様子を見ながら忍耐強く待っていれば、少しずつ相手に接近することができるかもしれません。

逆：動くほど2人の関係が悪化する心配があるため、辛抱強く待っているほかありません。相手に不快な態度を取られる可能性もありますが、それにも反発することなく、忍耐を持ってやりすごすといいでしょう。

相手と心が通い合わないことを実感して、深い悲しみを感じることを示します。理解し合うことが非常に難しい状況です。

似た意味でも ここ が違う！

悪魔

拘束された状態が同じです。「ソードの8」は強制的な拘束なのに対して、「悪魔」は自ら堕落して苦痛な状況に耽溺する場合が多くなります。

☀ ワンオラクルで占う 今日の運勢

正：ノルマが厳しく自由に動けない様子。体調を崩す心配もあるので注意。

逆：電車の遅延など、思わぬ障害に遭い困るかも。時間に余裕を持って。

ソードの8のリーディング例 ➡ P.57 / P.145 / P.246 / P.264 / P.274 / P.284

MINOR ARCANA

ソードの9
IX OF SWORDS

悲観

寝台の上で悲観に暮れる女性の後ろを、9本の剣が飛ぶように通過しています。彼女は今まで経験したことがないほどの、深い絶望を味わっているのです。寝台には戦争の様子が描かれ不穏なムードを強め、布団には星座と惑星の記号が描かれています。

正位置

悲観からの絶望感

トランプでは2番目に悪いとされる「スペードの9」に対応するため、非常に重い状況を示すカードです。しかし、背景を通過する剣は絶望に打ちひしがれる女性を傷つけていません。そのため実害はなく、主に精神的な苦悩や悲観を示します。脳裏から離れない、人生に大きな影響を与える深刻な苦悩であり、それは長く続くものになります。

逆位置

恥や侮辱に悩まされる

逆位置になっても、ネガティブな強さは変わりません。しかし、正位置のような自分の内面からくる苦悩ではなく、中傷やゴシップを受けて侮辱や恥に悩まされるなど、他者を通して生じる苦悩に変化します。それによる、劣等感やトラウマなども示します。しかしネガティブに考えすぎていて、被害者意識が強くなっていることも否めません。

READING IMAGE

Q 2〜3年以内に、私は仕事で独立できますか？

結果 が「ソードの9」だった場合

結果　ソードの9　　対策　ペンタクルの2

 正

独立したい気持ちはあっても、お金が足りなかったり、具体的に何をすればいいのかわからなかったりと、途方に暮れて時間ばかりがすぎる可能性があります。時間がたつほど、悲観的な感情が強まってしまうでしょう。

 逆

独立することに関してまわりから批判されたり、侮辱されたりして、精神的なダメージを受けることが考えられます。被害者意識が強くなり、独立に向けてなかなか思い切った行動を取れずに時間がすぎてしまうでしょう。

結果のように深刻になりすぎることなく、まるで遊びのように軽い気持ちで独立のことを考えるといい、とアドバイスしています。

対策 が「ソードの9」だった場合

結果　審判 逆位置　　対策　ソードの9

 正

悲観的になりなさいということ、すなわち独立は諦めたほうがいい、というアドバイスであると判断できます。自分自身に向いていることは何なのかと、よく内省するといい、ということも読み取れます。

 逆

正位置とほとんど同じ意味になります。直接的に読むと、恥や侮辱を感じなさい、となります。そのことから、自分自身に独立の適性が欠けていることを実感したほうがいい、という助言を告げていると考えられます。

独立することは難しいと、はっきり伝えています。天から応援されないことから、ほかにやるべき使命があるのかもしれません。

似た意味でも ここ が違う！

ソードの 10

剣が体に刺さらない「ソードの9」は主に精神的苦悩を表し、剣が体を突き抜けている「ソードの10」は実際の物事の終焉を示します。

ワンオラクルで占う 今日の運勢

正：何事も悪く考えすぎる傾向が。思っているほど状況は悪くありません。

逆：自分のうわさや中傷が気になってしまいそう。笑顔ですごせば大丈夫。

ソードの9のリーディング例 ➡ P.67 / P.121 / P.212 / P.222 / P.234 / P.238 / P.266

MINOR ARCANA

ソードの10
X OF SWORDS

△
正位置

悪い形で
物事が終わる

物事が悪い形で終わることを示します。重く苦しい状態から抜け出そうと、もがき続けた結果、終了や死という形で、ようやく苦しみから解放された状態です。具体的には、長く苦しい片想いがはっきりとした失恋という形で終わったり、努力しても芽が出なかった仕事を辞めることを選んだり……など。そして、ようやく次の物事に着手できるのです。

▽
逆位置

一時的に
好転する状況

遠くの空で輝いている、黄金の朝の光にスポットが当たります。正位置の最悪な状態から少しだけ離れ、状況は一時的に好転します。底辺の状況から脱したと感じたり、次の新しい展開が見えてきて、未来に希望を持てるようになったりするでしょう。ただし、逆位置でも重さのあるカードであることから、あくまでも一時的で永続性のない好転になります。

悪い終了

水辺で倒れている男性の体を10本の剣が完全に突き刺し、男性は頭から血を流して息絶えています。苦しみから抜け出せないまま、最悪の結果を迎えた状況です。しかし遠くの空には黄金の朝の光が輝き、新しい展開の訪れを予感させます。

READING IMAGE

Q 舞台のオーディションに受かりますか？

結果 が「ソードの10」だった場合

ソードの10 / ワンドの6 逆位置

正 落選するという、はっきりとした悪い形で終わることを示しています。オーディションを受けている時点で力不足であることを実感しそうな、太刀打ちできない状況です。落選後は、重い感情を引きずってしまうでしょう。

逆 一時的な好転という意味から、第一次審査には受かるなど、わずかな希望を感じることはできそうです。しかし、それほど強いパワーを持たないカードであることから、大喜びするような結果には至らないと想像できます。

落選することを覚悟したほうがいい、という助言が読み取れます。オーディション中は、得意げな態度を取らないことが大切です。

対策 が「ソードの10」だった場合

カップの7 / ソードの10

正 合格することを期待せずに、最悪の結果を想定しておいたほうがいい、というアドバイスです。そのほうが、精神的ダメージを受けずに済むでしょう。オーディションを受けるのをやめるという選択もすすめています。

逆 苦しい状況ではありますが、完全に諦めるのではなく、わずかな希望を持っているといい、という助言が読み取れます。さらなる未来を見つめるということで、次のオーディションに目を向けることもプラスになります。

はっきりしない状況を示すため、結果が出るまでに時間がかかったり、保留に近い中途半端な結果を受けたりする可能性があります。

似た意味でも ここ が違う！

カップの8
ともに男性が背を向けています。「ソードの10」では死亡して希望を見出せませんが、「カップの8」は新世界へ旅立ち、希望があります。

ワンオラクルで占う 今日の運勢

正： うまくいっていないことが終わり、肩の荷が下りる予感があります。

逆： 悪い状況から抜け出して、少しだけ未来への希望が見えてくる日。

ソードの10のリーディング例 ➡ P.115 / P.163 / P.221 / P.246 / P.258 / P.288 / P.292

MINOR ARCANA

ソードの
ペイジ

PAGE OF SWORDS

用心深さ

精悍な顔つきの少年が敵が現れることに備えて警戒心を怠らず剣を垂直に持ち、神妙な表情で荒野を素早く歩いています。この少年は極秘の情報を伝達する、スパイ的な役割を担っています。空には荒々しい雲が立ち込め、不穏なムードです。

▽ 正位置

警戒心を持ち
慎重に動く

この少年のように、秘密の情報を取り扱ったり、周りを強く警戒する心理状態に陥る可能性があることを示します。もしくは、そうした用心深い人物と関わります。気を緩めてリラックスできないため、誰にも温かい感情を持つことができません。ペイジはメッセンジャーでもあるので、非公開の知的な内容の知らせを受け取ることも意味します。

▽ 逆位置

反抗心と
裏切り的行為

少年が持つ、ネガティブな性質が強調されます。人が秘密にしている情報を探るようなスパイ的な行為に走ったり、逆にスパイ的な行為に遭ったりします。性質は正位置よりもさらに冷淡になり、反抗的で、冷たい言動で人を傷つけることも厭いません。気安く近づけない人物であり、そうした人からの裏切りや中傷に心を傷つけられることもあります。

READING IMAGE

Q 1カ月以内に出会いがありますか？

結果 が「ソードのペイジ」だった場合

ソードのペイジ　ソードの2

△正
恋愛につながる出会いを求めながらも、質問者の心のなかには強い警戒心がありそうです。そのため、せっかく異性と縁ができても心を開けないことを示します。出会いを恋愛に発展させることが難しいでしょう。

▽逆
新しい出会いに対する極度な警戒心が災いして、よい出会いをつかめないことを示します。せっかく出会いがあっても相手を疑いの目で見てしまい、冷たい態度を取って傷つけてしまうかもしれません。

恋愛への発展を意識しすぎず、出会った異性とは爽やかで対等な友達関係を築くようにするといい、と助言しています。

対策 が「ソードのペイジ」だった場合

ペンタクルの2 逆位置　ソードのペイジ

△正
この1カ月間の出会いに対して、適度な警戒心を持つことをすすめています。遊び感覚の異性からは距離を置き、真剣味を持ってまじめに交際できる異性に絞りましょう。前もって恋人の条件を考えておくのもおすすめです。

▽逆
軽くてノリのいい異性との縁はすべて断ち切るなど、かなり強く警戒心を持ちなさい、というアドバイスを告げています。この1カ月間はまだ、出会う異性には心を開かないほうがいい、と読み取ることもできます。

複数の出会いはありますが、どの異性の関係も軽いムードで真剣な出会いは望めません。遊びの場で出会うことも問題のようです。

似た意味でも ここ が違う！

ペンタクルのペイジ

同年代の少年ですが、性質に大差があります。ソードのほうがとがった心を持ち閉鎖的で、ペンタクルのほうは温厚で希望を持っています。

ワンオラクルで占う 今日の運勢

正：警戒心が強い人と縁ができそう。あれこれと詮索するのは避けて。

逆：あなたの秘密を知りたがる人が現れそう。多くを話しすぎるのは危険。

ソードのペイジのリーディング例 ➡ P.47 / P.109 / P.258 / P.274

MINOR ARCANA

ソードのナイト
Knight of Swords

全力疾走

敵を蹴散らすかのように、騎士が全速力で戦場に向かって馬を走らせています。死を恐れない勇敢な彼は、「アーサー王物語」というロマンチックな中世騎士の物語の英雄がモチーフです。さまざまな物語のヒーロー像に一番近いイメージを持ちます。

▽ 正位置 ▽

全力疾走と素早い展開

この騎士のように、何か1つのことに全力疾走で立ち向かう様子や、物事が驚くほどスピーディーに展開されていくことを示します。何があっても前進することを恐れない勇敢さや、シャープな行動力を持つことも意味します。突進してくる人物に驚かされることもあるでしょう。全力疾走することやスピーディーな展開が、結果的にプラスに働きます。

▽ 逆位置 ▽

性急な行動で失敗する

騎士の性急さや攻撃性がマイナスに出ます。1つの目標を追いすぎるあまり盲目的になって、ほかのことが見えなくなったり、攻撃的な態度でまわりを威嚇して恐れられたりします。せっかちに動くことが災いして、タイミングが早くなりすぎる場合も。性急に突進することが失敗につながるのです。誰かが急速に離れていくことを示す場合もあります。

READING IMAGE

Q この婚活パーティーで、いい出会いはありますか？

結果 が「ソードのナイト」だった場合

 騎士が急接近するように、異性からのストレートなアタックを受ける可能性があり、このパーティーでの出会いはあるといえます。ただし有無を言わさないほどの勢いで突進してきて、少し恐怖を感じるかもしれません。

 急に話しかけられて驚いたり、すぐにアタックされたりと、落ち着かない状況になりそうです。その割には中身のある話ができず、すぐに離れていく異性もいる模様。結果的によい出会いはあまり期待できないでしょう。

結果 ソードのナイト

対策 隠者 逆位置

会場では気さくに振る舞うのではなく、閉鎖的な姿勢ですごすといい、と助言しています。良縁になりそうな人がいないのでしょう。

対策 が「ソードのナイト」だった場合

 魅力的な異性を発見したら、あまり考えすぎずにストレートに接近していきなさい、というアドバイスを告げています。それだけ積極的になることで、理想のタイプの異性と親しくなれる可能性があることを示します。

 正位置とあまり変わりませんが、それ以上に急速に、勢いよく動いたほうがいいことを示しています。少し攻撃的で、まわりのライバルを威嚇するくらいのほうが、魅力的な異性と両想いになれる可能性が高まるでしょう。

結果 星

対策 ソードのナイト

まさに好みの外見を持つ、理想のタイプの異性を見つける可能性があります。しかし勇気が出ずに、見ているだけで終わりがちに。

似た意味でも ここ が違う！

戦車

若い男性が前進する姿が共通点です。「ソードのナイト」は攻撃心をバネに進み、「戦車」は未来に希望を燃やして意気揚々と進んでいます。

ワンオラクルで占う 今日の運勢

正：気力にあふれ、スピーディーに多くの予定を消化できる快活運。

逆：早く動こうと焦って、ミスが増えるなど二度手間に。確認が大切です。

ソードのナイトのリーディング例 ➡ P.127 / P.191 / P.212 / P.254 / P.266 / P.270

MINOR ARCANA

ソードの
クイーン

Queen of Swords

冷淡な女性

険しい表情の女王が、右手で剣を掲げています。垂直な剣は警戒心を表しますが、左手は開いて前に差し出し、人を迎える気持ちが表れています。この女王は未亡人で、深い悲しみを熟知しています。雲が描かれた衣装が女性らしさを表しています。

▽ 正位置 △

クールで
孤独な女性

女王が持つ剣は戦いのためではなく、自分を守るための剣です。各クイーンは主に女性のことを表し、このクイーンは<mark>クールで知的な、孤独な女性</mark>を示します。特に愛情面では<mark>警戒心が強く</mark>、未亡人のほかに、<mark>恋愛や結婚に無関心な女性</mark>を示すこともあります。情に流されずに<mark>合理的</mark>で<mark>事務的</mark>な姿勢で物事を進めるなど、<mark>冷静でドライな言動</mark>も示します。

▽ 逆位置 △

意地悪で
批判的な女性

クイーンが持つネガティブな性質が強まります。周りに心を閉ざすだけではなく、それに<mark>意地悪で頑固</mark>な性格が加わります。<mark>批判的な言葉</mark>で人を傷つけたり、<mark>卑屈</mark>な態度を取ったりする女性で、壁を作り、正位置以上に<mark>孤独な状況</mark>が強まります。そうした女性と縁ができるほか、質問者が女性であれば、その人がそうした精神状態に陥りがちです。

READING IMAGE

Q 片想いの人がいます。
相手は私のことを、どう思っていますか？

結果 が「ソードのクイーン」だった場合

 ソードのクイーン

 ワンドの7

 正　質問者が女性であれば、相手は質問者のことをドライで近づきにくい女性だという印象を持っていそうです。質問者が男性であれば、相手の女性は警戒心を持ち心を閉ざしているため、恋愛感情はないと判断できます。

 逆　正位置と大きく変わりませんが、さらにキツさを感じる状況です。質問者が女性であれば、冷たく批判的な女性という印象を持たれており、質問者が男性であれば、相手は質問者に閉鎖的で批判的な感情を持っています。

ライバルが多かったとしても有利であると信じて、両想いに向けて果敢に頑張っていきなさい、という前向きな助言が読み取れます。

対策 が「ソードのクイーン」だった場合

 カップのキング 逆位置

 ソードのクイーン

 正　相手に気安く愛情を見せたり甘えたりするのではなく、冷静でドライな態度を取るといい、というアドバイスが読み取れます。落ち着いて理知的な話をすることで相手から尊敬され、信頼される可能性があります。

 逆　相手が策略を練って利用するような感情を持たないように、強い警戒心があることをアピールするといいでしょう。それほど甘い人間ではないという態度を見せることで、相手も誠意を持ってくれる可能性があります。

相手は質問者をあまり信頼できない人であると思っているか、もしくは策略を練って利用しようと考えている可能性があります。

似た意味でも ここ が違う！

ワンドのクイーン

男性的な気質を持つ2人です。ソードのほうは悲しみを秘めつつもクールで冷淡ですが、ワンドのほうは情熱的で感情をあらわにします。

ワンオラクルで占う 今日の運勢

正：警戒心が強くなり、心を開けないようです。1人の時間を増やすと吉。

逆：人にキツイ態度を取ってしまいがち。とくに言葉遣いには気をつけて。

ソードのクイーンのリーディング例 ➡ P.91 / P.181 / P.223 / P.225 / P.232 / P.266 / P.270 / P.272 / P.276

MINOR ARCANA

ソードの キング
KING OF SWORDS

知的な権力者

長い剣を持つ王が、裁判官の席に座っています。この王は、剣を使って人々に裁きを与える裁判官の役割も担っています。無罪の者には生を、有罪者には死を与えます。裁きは彼の権限により行われ、ときには感情に任せて判断を下す冷酷さもあります。

正位置

知的で正しい判断と決断

このキングは高い判断能力を持ち、情報と理性を駆使して正しい判断を下せます。そのため信頼できる権力者や、信頼できる判断と決断を意味します。自分自身が正しい決断を下せることも。ときには有罪の判断を下しますが、知性に裏打ちされているため誰もが納得できるのです。一方で、ドライで非情な面もあり、温かな人間味は期待できません。

逆位置

野蛮で冷酷なサディスト

キングの非情で残酷な面が強調されます。野蛮で冷酷になり、自分の感情により物事を判断する不合理で不平等な面が出てきます。同情心がなく、人をバッサリと切り落とすようなサディスティックな性質が出て、平然と人を有罪にして死を与えるでしょう。そうした人物に関わって切り落とされるか、自分自身が切り落とす立場になることを示します。

READING IMAGE

Q 好きな人がいますが、ライバルの女性がいます。
彼は彼女のことをどう思っていますか？

結果 が「ソードのキング」だった場合

結果　ソードのキング

対策　ソードの10 逆位置

正　彼はライバルの女性にとって目上の立場であるのか、何かしらの責任を持ち、ドライに判断を下そうとする姿勢があります。ライバルの女性を嫌ってはいませんが、温かい恋愛感情も持っていないと判断できます。

逆　彼はライバルの女性に何かで怒りを感じているなど、バッサリと縁を切ろうと考えている心理状態が読み取れます。そのため、キツイ態度を取っているかもしれません。その女性への愛情はないと判断できます。

結果からライバルに勝てる可能性があり、苦しい状況でも未来にわずかながらの希望を持ちましょう、と質問者に助言しています。

対策 が「ソードのキング」だった場合

結果　ペンタクルの10

対策　ソードのキング

正　結果の「ペンタクルの10」からライバル争いの勝算はあるため、質問者に対して彼に立ち向かっていくことをすすめています。優しく愛情を見せるより、自分の言葉でズバッとストレートに気持ちを伝えましょう。

逆　非情な形でライバル争いを頑張りなさい、というアドバイスが読み取れます。少々残酷な手段かもしれませんが、ライバルの女性よりも自分のほうがいいということを彼にしっかりとアピールするといいでしょう。

彼はライバルの女性に、まるで家族のような安心や温かさを感じているようです。ただし、恋愛のときめきは持っていないでしょう。

似た意味でも ここ が違う！

ソードのエース

決断力が共通点です。「ソードのエース」が激情により容赦なく切るのに対し、「ソードのキング」は知性を使った判断で物事を裁きます。

ワンオラクルで占う 今日の運勢

正：先生や上司の目が厳しい日。頼まれ事やノルマはしっかりこなして。

逆：利己的な人に、嫌な思いをさせられそう。厳しい人とも距離を置いて。

ソードのキングのリーディング例 ➡ P.103 / P.133 / P.242 / P.260 / P.270 / P.288

MINOR ARCANA

ペンタクルの エース
ACE OF PENTACLES

宝物

赤いバラと白い百合が咲き乱れる美しく豊かな花園の上で、雲から出た手が大事そうに、大きなペンタクルを持っています。ペンタクルは「金貨」と訳されますが、魔除けの力を持つ五芒星(ごぼうせい)が刻まれたもので、主に護符として使われてきました。

▽ 正位置 △

大事な宝物を 手に入れる

すべての小アルカナのなかで、もっとも強い物質的パワーを持つカードです。手が愛おしそうに持つペンタクルのように、大事な宝物を入手することを示します。それは精神的なものではなく主に物質的なものですが、大きな幸福感と満足感を伴い、人生を豊かにします。具体的には欲しかった物を買うなど、価値の高い物を手に入れることを示します。

▽ 逆位置 △

大事な宝物を 失う

絵柄が逆になると、手からペンタクルが落ちてしまいます。そのため正位置とは逆に、大事な宝物を失うことを示します。正位置と同様に、精神的なものではなく、主に物質的な損害です。それでも大きな落胆と不幸な感情を伴います。具体的には自慢できる恋人と別れたり、無駄なことに大金を投資したりと、価値の高いものを失うことを示します。

READING IMAGE

Q 別れた恋人とやり直したいと思っています。復縁できますか？

結果 が「ペンタクルのエース」だった場合

結果　ペンタクルのエース　／　対策　死神 逆位置

（正）復縁できると、はっきり告げています。復縁したあとは、相手のことをまるで宝物のように大事にしていくことができるでしょう。ただし相手に真の愛情があるというより、物理的な価値があると感じているようです。

（逆）残念ながら、復縁することは難しいと、はっきり告げています。非常に価値があるものを失った感覚になり、気落ちするでしょう。真の愛情というより、相手に何か物理的な価値を見出していただけなのかもしれません。

まるで生まれ変わった気持ちで、相手への接しかたを180度変えるといいでしょう。執着を見せていたなら、サバサバと接してください。

対策 が「ペンタクルのエース」だった場合

結果　女帝　／　対策　ペンタクルのエース

（正）別れた恋人のことを、唯一の異性として大事にしなさい、というアドバイスを伝えています。結果の「女帝」が示すように、それだけ相手との縁が深く、復縁後は結婚へ向かう可能性が高いためだと考えられます。

（逆）結果がよい場合、読み方が難しいカードです。相手との復縁のために大金をかけましょうとすすめているか、さらによい異性が用意されているため復縁はやめたほうがいい、と読めます。自分の状況や直感で判断してください。

しっかりと復縁できて、深く愛されていることも実感し、心からの満足と幸福を感じられます。順調に結婚に進む可能性も大です。

似た意味でも ここ が違う！

女帝

豊かさが2枚の共通点です。「ペンタクルのエース」は主に物質的な豊かさを示し、「女帝」では愛情を含む広範囲を示します。

ワンオラクルで占う 今日の運勢

正：ショッピングでお気に入りが見つかるなど、宝物が増える予感あり。

逆：大事な物をなくしたり壊したりする心配がある日。扱いは丁寧に。

ペンタクルのエースのリーディング例 → P.87 / P.135 / P.246 / P.258 / P.264 / P.286

MINOR ARCANA

ペンタクルの2
II OF PENTACLES

遊び

道化師のような若者が、楽しそうに踊っています。手にした2枚のペンタクルは8の字にねじられた紐で無限大のマークを作り、この遊びが延々と続くことを想像させます。しかし背後の海は激しく荒れ、遊びに夢中の若者はそれに気づきません。

▽ 正位置 ▽

軽いノリで楽しむ遊び

何かを軽い気持ちで楽しむという、ポジティブな意味を持ちます。まじめさや真剣さには欠けますが、心を軽くする楽しい状況が訪れます。レジャーやパーティー、友達関係など楽しさが必要なシーンで、このカードが出ると幸運です。仕事や勉強も肩の力を抜き、楽しみながら取り組めるでしょう。恋愛では、2人の異性と同時に関わるとも読み取れます。

▽ 逆位置 ▽

軽薄で無意味な遊び

軽い状況がさらに軽くなり、軽薄さというネガティブな意味が強調されます。意味のない遊びに長々と時間を費やしたり、人間関係では意味もなく無駄に騒いだり、恋愛では複数の異性と軽いノリで交際したりします。一時的な気晴らしにはなりますが、そこから得られるものはほとんどありません。仕事や勉強では気が散り、不まじめになりがちです。

READING IMAGE

Q 気になる人がいます。その人と付き合えますか？
Love

結果 が「ペンタクルの2」だった場合

結果　ペンタクルの2　　対策　ワンドの10

 正
真剣さには欠けますが、相手と軽いノリで付き合えると読み取れます。しかし、相手には別の異性もいたりと、真剣に愛情を注いでくれるわけではなさそうです。友情に近く、情熱に欠ける遊び感覚の恋愛なのでしょう。

 逆
正位置よりも軽いノリになり、完全に遊びの交際という形で付き合える可能性があります。相手には、ほかに気になる異性が何人もいることが想定され、質問者が一途であるほど苦しい思いをすることは免れません。

結果から、相手と交際できても精神的な負担を感じることは免れません。真の愛情があれば、大変でも頑張り続ける努力が必要です。

対策 が「ペンタクルの2」だった場合

結果　カップの10 逆位置　　対策　ペンタクルの2

 正
相手をまじめに恋人の対象として見るのではなく、友達の延長として、軽く恋愛を楽しむ気持ちで見ていくとよさそうです。相手以外にもいいなと思う異性を探し出し、両天秤にかけて楽しんでもいいでしょう。

 逆
相手との恋愛に真剣になるのではなく、あくまでも遊びの相手として見ていくといい、という助言です。この恋愛に集中せず、趣味や遊びを楽しんだり、ほかにも異性の友達をたくさん作ったりするほうがおすすめです。

孤独感を味わうという意味から、交際することは難しそうです。強引に交際したとしても、愛情を感じられず孤独を味わうでしょう。

似た意味でも ここ が違う！

ソードの2

2つのものを操る絵柄が共通します。2枚のペンタクルを動かす絵は不安定ですが、ソードのほうはうまくバランスを取り安定しています。

ワンオラクルで占う 今日の運勢

正： アフター5や休憩時間の遊びや雑談が盛り上がる日。外食も楽しんで。

逆： 集中力がなく、仕事中の雑談が増えがち。アバウトな発言にも要注意。

ペンタクルの2のリーディング例 ➡ P.153 / P.157 / P.216 / P.254 / P.266 / P.268 / P.270 / P.288

MINOR ARCANA

ペンタクルの3
III OF PENTACLES

熟練への努力

ペンタクルが飾られた修道院で、熟練した腕前の彫刻家が仕事をしています。依頼者が彫刻の設計図を見せ、彫刻家がそれにライトを当てて確認しています。「ペンタクルの8」の見習いの彫刻家が腕前を上げ、プロとして活躍している姿です。

▽ 正位置 ▽

熟練のため
努力を重ねる

この彫刻家のように、向上心を持ち地道に努力を重ねて、実力を磨いていくことを示します。決して派手さはありませんが、日々の小さな積み重ねにより、着実に自分自身のレベルを高めることができるのです。そうした向上心を伴う努力を示すと同時に、自分の役割をコツコツまじめにこなす勤勉さや、熟練した腕前や技術自体を意味するカードです。

▽ 逆位置 ▽

努力に欠ける
凡庸さ

正位置とはほぼ正反対の、凡庸さや平凡さという意味になります。努力して実力を伸ばそうという熱意やパワーに欠け、平凡な技術を持つ退屈な状態から抜け出せません。自分の役割に対しても創意工夫に欠け、適当にこなします。そのため周りに与える印象も弱く、信頼を得られない状況です。努力に欠けることで現状にとどまり、上昇できないのです。

READING IMAGE

Q 結婚したい人がいます。この人と結婚できますか？

結果 が「ペンタクルの3」だった場合

結果：ペンタクルの3 ／ 対策：ソードの4 逆位置

正 結婚に向かってコツコツと地道に準備を進めていくことを示すため、結婚に進む可能性は高いでしょう。しかし、その動きはかなり地味で、このペースだと実際に結婚するまで、かなりの時間を要しそうです。

逆 結婚の方向へ進めていこうという熱意やパワーに欠け、平凡な毎日に埋没してしまい、なかなか結婚にたどり着くことができません。いつまでも現状から抜け出せず、一向に進む気配が感じられない状況が続きます。

相手と結婚するためには、停止した状態を動かす必要があります。結婚の話を出したり、結婚の準備を進めたりしてみましょう。

対策 が「ペンタクルの3」だった場合

結果：ペンタクルのキング ／ 対策：ペンタクルの3

正 結婚に向けてコツコツと準備を進めていくといい、というアドバイスを告げています。結婚生活に必要な能力を磨いたり、結婚後の生活設計を立てたりしましょう。そうすることで、結婚への動きが出てくるはずです。

逆 特に結婚を急ぐ必要はない、というアドバイスが読み取れます。結婚しなければと無理に焦ることなく、現状のまま自然の流れですごすといいでしょう。結婚するには時期尚早、ということなのかもしれません。

相手が責任感を持っていたり、貯蓄があったりと、結婚の準備はできている状態です。しかし動きが鈍く、実行は遅くなりがちです。

似た意味でも ここ が違う！

女教皇

学びが共通点。「ペンタクルの3」は技術と知識の習得という具体的な動きを示し、「女教皇」は広範囲で分析力や判断力も含みます。

ワンオラクルで占う 今日の運勢

正： 自分の才能を存分に発揮できます。少しハイレベルなことに挑戦して。

逆： ラクを求めて、平凡な時間をすごしがち。読書などで内面を磨くと吉。

ペンタクルの3のリーディング例 ➡ P.39 / P.97 / P.222 / P.262 / P.264 / P.266 / P.292

MINOR ARCANA

ペンタクルの4
IV OF PENTACLES

執着心

高い位を持つ人物が、自分の所有物である4枚のペンタクルをしっかり抱え込んでいます。彼は自分の所有物に強く執着し、1枚も手放そうとしないのです。その行為はペンタクルだけでなく、自分自身の動きも制限して縛りつけています。

▽ 正位置 ▽

所有物への執着心

自分が所有しているものに執着する、保守的な姿勢を示します。所有物とは物やお金ばかりではなく、交際している異性やその愛情、与えられた仕事なども含まれます。自分の持ち物をガードすることで、保持し続けることはできます。しかし、豊かなのに安心感を得られず、守ることにばかりエネルギーを費やすため、それ以上の発展性は期待できません。

▽ 逆位置 ▽

強欲な欲しがる精神

正位置の所有欲にさらに拍車がかかり、強欲という意味になります。自分の持ち物に強い執着心を持つのと同時に、さらに所有物を増やすことを求めます。自分が得ることばかりに執着し、1円すら人に与えようとはしません。周りからケチな人という印象を持たれるでしょう。大勢から同時に好かれようとするような強欲さも含まれます。

READING IMAGE

Q 恋人と別れようか悩んでいます。
このまま付き合ったらどうなりますか？

結果 が「ペンタクルの4」だった場合

 相手もしくは質問者に、この交際に対する強い執着心があるため、別れようと思っても結局別れず、交際が続くことが読み取れます。このまま付き合っていくと、お互いに相手が必要であることを実感するでしょう。

 強欲さという意味から、相手もしくは質問者の交際に対する執着心がどんどん強まっていくことを示します。しかし、お互いに自分の得ばかりを考えるため、思いやりに欠け、ギスギスした雰囲気が漂うことは否めません。

相手を大事な人だと認め、交際を続けたほうがいいという助言です。今後の交際は、自分がリードする姿勢を持つといいでしょう。

対策 が「ペンタクルの4」だった場合

 この交際に執着して別れを考えないようにしなさい、というアドバイスを質問者に告げています。結果の「ワンドの2」逆位置から、それでも別れるときには別れる流れが訪れるから、ということなのでしょう。

 正位置と大体同じですが、この交際に執着すると同時に、相手から多くのものを得るようにしなさい、という助言も読み取れます。たとえば、この交際を続けることで、金銭的なメリットが見込めるのかもしれません。

驚く出来事という意味から、このまま交際を続けると、突然の動きがありそうです。それは、別れを促すものになるかもしれません。

似た意味でも ここ が違う！

カップの9

経済力のある男性が描かれた2枚です。「ペンタクルの4」は、強欲さと不安がありますが「カップの9」は、心から満足しています。

ワンオラクルで占う 今日の運勢

正： 物やお金のことで頭がいっぱいになり、それがストレスを生むことに。

逆： 欲張りになり、自分の得ばかり求めてしまいがち。衝動買いも避けて。

ペンタクルの4のリーディング例 ➡ P.119 / P.123 / P.214 / P.272 / P.278 / P.284

MINOR ARCANA

ペンタクルの5

V OF PENTACLES

貧困

極度に貧しい生活を送る男女2人が、暗闇の吹雪のなかを裸足で歩いています。男性は足にケガを負い、かなりの困窮状態であることがわかります。美しく輝くステンドグラスの窓の下を通りすぎますが、2人はその建物に入ることはできません。

△ 正 位 置 △

極度な貧困に苦しむ

貧困状態を表すカードです。物やお金だけではなく、心温まる愛情や人間関係など、すべてにおいて非常に不足している状態です。精神的な面でも、心のなかに吹雪が舞うような、満たされずに虚しさやさみしさを感じるスカスカな状態です。夢や希望も持てず、何かを行うエネルギーにも欠けています。とくに金運を占ったときに出ると注意が必要です。

▽ 逆 位 置 ▽

空虚ななかの混乱状態

逆位置になると少し雰囲気が変わり、混乱状態という意味になります。絵柄が逆になると、舞い落ちる雪があちこちに乱れ飛ぶ様子から、バラバラな動きがイメージできます。貧困状態は正位置と変わりませんから、特に経済面で予想外の動きがあるなど、混乱して安定しない劣悪な状態を示します。困窮のなかでもがいても状況はよくなりません。

READING IMAGE

Q 責任ある大きな仕事を任されました。
私にうまくできますか？

結果 が「ペンタクルの5」だった場合

 残念ながら思うように成果を出せず、虚しい気持ちを抱えてしまうことが読み取れます。とくに金銭的な面で困窮しがちです。その仕事の売り上げがほとんど見込めず、赤字を生み出す可能性があります。

 正位置と同様に、金銭面で恵まれにくく、やはり思うような結果を出せないようです。その上に状況が複雑で、頭のなかが混乱する気配も。劣悪な状況のなかで、どう進めていいのかわからなくなることもあるでしょう。

結果：ペンタクルの5
対策：カップの8 逆位置

大変な状況であっても、投げ出すことなくまじめに取り組み、時間をかけて結果を積み上げましょう、という助言を告げています。

対策 が「ペンタクルの5」だった場合

 結果のカードが「悪魔」で思わしくないこともあり、仕事の金銭状況を見直す必要がある、というアドバイスが読み取れます。予算や人員数を削るなど、規模を縮小して節約する方向で考えるのがおすすめです。

 やはり結果が思わしくないこともあり、事業の見直しを図ったほうがいい、というアドバイスと読み取れます。正位置と同じく予算を削るほか、取り組みかたに問題がないか、進行の順序など見直しを図るといいでしょう。

結果：悪魔
対策：ペンタクルの5

大きな仕事に負担を感じ、束縛感に悩まされそうです。ズルをするなど安楽的な方法に走り、それがトラブルを生む心配もあります。

似た意味でも ここ が違う！

カップの5

空虚さを示す2枚です。「ペンタクルの5」は究極の貧しさなのに対し、「カップの5」の人物の背後にはまだ所有物が残されています。

ワンオラクルで占う 今日の運勢

正： 虚しさや孤独感を味わいがち。お金のことでがっかりする可能性も。

逆： 先が見えず、とくにお金のことで不安な気分に。無駄遣いにも注意。

ペンタクルの5のリーディング例 ➡ P.57 / P.109 / P.236 / P.248 / P.250 / P.264 / P.274

MINOR ARCANA

ペンタクルの 6

VI OF PENTACLES

施し

人生の成功者である裕福な商人が、貧困者や困窮者に天秤で量ったお金を分配しています。天秤を使っているのは、誰に対しても分け隔てなく平等に配るためです。それだけ物事の決断に私情を挟まない、善良な心を持つ公平な人物であるといえます。

正位置

弱者に施しを与える

この商人のように、慈愛心から何かを人に分け与えたり、逆に分け与えられたりすることを示します 愛情など精神的な温かさを与える場合もありますが、主に物やお金を施したり、実際に行動を起こして手助けしたりと、物理的で現実的な施しが中心です。それでも、与える側も与えられる側も温かい気持ちになり幸せを感じる、ポジティブなカードです。

逆位置

出し惜しみするケチな精神

正位置とまったく逆の意味になり、人に分け与えることを惜しむ、ケチな精神を示します。困っている人は困らせておけばいいという見下すような意地悪な精神があり、助けることを惜しみます。自分の得だけ優先するのです。主に物やお金など物質的なことに関する出し惜しみを示しますが、愛情表現を惜しむなど、感情面に関わることもあります。

READING IMAGE

Q 会社を辞めようか悩んでいます。
転職したらどうなりますか?

結果 が「ペンタクルの6」だった場合

結果 ペンタクルの6　　対策 ソードの6

 正

転職すると、精神的にも金銭的にも余裕ができて、人に与える姿勢が持てることを示します。人々や社会に役立っていることを実感するでしょう。もしくは親切な人がいる会社に入り、多くの援助を受ける場合もあります。

 逆

転職すると給与額が下がったり、やりたくない仕事をやらされたりし、損得勘定から心が狭くなる心配があります。「ソードの6」は転職をすすめていますので、とくに金銭面で納得できる会社を選ぶことが大切です。

転職して安心できる会社に進んだほうがいい、という助言になります。信頼できる人に、手助けや助言を求めてもいいでしょう。

対策 が「ペンタクルの6」だった場合

結果 太陽 逆位置　　対策 ペンタクルの6

 正

結果が「太陽」逆位置とよくないことからも、できるだけ今の会社で勤め続けることをすすめています。まわりの人の手助けをしたり、優しい声をかけたりと、与える姿勢を持つことで働きやすくなると考えられます。

 逆

やはり転職した場合の結果がよくないため、できるだけ今の会社で勤め続けるといいと判断できます。その際には、嫌な仕事は断ったり、給与額の交渉をしたりと、有利になるように動いてみるといいでしょう。

転職活動で入りたい会社が見つからなかったり、活動を続けても採用が決まらなかったりと、希望を持てない状況になりがちです。

似た意味でも ここ が違う!

カップのナイト

与える姿勢が共通点です。「ペンタクルの6」は立場の弱い人を助けるのに対し、「カップのナイト」は愛する人にのみ何かを与えます。

ワンオラクルで占う 今日の運勢

| 正: | 困っている人や弱っている人を手助けして、感謝される予感あり。 |

| 逆: | 困っている人に意地悪な態度を取りがち。思いやりを忘れないで。 |

ペンタクルの6のリーディング例 ➡ P.69 / P.107 / P.228 / P.242 / P.288

MINOR ARCANA

ペンタクルの7

VII OF PENTACLES

遅い成長

農夫と思われる若者が浮かない顔をして、植物の茂みにつけられた7枚のペンタクルを見つめています。ペンタクルは彼の農作物であり、予定より成長が遅くて収穫できないことに落胆しているのです。忍耐強く、成長を待つしかない状態です。

△正位置

遅い成長を見守る

農夫が農作物の成長を見守るように、物事が時間をかけて成長する様子を静かに見守る状況を示します。成長の動きは非常にゆっくりであり、待ち続けるには忍耐力が必要です。農夫の表情のように、待ちながら不安や嘆きを味わうことは否めません。それでも着実に成長は続き、忍耐強く待った時間の分だけ結果的に豊かな収穫を得られるのです。

▽逆位置

成長を待てず投げ出す

物事の成長を待つことによる、ネガティブな面が強調されます。世話をしたり待ち続けたりしても成長しない物事にイラ立ちやストレスを感じ、途中で諦めて投げ出してしまいます。そのためまったく収穫を得られず徒労に終わるか、得られてもほんの少しのものになります。頑張っても努力が実らず、志半ばで目標の達成を諦めることなども含みます。

READING IMAGE

Q 一度は諦めた夢にもう一度挑戦しようか悩んでいます。うまくいくでしょうか？

結果 が「ペンタクルの7」だった場合

ペンタクルの7 ／ ワンドの8 逆位置

 正

夢の実現に再チャレンジしたとしても、その成功するスピードは非常にゆっくりであることを示します。そのため、忍耐強く待つ必要が出てくるでしょう。時間はかかっても、着実に夢の実現には向かえるはずです。

 逆

夢の実現に再チャレンジしても、結果を出すまでには、予想よりも大幅に時間がかかりそうです。そして忍耐不足から、途中で諦めて投げ出してしまうでしょう。そのためエネルギーの浪費で終わってしまいがちです。

再チャレンジするなら急がずに、ゆっくり取り組むといいでしょう。もしくは、少しずつ夢から執着心を離してもいいかもしれません。

対策 が「ペンタクルの7」だった場合

月 ／ ペンタクルの7

 正

再チャレンジしても、よい結果を出すまでにはかなりの時間を要することを覚悟しなければなりません。しかし、結果が出ないからといってすぐに投げ出すことなく、忍耐強く待つ姿勢を持ちなさい、と告げています。

 逆

再チャレンジしても、よい結果を出すまでに相当な時間がかかることから、無理をして頑張り続けるよりも諦めたほうがいい、というアドバイスを告げています。チャレンジすること自体をやめたほうがいいといえます。

再挑戦しても曖昧な結果しか出せず、これでいいのかと不安に感じそうです。具体的な計画や目標がないのが原因かもしれません。

似た意味でも ここ が違う！

カップの4

倦怠感を持つ男性が共通点です。「ペンタクルの7」は得られぬまま待ち疲れ、「カップの4」は得られたものに不満を感じています。

ワンオラクルで占う 今日の運勢

正： 期待していた結果や話がまだ出ないようです。忍耐強く待つ姿勢を。

逆： 粘り強さが足りずに、何かをすぐに諦めがち。長期計画を立てると吉。

ペンタクルの7のリーディング例 ➡ P.43 / P.103 / P.223 / P.246 / P.252

MINOR ARCANA

ペンタクルの8
VIII OF PENTACLES

勤勉

見習いの彫刻家が、与えられた仕事を勤勉にこなしています。同じ形のペンタクルを何枚も彫刻するという地味な作業ですが、彼は手抜きをすることなく取り組み、誇りを感じています。それは、作品を誇らしげに展示していることからもわかります。

△ 正位置 △

地道で勤勉な働きぶり

この見習いのように、自分の役割に手を抜くことなく、勤勉にこなす姿勢を示します。決して道を外すことなく、基本に忠実に、目立たない下積み的な作業でも黙々とこなし続けます。そうした姿勢が功を奏して、実力と周囲からの信頼が高まり、着実に状況はよい方向へ進むでしょう。この見習いのような、まじめで勤勉な人物も示します。

▽ 逆位置 ▽

虚栄心からの手抜き

目立つように展示されたペンタクルにスポットが当たります。この見習いの誠実さがなくなり、虚栄心という意味になります。まだ見習いの段階なのに実力があると勘違いして虚勢を張ったり、細かく地道な作業を面倒に感じて手を抜いたりします。地道な努力を嫌がる状態です。作られた彫刻品は本物ではなく、価値のないイミテーションなのです。

READING IMAGE

Q 折り合いのよくない上司がいます。
上司との関係は、この先どうなりますか？

結果 が「ペンタクルの8」だった場合

結果　対策

ペンタクルの8　カップの5

 正
上司に対して、うまく交際しようと努力する姿勢を持ち、誠意を持って接していくため大きく衝突することはないでしょう。相手にもそうした誠意が伝わり、折り合いがよくないながらも信頼してもらえるはずです。

 逆
上司との関係を、手っ取り早くよくしようとして、上司の前で見栄を張ったり、おべっかを使ったりしがちです。与えられた役割を面倒に感じて手を抜き、そうした姿勢がますます上司の神経を逆なですることに。

根本的な相性がよくないなど、うまくいかせようと頑張っても無理があり、すべて合わせるのは諦めたほうがいい、という助言です。

対策 が「ペンタクルの8」だった場合

結果　対策

ソードの3 逆位置　 ペンタクルの8

 正
すぐに上司とよい関係を築こうと焦るのではなく、時間をかけて少しずつ、相手を理解することが大切です。わからないことは素直に質問するなど、自分から上司と会話をする機会を増やしていくのもよいでしょう。

 逆
まじめに理解しようと努力しても、思うようにいかないようです。そのため、とりあえず表面的にでも合わせることが大事だと、アドバイスしています。自分の長所をアピールしたり、上司をほめたりするといいでしょう。

上司との折り合いがよくならず、悲しくなったり混乱したりしがちです。上司の考えが理解できず、対処法がわからないのでしょう。

似た意味でも ここ が違う！

ペンタクルの3

関連し合う2枚です。「ペンタクルの8」は修業や見習いの意味があり、「ペンタクルの3」は既にプロとして活躍している姿です。

ワンオラクルで占う 今日の運勢

正： 自分のやるべきことに集中して、たくさんの成果を出せる日です。

逆： 見栄を張って自分をよく見せようと背伸びをしがち。自慢話は避けて。

MINOR ARCANA

ペンタクルの9
IX OF PENTACLES

寵愛

領主の妻が、広い領地で散策しています。庭にはブドウがたわわに実り、妻が豪華な衣装をまとって猛禽類を手に乗せていることからも、大変恵まれた生活であることがわかります。彼女は領主に寵愛されることで、豊かな生活を享受しているのです。

▽正位置▽

実力者から寵愛される

この妻のように、寵愛される美しい女性という意味を持ちます。実力がなかったり、それほど頑張らなかったりしても、実力者に寵愛されることで、多くのものを得られる状態です。男女ともに、目上の人から可愛がられることも示します。質問者が女性であれば、魅力的で愛される女性となり、男性であれば、そうした女性と縁ができると読み取れます。

▽逆位置▽

媚を売り寵愛を求める

淫らで計算高いという、ネガティブな面が強調されます。美しい女性を示すことは同じですが、その美しさを武器にして金銭目的で男性に媚を売ったり、性的アピールをして、物事を有利に進めようとしたりします。男女ともに、実力者に媚を売る姿勢を示しますが、質問者が男性の場合は、それ以外にそうした計算高い女性に警戒する必要もあります。

READING IMAGE

Q   友人と起業を考えています。
この起業は、うまくいきますか？

結果 が「ペンタクルの9」だった場合

ペンタクルの9　世界 逆位置

 正
愛嬌があり甘え上手であることが功を奏して、実力者や取引先から寵愛され、何かと優遇されそうです。そのため、それほど必死にならなくても、よい成果を上げられるでしょう。人脈の豊かさが、成功の鍵になります。

 逆
頑張ることを嫌がり、実力者や取引先にいい顔をして媚を売り、なんとかしてもらおうという魂胆が見え隠れします。質問者が女性であれば、性を売り物にして成功を求める場合も。不誠実さから、成功は長く続きません。

完全な成功を求めずに、まずまずうまくいけばいいと考え、目標を低く設定しましょう。そうすることで安心して取り組めます。

対策 が「ペンタクルの9」だった場合

ソードのクイーン　ペンタクルの9

 正
できるだけ人脈を大事にして、とくに協力してくれそうな実力者とのつながりを強化しましょう。自分の夢や希望を語ったり、才能をアピールしたりすることで目をかけてもらえ、起業がスムーズに進みそうです。

 逆
協力してくれそうな人物と面識を作り、贈り物をしたり、甘える態度を取ったりして、少し露骨に媚を売るといい、とすすめています。実力者や目上の人を積極的にほめて立てることで、協力してもらえるでしょう。

知性と冷静な判断力を駆使して、安定した成功を収めそうです。しかし、まわりに冷たいイメージを与えることは否めません。

似た意味でも ここ が違う！

カップのクイーン

女性らしい女性が共通点です。「ペンタクルの9」は物質欲が強く、「カップのクイーン」はロマンを大切にし、富や権力には無関心です。

ワンオラクルで占う 今日の運勢

正：美容運が好調です。いつもより華やかに着飾れば、注目されるはず。

逆：気に入られようと色目を使ってくる人も。誠意を持って接して。

ペンタクルの9のリーディング例 ➡ P.127 / P.133 / P.240 / P.290 / P.292

MINOR ARCANA

ペンタクルの10
X OF PENTACLES

アットホーム

大きな屋敷の敷地に通じるアーチ形の大きな門の下に、屋敷の家族が集まっています。椅子に座る老人が家族の長であり、社会的成功者で、長年をかけてこの屋敷と大勢の家族を築き上げました。彼の孫が、老人を慕う2匹の犬を不思議そうに見ています。

▽ 正位置 ▽

家庭的な温かいムード

小アルカナの10は、スートの四元素が完成された状態を示します。ここでは巨大な屋敷や大家族の様子が描かれ、==究極の物質的豊かさ==が結晶となった状態です。家族とすごすような==アットホーム==でリラックスできる時間や状況を示し、==ほのぼのとした幸福感==を味わえるでしょう。それ以外に、==家族や遺産に関する出来事==を示し、その結果はポジティブです。

▽ 逆位置 ▽

ルーズでだらけた状態

アットホームなムードの悪い面が強まり、==緊張感がない気が抜けた状態==へと変わります。長いこと状況に変化がなく==馴れ合い==になったり、緊張感を持てず、物事に==惰性==で取り組んだりします。生活のなかではだらけた時間が増え、部屋も雑然としがちです。==時間にルーズ==になり、遅刻が増える心配も。また、==家族や遺産に関する問題==を示す場合もあります。

READING IMAGE

Q 子供が話をしてくれません。
私（親）のことをどう思っているのでしょうか？

結果 が「ペンタクルの10」だった場合

ペンタクルの10　ペンタクルのクイーン

正 アットホームを示すカードであるため、子供は親に対して悪い印象は持っておらず、むしろ大事な家族だと感じている可能性があります。話をしないのは、とくに会話の必要性を感じないから、とも考えられます。

逆 親に対してネガティブな感情は持っていませんが、馴れ合いのルーズな気持ちを持っている、と読み取れます。親を避けているのではなく、話すことが面倒なのでしょう。親と話す必要性も感じていないのかもしれません。

口うるさく言うことなく、控えめにして様子を温かく見守っているといい、と助言しています。子供を信頼することが大切です。

対策 が「ペンタクルの10」だった場合

吊るされた男 逆位置　ペンタクルの10

正 子供を責めたり怒ったりせず、笑顔でアットホームな雰囲気を作りなさい、というアドバイスを伝えています。できるだけ家族団らんの時間を作り、明るい声で話しかけ、たわいない会話をするといいでしょう。

逆 子供と話そうと躍起になるのではなく、あくまでもリラックスして、少しだらけた雰囲気で接していくといい、というアドバイスです。そうすれば子供の緊張感が抜けて、親に話しやすさを感じてくれるはずです。

何かを話したくても話せない、精神的に縛られた状態のようです。親と話していないことを、子供自身も苦しく感じていそうです。

似た意味でも ここ が違う！

ワンドの4

家庭的なムードが共通点です。「ペンタクルの10」は理想的な家族の形を示し、「ワンドの4」は家族に限定しない平和な時間を示します。

ワンオラクルで占う 今日の運勢

正： アットホームな時間を楽しめます。ありのままの自分ですごして。

逆： 気合が入らず、ダラダラと時間を無駄にしがち。予定を立てて行動を。

ペンタクルの10のリーディング例 ➡ P.63 / P.163 / P.222 / P.232 / P.254 / P.280 / P.286

MINOR ARCANA

ペンタクルの ペイジ

PAGE OF PENTACLES

勉強熱心

緑豊かな平野のなかで、少年が大事そうに両手のなかでペンタクルを浮かばせ、それを研究するかのように一心に見つめています。彼はメッセンジャーであるほか勉強熱心な学生でもあり、ゆっくりした歩調からもまじめな性格がわかります。

▽ 正位置 ▽

まじめに勉学に励む

このペイジのように、まじめに勉学に励む状態を示します。とくに、何か1つのことに没頭する研究では、高い成果を出せるでしょう。人物としては、学生もしくは勉強熱心でまじめな人物を示します また、ペイジはメッセンジャーの役割を持つため、よい知らせが入ることも示します。その知らせは、金銭など現実的な知らせであることが多くなります。

▽ 逆位置 ▽

勉強嫌いで狭い視野

正位置とはほぼ正反対の性質になり、勉強嫌いでサボり気味の、不まじめな人物を示します。勉強嫌いなことが災いして、よい案が浮かばず、発言もいい加減なものになります。固定観念が強く、視野が狭くなることも示します。持久力にも欠け、何をしても長く続かないでしょう。また、金銭に関する悪い知らせが入ることを意味する場合もあります。

READING IMAGE

Q 年老いた母親と同居しようか悩んでいます。同居したら、どうなりますか？

結果 が「ペンタクルのペイジ」だった場合

ペンタクルのペイジ ／ カップのクイーン 逆位置

▽ 正
同居したら、お互いにこまやかに気を使い、誠意を持って生活できるでしょう。日頃からいろいろな会話もできて、学べる点も多いはずです。話し合いも順調に進み、お互いの生活観についても理解し合えるでしょう。

▽ 逆
同居すると、お互いに相手を理解しようとせず、自分の好きなようにすごしがちです。気遣いにも欠けるため、生活も雑になる傾向が。とくにお金の考え方について意見が合わず、口論になることもあるかもしれません。

クイーンが母親を示すと考えられます。同居したら母親のわがままを受け止めて、できるだけ甘えさせましょう、と助言しています。

対策 が「ペンタクルのペイジ」だった場合

法王 ／ ペンタクルのペイジ

▽ 正
母親に誠意を持って細かく気を使い、日頃からいろいろな会話を通して、情報交換をするといい、というアドバイスであると読み取れます。とくにお金のことに関しては、相手の考えをよく聞くといいでしょう。

▽ 逆
結果の「法王」が、気遣い合う関係になると示すため、あまり気を使いすぎず、それぞれの違う意見を尊重しましょう、というアドバイスが読み取れます。とくにお金に関しては、口を挟まないほうがよさそうです。

同居するとお互いに相手に深い理解を示し、与え合える親切な関係を築けます。そのため、家庭のムードが温かくなるでしょう。

似た意味でも ここ が違う！

ワンドのペイジ

良心的な少年が描かれた2枚です。ペンタクルのほうは地道な勉学の意味が強調され、ワンドのほうは情報伝達の意味が強調されます。

ワンオラクルで占う 今日の運勢

正： 記憶力が高いので、勉強が楽しめる日。専門書を読むのもおすすめ。

逆： 考え方や話が固くなり、友達に重く思われそう。批判的な言葉も禁物。

ペンタクルのペイジのリーディング例 → P.115 / P.141 / P.216 / P.230 / P.234 / P.272 / P.280

MINOR ARCANA

ペンタクルの
ナイト

KNIGHT OF PENTACLES

着実な前進

鎧を着たナイトが、黒くて重く安定感のある馬に乗っています。馬の歩みは止まっているかのように遅いですが、着実に前進し続けています。ナイトは忍耐強く馬にまたがり、ペンタクルを前に提示しながらも目線は前方の目的地へと向けています。

正位置

安定感のある
着実な前進

馬が持つ性質が、乗っているナイトの性質を表します。このナイトのように、辛抱強く少しずつ着実に前進することを示します。その動きはゆっくりであり、到着や達成までに時間がかかることは否めません。それでも投げ出さずに粘れば、必ず目的地に到着するのです。途中で馬が暴れることもなく、変化が少なく安定した前進が続いていくでしょう。

逆位置

変化のない
停滞した状態

馬の鈍重さが強調され、ネガティブな意味になります。重量のある馬であることから、動くことが億劫になり、惰性に流されます。慣れた状態に甘んじて、変化を取り入れずにマンネリ感のある生活を送ります。物事に創意工夫をすることもなく、同じ方法で取り組み続けて前進できません。保守的になることで、先に進まない退屈な状況が訪れるのです。

READING IMAGE

Q 賃貸マンションの更新時期が迫ってきました。引っ越したらどうなりますか？

結果 が「ペンタクルのナイト」だった場合

ペンタクルのナイト／戦車

 正
引っ越しを実行すると、少し時間はかかっても安心できるよい物件が見つかって、安定した生活を送れることが読み取れます。慣れるまで少し時間はかかりますが、精神的にも金銭的にも、穏やかに生活できるでしょう。

 逆
「戦車」が引っ越しをすすめていますが、実際には動くことが億劫になり、そのまま今のところに住み続ける可能性が高そうです。もし引っ越しをした場合は、部屋が片づかないなど、惰性で生活する傾向が読み取れます。

このタイミングで引っ越しをしたほうがいい、という助言です。下準備に時間をかけすぎず、すぐにでも動くといいでしょう。

対策 が「ペンタクルのナイト」だった場合

ワンドのペイジ逆位置／ペンタクルのナイト

 正
いずれ引っ越しはしたほうがいいですが、それほど急がなくていい、という助言が読み取れます。今のタイミングではなく、もう少し先延ばしにしてもいいでしょう。それまで慎重に、情報収集など準備を進めてください。

 逆
「ワンドのペイジ」逆位置という結果もよくないことから、引っ越しはせずに、今の慣れた環境にいたほうがいい、というアドバイスです。そのほうが精神的にも落ち着き、穏やかな毎日をすごせるでしょう。

引っ越しすると、提示された内容と違うなど、物件に関する悪い情報が入る心配があります。間違った情報もつかみやすいようです。

似た意味でも ここ が違う！

ペンタクルの8
地道な努力を重ねる2枚です。「ペンタクルのナイト」は前に直進し、「ペンタクルの8」は腕を磨いて上昇する意味が強くなります。

ワンオラクルで占う 今日の運勢

正： 時間がかかる役割にも根気よく取り組めて、着実に前進できるはず。

逆： 動きがスローになり、まわりに迷惑をかけがち。遅刻にも気をつけて。

ペンタクルのナイトのリーディング例 ➡ P.49 / P.81 / P.212 / P.234 / P.258 / P.276 / P.288

MINOR ARCANA

ペンタクルの
クイーン

Queen of Pentacles

まじめな女性

黒髪で浅黒い肌のクイーンが、ペンタクルを眺めて哲学的な思索にふけっています。彫刻された山羊座の象徴の山羊は、物質的世界に関わることを示します。生活が豊かなのに表情が暗いのは、物質的豊かさだけでは真の幸福を得られないためです。

▽ 正位置 ▽

まじめで
勤勉な女性

このクイーンのまじめで誠実な性格にスポットが当たります。各クイーンは主に女性を示すことから、勤勉で控えめな、知性のある女性と関わることを示します。質問者が女性であれば、まじめに堅実に物事にあたり、現実的援助や安定した状況を得ることが期待できます。しかしクイーンの表情が暗いことから、精神的幸福は別問題です。

▽ 逆位置 ▽

保守的で
堅苦しい女性

このクイーンの沈んだ表情にスポットが当たります。深く椅子に座っていることから、動きが少なく退屈で、物思いにふけるような状況に陥ります。現状維持にこだわり変化を恐れて保守的になるため、物事が進展しません。そうした保守的で堅苦しい女性と関わることを示すとともに、とくに質問者が女性であれば、そのような状況に陥ることを示します。

READING IMAGE

Q 親しかった友人と疎遠になってしまいました。関係は戻りますか？

結果 が「ペンタクルのクイーン」だった場合

結果
ペンタクルの
クイーン

対策
カップの3
逆位置

 正
相手は質問者に誠意を持っているため、何かきっかけさえあれば、すぐにでも友達関係は戻ると想像できます。しかし椅子に座っているクイーンの姿が示すように、相手から質問者に働きかけてくることはなさそうです。

 逆
相手がクイーンだと想定すると、暗い表情で椅子に座る保守的な性質であることから、質問者との関係を戻すことは望んでいないようです。そのため、残念ながら親しい関係に戻ることは難しいといえます。

軽いノリで、華やかなレジャーやディナーに誘うといいでしょう。ほかの誰かも入れて、3人で会うことを提案するとよさそうです。

対策 が「ペンタクルのクイーン」だった場合

結果
力

対策
ペンタクルの
クイーン

 正
相手に連絡を取っても構いませんが、結果の「力」が示すように、態度が強引になりすぎないように気をつけましょう、という助言が読み取れます。相手の心情を慮り、それに合わせる気持ちを持ってください。

 逆
結果の「力」は関係を戻せることを示していますが、質問者からは動かないほうがいい、と告げています。もう少し現状維持し、様子を見ているといいでしょう。相手から連絡が来れば、そのときに動くとよさそうです。

自分から相手に積極的に働きかけることで、親しい関係に戻れると読み取れます。相手は受け身で、質問者任せなのかもしれません。

似た意味でも ここ が違う！

女帝

大アルカナ「女帝」のほうが力を持ち、「ペンタクルのクイーン」より「女帝」のほうが精神的にも満たされ、満足感を味わっています。

ワンオラクルで占う 今日の運勢

正: 穏やかな日ですが、少し退屈しそう。食事や買い物を楽しむと吉です。

逆: 変化や刺激がなく、マンネリ気分に陥りそう。運動で気分転換して。

ペンタクルのクイーンのリーディング例 → P.67 / P.147 / P.183 / P.225 / P.236 / P.252 / P.266 / P.276 / P.278

MINOR ARCANA

ペンタクルの キング

KING OF PENTACLES

裕福な人物

黒い髪で浅黒い肌のキングが、豪華な玉座に座っています。玉座の牡牛座の象徴の牛は、物質的世界を司る王であることを示します。既に安定した地位を手に入れていますが、表情が浮かないのは、物質的には豊かでも心は空虚であるためです。

▽ 正位置 ▽

経済力を持つ 安定した人物

このキングが手に入れている豊かさと安定という、ポジティブな面が強調されます。まじめな仕事ぶりにより社会的に成功して、豊かな富を築き、安定感と安心感のある生活を送れます。欲しい物質的なものはすべて得られ、満足感を味わえるでしょう。人物像としては、勤勉で経済力を持つ人物や安定感のあるリーダー性を持つ人物などが挙げられます。

▽ 逆位置 ▽

物質主義で 強欲な人物

物質主義というマイナスの面が強まり、キングの暗い表情にスポットが当たります。精神的な幸福や豊かさには無関心で、物質的な富に執着する状態です。すでに経済的な安定は得られているため、それを守ろうと保守的になります。視野が狭まり強欲さが高まって、さらに何かを得ようとします。誠意に欠け、得するために平気で不正行為を行う面もあります。

READING IMAGE

Q Human Relations　チームメイトに性格の合わない人がいます。努力して仲よくしたほうがいいでしょうか？

結果 が「ペンタクルのキング」だった場合

ペンタクルのキング

塔

正 安定感のあるカードのため、相手と性格が合わなくても、また無理に仲よくしようと頑張らなくても、問題なく自分のペースですごせることを示します。堂々としていることが功を奏し、衝突することもなさそうです。

逆 お互いに、もしくはどちらか片方が頑固になり、相手に対し意地を張りがちです。心を開けない状態ですから、仲よくすることは難しいでしょう。対策の「塔」のように強く自分を出すことで、関係が改善するはずです。

自分の言い分をはっきり伝えたり、感情を出したりと、相手に強く向かっていきなさい、という助言であると判断できます。

対策 が「ペンタクルのキング」だった場合

ソードのナイト 逆位置

ペンタクルのキング

正 相手の攻撃的な雰囲気に動じることなく、自信を持ち、堂々とマイペースですごすといい、というアドバイスです。まじめに頑張っている姿を相手に見せることで、理解してもらえる可能性も出てくるかもしれません。

逆 攻撃的な関係になりやすいため、質問者はできるだけ保守的になり、とくに相手の攻撃から身を守ることを優先しましょう。気が合う人とだけ親しくして、自分からは相手に接近せず、適度な距離を置くことが得策です。

2人の間には攻撃的な雰囲気が漂い、ピリピリしがちです。どちらかが急速に離れる可能性もあり、仲よくするのは難しいでしょう。

似た意味でも ここ が違う！

ワンドの2

社会的な成功が共通点です。既に上り詰めている「ペンタクルのキング」より、「ワンドの2」のほうが野心に燃えていて伸びしろがあります。

ワンオラクルで占う 今日の運勢

正： プレゼントをもらうなど、金運が好調。大きな買い物も成功します。

逆： 物やお金への執着心が強まりそう。ケチと思われないように要注意。

ペンタクルのキングのリーディング例 ➡ P.93 / P.169 / P.224 / P.258 / P.264

COLUMN

タロットカードを お守りにする

タロットカードに願いを込め、そこに宿るエネルギーを持ち歩いていると、お守りのような効果が得られることも。あなたの願いをタロットカードに込めてみましょう。

女帝 THE EMPRESS
愛する人と結婚できる。

皇帝 THE EMPEROR
仕事で高い成果を出せる。

運命の輪 WHEEL OF FORTUNE
試験などに合格できる。

死神 DEATH
苦手な物ごとと縁が切れる。

星 THE STAR
美しく魅力的になる。

審判 JUDGEMENT
終わった物ごとが復活する。

世界 THE WORLD
精神性が高く寛大になれる。

ワンドの6 VI OF WANDS
勝負ごとで勝利できる。

カップのエース ACE OF CUPS
深く感動する出来事が起こる。

カップの2 II OF CUPS
好きな人と両想いになれる。

カップの9 IX OF CUPS
今抱えている願いごとが叶う。

カップの10 X OF CUPS
家族揃って幸福に暮らせる。

ソードのエース ACE OF SWORDS
自力で大きな決断を下せる。

ペンタクルのエース ACE OF PENTACLES
一攫千金が実現する。

ペンタクルのキング KING OF PENTACLES
収入に恵まれ経済が安定する。

CHAPTER.3

リーディング LESSON

「二者択一」「ヘキサグラム」「ケルト十字」
「ホロスコープ」の4つのスプレッドで、
流れに沿って解説しました。
カードを見ながら疑似体験し、
イメージを膨らませてみましょう！

[READING LESSON] STUDY 1

リーディングするときの心構え

疲れているときは占わない

　心身が疲れていて集中力に欠けるときや、強い不安や動揺を抱えて冷静になれないときは、タロット占いで正確な答えを得ることは難しいでしょう。特に不安が強く、冷静さに欠けているときは、少しでもネガティブなカードが出るとますます不安を増幅させてしまいます。こうした心理状態で占うのはやめておきましょう。

占うときはカードに念を入れる

　テーブルの上でタロットカードを混ぜるときはカードに質問事項を念じて伝え、カードを操作してくれる自分の守り神に「どうか、この問題の答えを教えてください」とお願いすることが大切です。意外と多いのが、「よいカードを出してください」と念じてしまうこと。すると自分の欲望の念が強く入って占い結果が捻じ曲がってしまい、占いの意味がなくなる可能性も。「願いを叶えるために占うのではなく、真実を知るために占う」ということを、忘れないようにしてください。

自分を占うときは冷静に

　真摯な気持ちで占ったら、どんなカードが出ても冷静に受け止めましょう。特に自分自身のことを占った場

合、ネガティブなカードが出ると、つい「このカードは間違っている」と否定したり、少しでも自分に都合よく読み取ったりしがちです。それでは、せっかくカードが真実を伝えていてもきちんとした読み取りができなくなり、占いが外れてしまいます。

　この傾向が強い人は、**自分のことを占う場合「クライアントを占っている」と想定する**といいでしょう。お客様相手だと思うと、冷静に読み取れるようになります。

結果を伝えるときは対策をメインに

　友人知人を占うときには、結果の言葉をよく選ぶようにしてください。相手はワクワクしながら聞いているので、少しでもキツイ言葉を使っては心を傷つけてしまいます。**ネガティブなカードが出たら、やんわりと結果を伝え、どうすればいいかの「対策」に長く時間を取ることが大切**です。

　また、出たカードの結果や読み取った内容は、割とすぐに忘れてしまうもの。そうなると同じ質問をひんぱんに占ってしまいかねません。展開したカードは写真に撮っておくか、ノートにメモをしておくと便利です。

[READING LESSON] **STUDY 2**

質問の立て方

質問はイエスかノーで答えられるものに

　タロット占いでは、出たカードを質問の内容に照らし合わせながら読み取ります。カードは答えが明確なため、漠然とした質問は苦手です。できるだけ具体的かつ詳細な質問に絞り込みましょう。最終的に「イエスかノーで答えられる質問」にするのが理想的です。

　たとえば、「今後の恋愛運はどうなるか」だけでは、質問が漠然としていてカードを上手く読み取ることができません。出会いを求めているのか、片想い中なのか、恋人がいるのかなど、質問者の置かれた状況の違いによって読み取りかたが大きく変わってしまうからです。

　この場合は、「1カ月以内に素敵な人との出会いはありますか？」「今交際している恋人と結婚できますか？」と、イエス・ノーで答えられる質問にまで絞り込みましょう。

漠然とした質問でもいい場合も

　「ホロスコープ」（→P.282）というスプレッドは、どの位置のカードが何を示すかを細かく決めているため、「1カ月間」や「1年間」と期間だけを設定し、「全体的にどうなるか」という漠然とした質問で占えます。また、**「ワンオラクル」**（→P.28）で1日の運勢を占う場合やアドバイスだけが欲しい場合も、質問を絞り込まなくていいでしょう。ただし具体的な質問より、読み取りかたが若干難しくなることは否めません。

　「今後の生活がどうなるか」「未来について知りたい」などと、曖昧な質問しか出ない場合は「ホロスコープ」を使って全体運を占う形にするといいでしょう。

READING LESSON STUDY 3

表現を増やすコツ

表現力は経験や知識がものをいう

　占う人の情報量や知識量、物事への理解力によって、リーディングの幅は変わります。タロットカードはあくまでも「こんな感じの出来事が起こる」という指針を示しているにすぎず、それを読み解くには、占う人の脳というフィルターを通す必要があるためです。

　そのため、普段からさまざまな物事を見聞きし、できる範囲で経験を増やしていくことが、表現力を培うことにつながると言えるでしょう。

　金運を占う場合、お金の動きにはどのようなパターンがあるかを多く把握しておくことで、読み取りかたの幅は広がります。ボキャブラリーや発想が貧困な場合、金運が悪いというカードが出たら、ただ「よくないねー」で読み取りが終わってしまう可能性も。しかしさまざまなパターンを想定できれば、借金をすることになるのか、お金をだまし取られるのか、散財するのか、給与額がダウンするのか、不良品を購入して損をするのか……など、より具体的な内容を読み取れるでしょう。

> **One point Advice**
>
> 普段から物事をネガティブな視点で見る癖のある人がタロット占いをすると、どうしても読み取りかたまでネガティブに傾いてしまうため、気をつけましょう。

> READING LESSON STUDY 4

ストーリーを作るコツ

過去、現在、未来の流れに人の気持ちをのせる

　たった1枚のカードでも、想像力を活かしてストーリーを作ることはできます。ただし、どうしても情報量が足りなくなるため、根拠のない強引なストーリー作りになりやすく、結果的に占いが外れてしまう……という可能性も否めません。

　多くのカードを使うスプレッドでは、出ているカードすべてを頭のなかで上手に統合させることで、過去から未来への流れを把握していきます。慣れないうちは「過去」「現在」「未来」「周りの状況」……と、1枚1枚のカードを読みながら、状況がどう流れていくのかをつかむといいでしょう。そこに自分や周りの気持ちを組み込み、ストーリーを作っていきます。

スプレッドから主張の強いカードを見つける

　慣れてきたら、読み取りの順番はそれほど関係がなくなります。展開したカードをざっと眺めたときに、強く主張してくるカードがわかるようになるので、そのカードを中心にストーリーを作っていきます。

　たとえば、小アルカナよりもパワーが強い大アルカナに注目したり、小アルカナのなかでもっともパワーが強い「エース」のカードに注目したり……といった具合です。似たカードが複数枚出ている場合は、それらのカードにも注目します。

One point Advice

「対策」のカードは、「こうすれば、状況がよくなりますよ」と示しているので、逆に、現状は何が障害になっているのか……という、「結果」に対する原因がこの1枚から見えてきます。

READING LESSON STUDY 5

タロット占いの上達方法

カードのキーワードに注目する

　本書に掲載した各カードの意味のなかでもっとも重要なのが「キーワード」です。キーワードの1語には、そのカードの特徴が凝縮されています。ですから正位置と逆位置のキーワードは、できるだけひと通り覚えましょう。同時に、各カードの絵柄をよく見るようにしてください。どのような場面が描かれているのか、描かれている人物はどんな感情を持ち、どんな行動を取っているのか。そういった情景をしっかり頭のなかにインプットしましょう。

状況をカードに当てはめる練習をする

　カードの性質を把握する訓練として、「この出来事は、どのカードが当てはまる？」「今の私の気分は、どのカード？」などと、状況をカードに当てはめて考える癖をつけるのもおすすめです。1枚のカードだけではなく、2〜3枚組み合わせて想像してみるといいでしょう。

占う場面を増やす

　たくさん占ってカードを読み取る経験を重ね、タロット占いに慣れていくことが一番の上達の近道です。実践を重ねるうちに、「こういう場合には、このカードが出るんだな」と、本には載っていないオリジナルの知識が身につくことも。また、「ワンオラクル」で毎日、1日の運勢を占ってみることも、上達に役立ちます。

タロット占いのタブー

同じ質問を繰り返さないで！

タブーのなかでももっとも注意したいのが「同じ質問を繰り返し占うこと」です。集中して占ったのであれば、初回に出た結果を大事にしましょう。繰り返し占う癖がつくと、次第にタロット占いが当たらなくなります。スプレッドを変えたとしても、同じ質問を占うことはタブーです。どうしても占い直したい場合は、数日間は空けてください。

占ってはいけない内容を知っておく

主にタブーとされているのは以下の質問です。
・死に関する質問
・人の不幸を願う質問
・ラクすることを求める質問
・試験の合否
・健康に関すること

具体的には「私は今年、死ぬ可能性がありますか？」「ライバルをこらしめるには、どうすればいい？」「競馬で勝てる連番を教えてください」など。生死を占って万が一「死ぬ」と出たら、大きな不安を抱えて生きることを招いてしまいます。誰かを不幸にすることや堕落した生活を送ることにも、タロット占いは力を貸してくれません。こうした質問を占った場合、わざと外れるように作用し、ショックを与えることもあります。

また「試験の合否」を占うのも避けましょう。試験前に占って「合格する」と出た場合、安心して勉強をやめてしまい、結果的に不合格になるかもしれません。このように、占うことで未来が変わる場合もあるのです。また、「健康に関すること」を占うのも避けてください。病院で診てもらうことが、もっとも確実です。

[READING LESSON] STUDY 7

タロット占いを学ぶと身につくメリット

行動指針が得られる

タロット占いでは、「結果」に対して、「どうすれば状況が良くなるのか」という「対策」を出すことができます。すると行動指針が見えてくるため、悩みや迷いのなかで悶々としていた状況を抜け出して前向きになれるでしょう。たとえネガティブな結果が出たとしても「それは成功しない」とはっきり示されることで、気持ちが吹っ切れて軽くなる場合もあります。

このように、タロット占いをすることで不安な感情から解放されて、明るい気持ちですごす時間が増えます。それは結果的に、生活全般を明るくするでしょう。

心の暴走を止めてくれる

タロット占いは人の気持ちを読む能力が高いため、人間関係をスムーズにすることにも役立ちます。

たとえば、「あの人から嫌われているのでは？」と感じる相手の気持ちを占うと、実は考えすぎによる誤解だったとカードが教えてくれる、などということもあります。逆に、「あの異性は自分に気があるのでは？」と期待が募り、ウキウキしてタロットで占ってみると、実は恋愛感情ではないことがわかって冷静さ

を取り戻す……という場面も。タロットカードに冷静に示してもらうことにより、心の暴走を止めることができるのです。

潜在意識がわかり、直感力が高まる

ほかにも、「自分自身の潜在意識がわかる」というメリットもあります。とくに忙しくしていると、自分の本音が見えなくなってしまうもの。タロット占いは、そうしたときに占う人の本音を照らし出し、進む方向性を定めるきっかけを作ってくれます。

また、「直感力が高まる」という作用もあります。出たカードを読み取るときには、直感力を使って脳が読み解こうとしています。そのため、長く占い続けることによりインスピレーションが強くなってくるのです。すると、カードを使わなくても危険を察知したり、なんとなく人の感情がわかるようになったりすることがあります。

スプレッドとは？

「スプレッド」とは、英語で「広げる」という意味。タロット占いのスプレッドは、カードをシャッフルし、カットしてまとめたあと、特定の位置に並べていくことを指します。その並びの形自体もスプレッドと呼びます。

スプレッドの選び方

知りたい事柄が少ない場合や、ズバリ結果だけを知りたい場合は、枚数の少ないスプレッドを選びます。反対に、多くの情報量を得てさまざまな角度から検証したい場合は、数枚の多いスプレッドを選びます。

また、スプレッドを自作することも可能です。たとえば、従来のスプレッドに新たなカードを数枚加えて、さらに情報量を増やしてもいいでしょう。「本に載っている形通りに並べなければいけない」と思いがちですが、占う人が頭のなかで考えているスプレッドに沿って出てくれるのがタロット占いであり、とても柔軟なのです。

ツーオラクル — 比較的軽い内容で、結果とアドバイスが必要な質問

・明日の食事会は盛り上がりますか？
・彼は私に恋愛感情を持っていますか？
・今日の商談は成功しますか？

二者択一 — 選択肢を2つに絞り込める質問

・打ち上げの飲食店は、レストランと居酒屋のどちらがいいですか？
・A君とB君、どちらのほうが私を好きですか？
・この挑戦をした場合としなかった場合、状況はどう違いますか？

ヘキサグラム — 相手や周囲によって状況が左右されるときの質問

・片想いの異性と、恋人同士になれますか？
・仲間と取り組むプロジェクトは成功しますか？
・今月中に、就活の面接に合格しますか？

ケルト十字 — 自分自身の精神状態や能力を詳しく尋ねたいときの質問

・1年以内にあの資格を取得できますか？
・プロのイラストレーターを目指していますが、実現しますか？
・一人暮らしをして、問題なく生活できますか？

ホロスコープ — 全体運・方位・期間など、細かく答えをもらいたい質問

・今年は私にとってどのような年ですか？
・逃げてしまったペットは、どの方角を探せば見つかりますか？
・好きな人に告白するなら何月がいいですか？

もっと情報が欲しいとき

スプレッドして読み取ったあとに、「もう少しこの情報が欲しい」とカードを追加したくなることがよくあります。たとえば、相手の気持ちにネガティブなカードが出て、「その具体的な理由が知りたい」という場合などです。そうしたときにはテーブルの空いた位置に、手元に残ったカードの山を裏向きのまま横一列に伸ばし、「ワンオラクル」の要領で追加質問を念じてカードを1枚引いて占うこともできます。

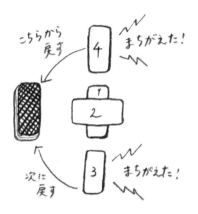

並べ間違えたときは？

カードをシャッフルするときは頭のなかでスプレッドを思い浮かべますが、頭がボーッとしていて置く順番を間違えたり、スプレッドの形を間違えたり……ということもよくあります。そのまま続けると間違った回答になってしまうため、対処が必要です。

理想的なのは、並べたカードを逆の順番で1枚ずつ山の上に戻し、いったん展開する前の山に完全に戻して、そこから正しい形に並べ直すこと。それが難しければ、もう一度シャッフルからやり直しましょう。

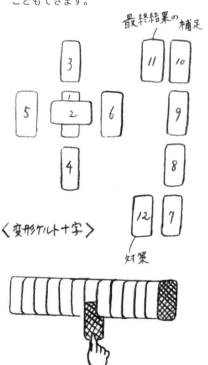

四元素を詳しく知ろう

小アルカナの各スートが持つ四元素の性質とその関係性を把握することで、
カードの読み取りがより奥深いものになるでしょう。
特に質問者と相手、もしくは周囲との相性を見る場合に参考にすると便利です。

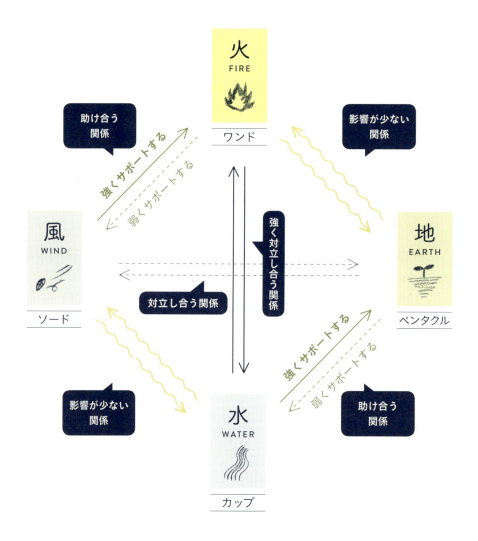

※「風」と「地」より、「火」と「水」のほうが対立の勢いが強くなります。

もっとも衝突しやすい関係

情熱のワンド（火）と愛情のカップ（水）の関係で、ともに高い精神性を持ちます。しかし水が火を消すように、両立させることが難しい、もっとも衝突しやすい関係です。情熱を奮い立たせた火が目標を目指して1人で勢いよく前進するのに対し、水は人と人との情のつながりを重視して一体感や協調性を求めます。それぞれが質問者と相手の位置に出ていると、一緒に歩むことが困難であり、どちらかが妥協する必要があるとも読み取れます。

さほど影響を与えない関係

純粋で燃える精神性を持つワンド（火）と、現実的で物質的な性質が強いペンタクル（地）には共通点がありません。火は土を燃やすことができずに無意味に温める程度で、衝突することもなければ共感し合うこともない、お互いに影響を与えにくい相性です。それぞれが質問者と相手の位置に出ていると、2人の間には一定の距離感があると判断できます。しかし場合によっては、相手にない面をサポートし合うことも可能です。

火FIRE × **風**WIND の関係

ともにサポートし合う関係

風が火の勢いを強くして炎を舞い上がらせることから、よい関係であるといえます。とくに火（ワンド）にとって風（ソード）のエネルギーは欠かせないものであり、主に風が火をサポートする相性です。しかし、風にとっても自分の助言や意見を好意的に受け入れてくれる火の存在はありがたく、ともにテンションを高め合えます。この2つのスートが並んでいると、流れや周囲との関係性がスムーズであると読み取ることもできます。

地EARTH × **水**WATER の関係

よい協調性が働く関係

乾いた地に水が潤いを与えて豊かな土壌を作ることから、よい相性であるといえます。主に水（カップ）が地（ペンタクル）をサポートします。現実的な地にとって水が持つ愛情や協調性は、欠けているものを補うと同時に心や状況に温かさを加えてくれます。水にとっても差し出した愛情を受け入れる地は必要な存在であり、地が持つ安定感が心が揺れる水の不安定さを支えます。この2つが並んで出ると、よい協調性が働くとも読み取れます。

地 EARTH × 風 WIND の関係

価値観の違いから対立しやすい関係

風が強く吹いても地はガンとして動かず徒労に終わることから、協調が難しく対立しやすい相性です。目に見える現実を重視する地（ペンタクル）にとって、知性を重視する風（ソード）が提示する知識や情報は机上の空論に思え、役立たせることが困難です。風から見ると、地の慎重な動きや物質にこだわる姿勢に退屈さを感じがちです。この２つが並んで出ると、流れがギクシャクしたり、価値観の違いから周囲と衝突したりするとも読み取れます。

風 WIND × 水 WATER の関係

さほど影響を与えない関係

風と水は溶け込めず、風が強く吹いても水面が動くのはわずかなため、影響を与えにくい関係です。風も水もコミュニケーションを好みますが、風（ソード）は言葉による交流であるのに対し、水（カップ）は言葉よりも情の有無を重視します。共感は難しくても、お互いにない部分を補い合うことは可能です。この２つが並んで出ると人間関係が重要であると判断できると同時に、感覚の違いによる意思の疎通の難しさが読み取れる場合もあります。

コンビネーション・リーディング

複数のカードを同時に読んで1つの意味を導き出すことを、コンビネーション・リーディングと呼びます。主に2枚のカードが持つ主要な意味を、頭のなかで統合させて読み取ることを指します。また、カードの「種類の偏り」によるコンビネーション・リーディングもあります。

2枚のカードを同時に読み取る

スプレッド中の関連した位置、もしくは似たカードを同時に読み取ります。たとえばケルト十字で「潜在的な気持ち」と「期待・恐れ」に似たカードが出た場合は、一緒に読み、主要な意味を組み合わせて1つの意味を導き出します。

「ケルト十字」の場合

❶問題の現状と、❼質問者の立場

❸質問者の表面的な気持ちと、❹質問者の潜在的な気持ち

❸質問者の表面的な気持ちと、❾質問者の期待・恐れ

❹質問者の潜在的な気持ちと、❾質問者の期待・恐れ

❸質問者の表面的な気持ちと、❼質問者の立場

「ホロスコープ」の場合

❷普段使うお金・物質運と、❽貯蓄運・性生活（金運を見る場合）

❹家庭運・母親の状況と、❿仕事運・父親の状況（母親と父親を比べる場合）

❶質問者の状況と、⓬質問者の潜在意識・災難（質問者自身の状態）

❼結婚運・配偶者の状況と、❽貯蓄運・性生活（配偶者との関係性）

❺恋愛運・レジャー運・子供の状況と、⓫友達運（主に友達とのレジャー運）

⓭全体運と❶〜⓬のカード

関連するカードは決まっているわけではなく、出たカードにより臨機応変に判断します。

同じ数字が多いとき

小アルカナの各数字が持つ性質が強調されます。たとえば5が多ければ動揺の多い激しさのある状況や流れが強く、6が多ければ調和された穏やかな状況や流れが強いと判断します。

コートカードが多いとき

その問題は、関わる人物によって結果が大きく左右されると判断できます。たとえばペイジが多ければ、幼い人物や目下の人がその問題に強く影響を与えることが考えられます。

大アルカナが多いとき

小アルカナよりも断然パワーが強い大アルカナが多く出ると、その問題が質問者にとって重要なものであると判断できます。本人が強く問題を気にかけていると同時に、人生を変える出来事が含まれている可能性が高いのです。大アルカナは4枚に1枚の割合ですから、スプレッドのなかに3分の1以上が出たら多いと判断します。

小アルカナが多いとき

大アルカナがほとんど出ていない場合、その問題が質問者の人生に対してそれほど大きな影響を与えないと判断できます。全体的に動きも小さいでしょう。特に大アルカナが1枚も出ていない場合は、小アルカナのなかでもパワーが強いエースやコートカードを重視して、読み解きます。

ワンドが多いとき

未来への情熱と強い前進力を持つワンドが多く出た場合は、その問題が質問者の情熱により左右されることを示します。ワンドは主観的で個人的な動きが多いスートですから、基本的に他者からの影響は受けにくいでしょう。精神の動きが激しいため安定性は低く、問題自体が長続きしないことも多くなります。

カップが多いとき

愛情や人情を司るカップが多く出た場合は、質問者がその問題に対して豊かな情を持っていると判断できます。カップは一体感を求めるため、愛情を感じる対象がどう動くかによって状況が左右されるでしょう。多く出るほど主体性に欠けていて、依存する傾向も読み取れます。恋愛問題を占うときに出やすいスートであると言えます。

ソードが多いとき

鋭い知性と判断力を持つソードが多く出ると、その問題は人間の思考や言葉を軸にして動いていくと判断できます。また、ソードは冷酷なカードが多いため、決して穏やかではなく傷つけたり傷つけられたりする要素が強いこともわかります。質問者自身がその問題に対して、とがった精神を持っている場合もあります。

ペンタクルが多いとき

現実的で安定性の高いペンタクルが多く出ると、その問題は金銭や物質の影響を強く受けていたり、動きが緩やかで進展に時間がかかったりすると判断できます。また、質問者が慎重で保守的になり、積極性に欠けることも読み取れます。金運や金銭の動きを重視した仕事運で出ることが多いスートです。

SPREAD 1

二者択一

(TWO ALTERNATIVES)

最終結果
A

近い未来
A

近い未来
B

最終結果
B

①

現状

2つの選択肢から、どちらを選ぶとよいかを占うスプレッドです。わかりやすく結果が出るため、二者択一で迷ったときに大変便利です。2つから選ぶという以外に、あることを行った場合と行わなかった場合の比較や、2人のうちのどちらが有利な状況に進むかなど、2つの物事を比べることすべてに使用できます。未来と最終結果という二段階の未来への流れになり、そこからどちらがよいかだけではなく、さまざまな未来を読み取ることが可能です。

スプレッドの並べ方

シャッフルとカットが済んだカードの山の上から6枚目を❶に置きます。そして、手に残った山の上からさらに6枚目を❷に置き、7枚目を❸に置きます。そして残った山の上からさらに6枚目を❹に置き、7枚目を❺に置きます。

ポジションの意味

❶ 現状
占いたい問題の現時点での状況を示し、主に**質問者の状況や立場**が表れます。対策に設定したり、恋愛を占う場合は相手の気持ちに設定したりするなど、欲しい情報に応じて変更しても便利です。その際には、シャッフル時にそのことを念じてください。

❷ 近い未来A
選択肢の A の物事が、近いうちにどのような状況になっていくか、ということを示します。**最終結果にたどり着くまでの途中経過**となり、あくまでも流れを読む上での参考にします。「A の現状」というように、カスタマイズして使うことも可能です。

❸ 近い未来B
B の選択肢が今後どう変わっていくかという、**B の状況の近い未来**を示します。近い未来Aと比較することで、より2者の流れの違いがわかるでしょう。こちらも A と同様に「B の現状」などに変更すると便利ですが、必ずAの変更内容に合わせてください。

❹ 最終結果A
選択肢の A のほうを選ぶとどうなるか、という結果を示します。もしくは質問内容により、Aの流れが最終的にどこにたどり着くか、ということを示す場合もあります。最終結果B と比較して、こちらを選ぶか選ばないかを判断することになります。

❺ 最終結果B
Bの選択肢のほうを選ぶとどうなるか、という結果や、Bの状況が最終的にはどうなっていくか、ということを示します。最終結果Aのカードと比べてよく検討して、自分にとって望ましいと感じる意味のカードが出ているほうを選ぶことになります。

二者択一の 注意点

シャッフル時にAとBを決めて

シャッフルをするときに、どちらが A でどちらが Bになるのかを、必ず決めましょう。決めずに展開した場合は読み取りができないため、シャッフルからやり直す必要が出てきます。また、**近い未来は途中経過であるため、最終結果のほうを比較**しますが、最終結果が両方ともよかったり、逆に悪かったりすることも多々あります。その場合は結果の内容をよく検討して、答えを出すようにしましょう。

CASE 01. なかなか会えない恋人と別れるべき？

Love

3年間近く交際している恋人がいますが、最近は相手が仕事で忙しい状態で、ここ3カ月ほどほとんど会えない状況が続いています。自分から別れを切り出して、すっぱりと別れたほうがいいでしょうか？（女性）

A
このまま交際を続けた場合

❹ 最終結果 A

法王
〈慈愛心〉

❷ 近い未来 A

ソードの9
〈悲観〉

❶ 現状

ペンタクルのナイト
〈着実な前進〉

B
相手に別れを告げた場合

❺ 最終結果 B

カップの8
〈放棄〉

❸ 近い未来 B

ソードのナイト・逆
〈性急な突進〉

置く順番
❶→❷→❸→❹→❺

読む順番
❶→❷→❹
❶→❸→❺

🔑 カギとなるカード

パワーの強い大アルカナが**「法王」**だけであるため、すべてのカードのエネルギーがこの1枚に集約されるイメージがあります。しかし**「カップの8」**も基本的にはポジティブなため、パッと見では、AとBどちらを選ぶかの判断に迷います。そこで、途中経過を詳細に読むことが必要となります。

READING

❶ 現状
ペンタクルのナイト
〈着実な前進〉

なかなか恋人と会えない状態が続くなかでも、恋人との交際を我慢強く進めていこうとする、質問者の姿勢が読み取れます。ナイトが穏やかな平野にいることからも、トラブルがあるなど恋人との仲が荒れているわけではなく、なだらかな関係が続いていることがうかがえます。

❷ 近い未来 A
ソードの9
〈悲観〉

このまま同じ姿勢で交際を続けても、しばらくの間は悲観や苦悩を抱えた状態が続くことを示します。恋人と思うように会えない状態が続き、質問者の不安は募るでしょう。しかし後ろの剣が女性に刺さっていないことから、悪く考えすぎている部分も大きいといえます。

❸ 近い未来 B
ソードのナイト・逆
〈性急な突進〉

恋人に別れを告げた場合は、相手にとっては驚くほど突然かつ性急で一方的な切り出し方となり、話し合う時間的・精神的余地が持てないようです。動きにかなりの強引さがあることからも、質問者が無理やり自分の本心とは裏腹な行動を取っていることが読み取れます。

❹ 最終結果 A
法王
〈慈愛心〉

深い慈愛心や優しさが長く続くことを示します。交際期間が長いことからも、恋人の愛情が離れているわけではないことがわかり、忙しさが一段落ついたら、穏やかで癒される交際に戻れるでしょう。ともに深い信頼感も生まれ、結婚の話が出る雰囲気も感じられます。

❺ 最終結果 B
カップの8
〈放棄〉

今まで抱えてきた物事を完全に放棄する、という意味から、質問者が出した別れ話を恋人が拒んで引き留めるようなことはなく、完全に別れが成立する状況が読み取れます。その後は復縁を求めることもなく、質問者は次の恋人を探すなど、新しい未来へ進むことになります。

READING POINT
「カップの8」の
背中に哀愁が漂う

別れることで新しい未来へ進みますが、「ソードのナイト」逆位置は本心からの動きではなく、さらに「カップの8」の人物の背中に哀愁が漂って見えます。「ペンタクルのナイト」と「法王」は似た雰囲気があるためつながりを感じ、結果的に交際を忍耐強く続けることを勧めています。

CASE 02. 接待のお店はA店とB店、どちらがいい？

今年からご縁ができた重要な取引先の接待で、利用するお店を探しています。オープンな雰囲気でにぎやかなA店と、静かでムードのある隠れ家的なB店の、どちらがいいでしょうか？（男性）

A
A店を選んだ場合

❹ 最終結果A

ワンドの3・逆
〈過剰な期待〉

❷ 近い未来A

カップのエース
〈純愛〉

❶ 現状

隠者
〈深い思慮〉

B
B店を選んだ場合

❺ 最終結果B

運命の輪・逆
〈悪化する状況〉

❸ 近い未来B

ペンタクルの4
〈執着心〉

置く順番

❶→❷→❸→❹→❺

読む順番

❶→❷→❹

❶→❸→❺

🔑 **カギとなるカード**

最終結果を見た瞬間に、Aのほうがいいとわかります。そうした場合、「Aがいい」と白黒決めて読みを終わらせてしまいがちです。なぜAがいいのか明確な理由を探し、説得力を持たせるとよいでしょう。近い未来の**「カップのエース」**と**「ペンタクルの4」**という、精神と物質の対比も特徴的です。

READING

❶ 現状

隠者
〈深い思慮〉

今現在の、取引先との関係を示しています。縁ができてから日がたっていないこともあり、お互いに心のなかで相手のことを模索するような、まだ理解し合えていない状態であると読み取れます。そのため、このまま取引をしても一歩引く感覚があり、本音が出しにくいでしょう。

❷ 近い未来 A

カップのエース
〈純愛〉

オープンな雰囲気のA店で接待することで、まわりのにぎやかな雰囲気に溶け込み、お互いに素直に感情を出し合える様子がうかがえます。プライベートの話もできるでしょう。それによって共通点を発見するなど感激する場面もあり、心を通い合わせることができそうです。

❸ 近い未来 B

ペンタクルの4
〈執着心〉

静かなB店で食事をすることで緊張感が抜けないことから、店内でも仕事モードが続きそうです。食事中でも仕事の段取りや金銭的な動きなど、仕事の話題が中心になるでしょう。プライベートの話が出ないことから素直な感情も出せず、精神的な距離は縮まらないようです。

❹ 最終結果 A

ワンドの3・逆
〈過剰な期待〉

強い期待感を表すカードです。オープンな店で本音やプライベートの話で盛り上がって意気投合したあとは、相手との結束感が強まり、今後の仕事への夢や希望が大きく広がるでしょう。元からあった提携話よりさらに話が大きく広がり、事業拡大につながる予感もあります。

❺ 最終結果 B

運命の輪・逆
〈悪化する状況〉

静かな店で接待しても、もともと間に流れていたお互いを探るような感覚が抜けず、ともに相手に親しみや信頼感を持ちにくい状況が続きます。それによって、元からあった提携話が縮小されたり、自然消滅のような形になったりと、悪い展開になることが読み取れます。

READING POINT

カードの並び方に対策が隠れている

「運命の輪」逆位置のネガティブさが強い分、オープンなA店を選んだほうがいい、とはっきり決められます。また「隠者」という現状と、それぞれの今後の流れから、仕事の話に終始するより、プライベートの話を入れて感情を出すことで良好な関係を築けるという対策も読み取れます。

CASE 03. 違うタイプの異性、どちらと付き合うべき？

Love

気になる異性が2人います。1人は自分と似た、まじめで落ち着きのあるタイプ。もう1人は明るく快活で友人が多いという、真逆なタイプです。どちらと付き合ったほうがうまくいきますか？（女性）

A
自分と似たタイプを選んだ場合

❹ 最終結果A

ペンタクルのペイジ・逆

❷ 近い未来A

カップの5

B
真逆なタイプを選んだ場合

❺ 最終結果B

審判・逆

❸ 近い未来B

悪魔・逆

❶ 現状

ペンタクルの2・逆

---

❶ 現状	ペンタクルの2・逆	〈軽薄さ〉
❷ 近い未来A	カップの5	〈損失〉
❸ 近い未来B	悪魔・逆	〈解放〉
❹ 最終結果A	ペンタクルのペイジ・逆	〈狭い視野〉
❺ 最終結果B	審判・逆	〈懲罰〉

READING

A 自分と似たタイプを選んだ場合
❶→❷→❹

質問者は本来まじめなタイプですが、現状の**「ペンタクルの2」逆位置**が、今の恋愛に対しては真剣さがなく、軽い気持ちで考えていることがわかります。まだ、どちらにも強い恋愛感情は持っていないのでしょう。似たタイプのまじめな男性を選んだ場合、**「カップの5」**から思うように心が通い合わず、彼に気がないこともわかって、落胆する様子がうかがえます。最終結果の**「ペンタクルのペイジ」逆位置**は、極端に悪いカードではありません。しかし**「ペンタクルの2」逆位置**とは対照的で、彼はまじめで閉鎖的な恋愛観を持ち、友達にはなれても恋人になるのは難しいと読み取れます。

> 🔑 **カギとなるカード**
>
>
>
> ❹ 最終結果A
> ペンタクルの
> ペイジ・逆
> 〈狭い視野〉
>
> 相手の恋愛観は視野が狭く閉鎖的で、「ペンタクルの2」逆位置のノリでは、恋愛への進展は厳しいようです。

B 真逆なタイプを選んだ場合
❶→❸→❺

「ペンタクルの2」逆位置から、質問者が違うタイプの男性のほうにも軽い好奇心を持っていることがわかります。近い未来の**「悪魔」逆位置**には、「解放する」という意味がありますが、主に恋愛では「縁が切れる」と読み取ります。相手側の結果に**「審判」逆位置**があるということは、まったくご縁がないということと、その人を選ぶと不貞になる可能性がある、というイメージから、相手に本命がいるのではないかと推測できます。どちらかといえば、まじめなタイプの男性とのほうが縁はあるといえます。しかし交際は難しいため、ほかを探したほうがいいという結論になります。

> 🔑 **カギとなるカード**
>
>
>
> ❸ 近い未来B
> 悪魔・逆
> 〈解放〉
>
> 自然消滅のように自然な形で縁が切れることを示し、この男性とはもともと縁がないことがわかります。

STEP UP ADVICE
**どちらも選ばない
という選択肢も**

二者択一では、「強引にでも、どちらかを選ばなければ」という強迫観念が出がちです。しかし、とくに恋愛問題では両想いになる確率自体が低いため、どちらも難しいという結果が多くなります。その場合は強引に選ばず、どちらもよくないと判断し、ほかの選択肢を探すことが大切です。

CASE 04. 地元と都会、どちらに就職したほうがいい？

Work

現在大学生で、就職活動に入ります。都会で働くことに憧れていますが、地元の家族や仲間を大事にしたい気持ちもあります。地元で就職したほうがいいでしょうか？ それとも都会に出たほうがいい？（男性）

A
地元に残り
就職した場合

❹ 最終結果A

カップのペイジ・逆

❷ 近い未来A

カップの5・逆

❶ 現状

運命の輪

B
都会に出て
就職した場合

❺ 最終結果B

女教皇・逆

❸ 近い未来B

ソードの7・逆

---

❶ 現状　　　　運命の輪 ──────〈チャンス〉
❷ 近い未来A　カップの5・逆 ──────〈ほのかな希望〉
❸ 近い未来B　ソードの7・逆 ──────〈よい助言〉
❹ 最終結果A　カップのペイジ・逆 ──〈依存心〉
❺ 最終結果B　女教皇・逆 ──────〈批判的〉

READING

A　地元に残り就職した場合
❶→❷→❹

現状の**「運命の輪」**が、就職が人生を好転させるチャンスだと示すと同時に、質問者が就職という転機に強い期待感を持っていることがうかがえます。地元で就職した場合、**「カップの5」逆位置**が示すように、都会へ出る憧れを断念することになり、少し気落ちするでしょう。しかし、将来へのほのかな希望は残ります。最終結果の**「カップのペイジ」逆位置**は、それほど気合を入れて働かなくても、まわりに甘えながらさほど苦労することなく、日々の仕事に取り組めることが読み取れます。❷、❹と緩やかで苦労のない流れになりますが、**「運命の輪」**に沿わない単調さは否めません。

🗝 カギとなるカード

❹ 最終結果A
カップの
ペイジ・逆
〈依存心〉

最終結果Bと対照的です。依存心を示しますが、甘えられる環境というポジティブな面が読み取れます。

B　都会に出て就職した場合
❶→❸→❺

「運命の輪」が示す、未来へのワクワクする期待感に乗って、**「ソードの7」逆位置**が示すように、知り合いからよい会社を紹介されるなど、無事によい就職先を見つけることができるでしょう。しかし**「女教皇」逆位置**が示すのは、精神的にキリキリした状態で働く姿です。かなり忙しく、精神的に追い詰められる感覚があるでしょう。しかし、質問者が華やかな人生の転換を求めていることから、安穏とした状況で甘んじて働くよりも、自分を厳しく磨けるという点で都会に出て働くことを選んだほうが満足感は高いといえます。最終的には質問者の好みで選ぶといいでしょう。

🗝 カギとなるカード

❺ 最終結果B
女教皇・逆
〈批判的〉

ギスギスした精神状態を示しますが、まわりが見えないほど仕事に集中するポジティブさも読み取れます。

STEP UP ADVICE
**両方悪ければ
流れを見て決める**

両方にネガティブなカードが出ることは、よくあります。大アルカナの「女教皇」逆位置のほうがネガティブさが強いため、都会への就職はやめたほうがいいと読み取りがちです。しかし「運命の輪」から、安穏とした状況を選ぶと、せっかくの転換期に乗りきれないと判断できます。

CASE 05. 気になる人に対して動くべき？ 待つべき？

Love

気になる男性がいます。彼とはたまに話しますが、よく私のことをほめてくれて、好意を示してくれます。自分からアクションを起こしたほうがいいですか？ それとも彼から動くのを待ったほうがいいですか？（女性）

A
自分から
動いた場合

B
相手の動きを
待った場合

④ 最終結果 A

節制
〈自然体〉

② 近い未来 A

カップの10・逆
〈家族問題〉

① 現状

ペンタクルの8・逆
〈虚栄心〉

③ 近い未来 B

ワンドの6
〈勝利〉

⑤ 最終結果 B

ワンドの9
〈防御〉

READING

A
自分から
動いた場合
① → ② → ④

恋愛を占う場合、①現状を「相手の気持ち」に設定すると重要な情報が増えて便利です。**「ペンタクルの8」逆位置**から、彼が質問者にあまり誠意を持っていないと読み取れます。虚栄を張ったり、必要以上に媚びたりするでしょう。自分からアプローチした場合、**「カップの10」逆位置**が示すように、相手の愛情が感じられず、孤独感を味わいそうです。しかし、最終結果の**「節制」**により、相手の本心が明確になり、互いに飾らず交流できるよい友人関係になると読めます。ただし友達止まりという意味も含まれます。

B
相手の動きを
待った場合
① → ③ → ⑤

自分からは動かずに相手から来るのを待った場合は、相手の気のある素振りにすっかり勘違いさせられ、**「ワンドの6」**が示すような、勝ち誇った気持ちが続くでしょう。相手の前で自信を持ち、得意げに堂々と振る舞えそうです。しかし相手に誠意はなく、本心を見せません。長い目で見ると、最終結果の**「ワンドの9」**のように、なかなか動いてこない相手を延々と待つことになりそう。待つ時間が長くなるにつれて、ちょっと変だなという違和感が生まれ、悶々とすることになりかねません。

CASE 06. Work

転職するなら、現職を活かせる会社がいい？

今の会社の人間関係が合わず、転職を考えています。転職するなら、現職の経験を活かせる同じ業務内容の会社と、新たなチャレンジとなる未経験分野の会社、どちらを選べばいいでしょうか？（女性）

A
前職を活かせる会社を選んだ場合

❹ 最終結果 A

ワンドの5・逆
〈混乱状況〉

❷ 近い未来 A

カップの
キング・逆
〈不誠実な人物〉

❶ 現状

ソードの10
〈悪い終了〉

B
新たな挑戦となる会社を選んだ場合

❸ 近い未来 B

ソードの6・逆
〈離れる安全〉

❺ 最終結果 B

カップのペイジ
〈幼さ〉

READING

A
現職を活かせる会社を選んだ場合
❶→❷→❹

現状の**「ソードの10」**から、質問者は今の職場を悪い形で辞めることが想定されます。それは同じ職業を選んだ場合の最終結果が**「ワンドの5」**逆位置で、混乱状況を示すことからもわかります。つまり、今の会社の仕事内容に適性がないと思われます。そのため現職と同じ職種を選ぶと、結局同じことを繰り返すでしょう。近い未来の**「カップのキング」**逆位置は、今の会社でつかんだノウハウを逆手にとり裏工作をはかるなどして、不正な仕事の取り組み方をしがちであると読み取れます。

B
新たな挑戦となる会社を選んだ場合
❶→❸→❺

未経験の職種を選んだ場合、現状の**「ソードの10」**が今の仕事の完全終了を示すこともあり、まっさらな気持ちで挑戦できるでしょう。しかし、近い未来の**「ソードの6」逆位置**は、未経験ということもあって活動してもすぐに転職先が決まらず、難航することが読み取れます。最終結果の**「カップのペイジ」**は正位置でもあり、いずれどこかに就職が決まり、まるで子供のように周囲に助けてもらいながらも、一からのスタートが切れることを示します。ですから、未経験の職種を選ぶことがおすすめです。

CASE 07. 結婚後、フル勤務からパート勤務に変えるべき?

Work

もうすぐ結婚しますが、働きかたを変えようか迷っています。家事に力を入れるために、パート勤務に変えたほうがいいですか? それとも今の状態のまま、フル勤務での仕事を続けたほうがいいでしょうか?(女性)

A
パート勤務に変えた場合

B
フル勤務を継続した場合

❹ 最終結果 A

ペンタクルの3・逆
〈凡庸さ〉

❷ 近い未来 A

皇帝
〈社会的責任〉

❶ 現状

ペンタクルの10
〈アットホーム〉

❸ 近い未来 B

ソードの9・逆
〈恥や侮辱〉

❺ 最終結果 B

力・逆
〈弱い意志〉

READING

A
パート勤務に変えた場合
❶→❷→❹

現状の**「ペンタクルの10」**は朗らかな雰囲気を示し、家族も会社も、結婚後の仕事に理解がある様子がうかがえます。結婚後にパート勤務に変えた場合、**「皇帝」**が出ていることから、無理なく自分の任務に責任を持って、全うできることが読み取れます。ただし最終結果は**「ペンタクルの3」**逆位置で、やはり長い目で見ると出世が望めないなど、次第に努力をする姿勢は薄れていくでしょう。それでも大きな問題はなく、気を抜きながらも穏やかに働けます。

B
フル勤務を継続した場合
❶→❸→❺

結婚後もフル勤務を続けた場合の近い未来には、**「ソードの9」**逆位置というネガティブなカードが出ています。恥や侮辱という意味から、ハードな生活環境によりミスが増えるなどして、まわりから咎められる可能性が考えられます。そして、遠い未来でもある最終結果の**「力」**逆位置は、家事との両立に疲れ切り、自分の能力を発揮できないことが読み取れます。フル勤務を選んだ場合は全体的に流れが悪いため、パート勤務を選んだほうが自分のペースを保ちながら穏やかに仕事を続けられるでしょう。

CASE 08. 子供に中学受験させる? させない?

現在、小学3年生の子供がいます。できるだけ高い教育を受けさせてよい人生を歩ませるために、中学受験をさせようか迷っています。子供に中学受験させたほうがいい? それともさせないほうがいい?（女性）

A
中学受験させた場合

B
中学受験させない場合

❹ 最終結果 A

ペンタクルの7・逆
〈成長の放棄〉

❷ 近い未来 A

ソードのクイーン・逆
〈批判的な女性〉

❶ 現状

世界・逆
〈未完成〉

❸ 近い未来 B

ワンドのエース・逆
〈破滅〉

❺ 最終結果 B

ワンドの10
〈重圧〉

READING

A
中学受験させた場合
❶→❷→❹

「世界」逆位置は今の子供の状態を示し、勉強熱心というわけではありませんが、マイペースに日々を送っている雰囲気が読み取れます。将来の夢も、とくに持っていないでしょう。近い未来の「ソードのクイーン」逆位置は母親を示し、子供に対してスパルタ気味になると読めることから、自然と中学受験の方向へ進みそうです。しかし、子供に熱意がないことから、最終結果の「ペンタクルの7」逆位置のように、時間をかけても成績が上がらず受験自体を放棄するか、合格が厳しい状況が読み取れます。

B
中学受験させない場合
❶→❸→❺

中学受験させない場合の、近い未来を示す「ワンドのエース」逆位置は、スタートできないことを示します。受験させた場合の「ソードのクイーン」逆位置と比べると、自動的にこちらは選ばないことになりそうです。中学受験に挑戦しても失敗する可能性が高いことから、結果的に公立へ進むことになるでしょう。最終結果の「ワンドの10」は遠い未来も示すことから、中学受験をさせなかったとしても、その後の高校・大学受験で大きな負担を負うことが予想されます。しかし、それは誰もが通る道でしょう。

CASE 09. 高額な物を買う？ 買わない？

Others

大きな出費となりますが、どうしても欲しい物があり、思い切って買いたいと考えています。しかし、大金を使うと今後の生活が心配です。買ったほうがいいでしょうか？ 我慢したほうがいいでしょうか？（男性）

A
欲しい物を買った場合

B
欲しい物を我慢した場合

❹ 最終結果A

皇帝
〈社会的責任〉

❷ 近い未来A

カップの3・逆
〈過度な快楽〉

❶ 現状

ワンドの5
〈無駄な闘争〉

❸ 近い未来B

ペンタクルのキング
〈裕福な人物〉

❺ 最終結果B

ソードの
エース・逆
〈残虐〉

READING

A
欲しい物を買った場合
❶→❷→❹

現状の**「ワンドの5」**から、買おうか買うまいかという質問者の強い葛藤があることがうかがえます。近い未来の**「カップの3」**逆位置は、欲しい物が手に入ったことによって心が弾み、華やいだ気分に浸れることを示します。同時に、過度な享楽であることも否めません。しかし最終結果は**「皇帝」**で、その買い物は決して一時的な喜びで終わるものではなく、生涯役に立ったり、精神を支え続けたりする非常に大事な物となるでしょう。それを持つことにより、人望が高まることも考えられます。

B
欲しい物を我慢した場合
❶→❸→❺

買わなかった場合は、貯蓄額が減らないために金銭的な安心感を持てることを、近い未来の**「ペンタクルのキング」**が示しています。しかしキングの浮かない表情を見ても、お金は守れても精神的な満足感は得にくいでしょう。最終結果には、**「ソードのエース」逆位置**という厳しいカードが出ています。激しい攻撃心という意味があり、長い目で見ると、なぜあのときに買わなかったのかと、激しく後悔しそうです。そうしたことから、結果的には我慢せずに買ったほうが人生が豊かになると判断できます。

| CASE 10. | 英会話とヨガ、どちらを習うと楽しい？ |

● Others

自分の引き出しを増やすために、週末に何か習いごとを始めたいと思っています。今のところ英会話とヨガが候補ですが、どちらを選ぶと挫折することなく、長く楽しく続けられるでしょうか？（女性）

A
英会話を習った場合

❹ 最終結果 A

魔術師
〈新たな創造〉

❷ 近い未来 A

ソードの4
〈一時停止〉

❶ 現状

ソードのクイーン
〈冷淡な女性〉

B
ヨガを習った場合

❸ 近い未来 B

ペンタクルの
クイーン・逆
〈堅苦しい女性〉

❺ 最終結果 B

星
〈理想〉

READING

A
英会話を習った場合
❶→❷→❹

冷淡な女性を示す**「ソードのクイーン」**は、ここでは知的な女性という意味が強まります。もともと知的能力が高いということもあり、習いごとに英会話のほうを選ぶと、自分の能力をスムーズに発揮して意気揚々と取り組めるということを、最終結果の**「魔術師」**が示しています。途中経過の**「ソードの4」**は、動くまでにしばらく時間を要することが読み取れますが、そのことはそれほど重要ではないでしょう。燦然と輝く**「魔術師」**のように、英会話を習うことで創造力も高まることが読み取れます。

B
ヨガを習った場合
❶→❸→❺

もともと勉強に適性があることを、椅子に座る知的な**「ソードのクイーン」**が示しています。質の違うヨガを選んだ場合、近い将来の**「ペンタクルのクイーン」**逆位置のように、気が乗らず、なかなか重い腰が上がらないでしょう。しかし最終結果の**「星」**が、実際にヨガに挑戦すれば新世界が開拓でき、ロマンチックな気持ちで楽しめることを告げています。英会話と両方選んでも大丈夫ですが、現状のカードからは知的活動になじみやすいと読めます。自然の流れでいくと英会話のほうを選びやすいでしょう。

ヘキサグラム

HEXAGRAM

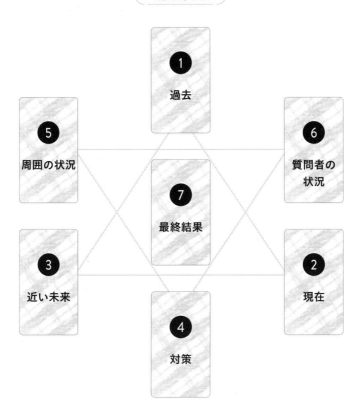

ヘキサグラムの形は、完全な精神性の象徴といわれる六芒星からきています。大変使いやすく便利なスプレッドで、占い師や愛好家にもっとも使われているといっても過言ではありません。オールマイティーであり、具体的な内容であれば、どのような問題にも対応できます。未来のカードは、近い未来から最終結果へという2枚を順を追って読み取ることができますし、何よりも占いで重要な対策のカードがしっかり存在していることが、大きな長所です。

スプレッドの並べ方

シャッフルとカットが済んだカードの山の上から7枚目を❶に置きます。そして手に残ったカードの山から次のカードを❷、❸と置き、次に残ったカードの山の上から7枚目のカードを❹に置き、次のカードを❺、❻、❼と置きます。

ポジションの意味

❶	過去	問題の過去に、どのような出来事があったかということを示しています。過去におけるさまざまな出来事のなかでも、**現在や未来にもっとも強い影響を与えているもの**が出ると考えられます。
❷	現在	問題が現在どのような状況になっているか、ということを示します。たとえば恋愛であれば、2人の現在の仲や雰囲気が表れます。とくに**未来に影響を与える状況**が出ることが多くなります。
❸	近い未来	問題がどう変化するかという、**遠くない未来に訪れる状況**を示します。最終結果にたどり着くまでの途中経過ですが、最終結果が未来を示さない場合は、唯一の未来を表すカードになります。
❹	対策	未来をよくするために、**質問者がどうすればいいかという助言**です。出ている対策を実行することで、最終結果の悪い状況を改善したり、さらによい未来が訪れたりすることが期待できます。
❺	周囲の状況	質問者のまわりの状況、もしくは問題に特定の相手がいる場合は、その相手の気持ちや状況を示します。質問者からは見えない**問題の原因が含まれていることも多く、重要なカード**です。
❻	質問者の状況	現在の質問者自身の、その問題に対する状況や気持ちを示します。質問者が認識できている気持ちのほか、質問者自身も見えていない自分の感情や行動パターンが表れる場合もあります。
❼	最終結果	その問題が最終的にどうなるかという結果を示し、**質問の回答そのもの**になります。多くが最終的に訪れる未来の状況を示しますが、単純に質問の回答がイエスかノーかを示す場合もあります。

ヘキサグラムが 得意なこと

特定の人間関係を占うことが得意

周囲の状況と質問者の状況が横に並んでいて比較しやすいため、恋愛を含めた人間関係を占うことを得意としています。性格や感情の相違が見えるなど、**問題点の原因を見つけ**やすいでしょう。対策があることから、**具体的なアドバイスが欲しいときにも役立つスプ**レッドです。

ヘキサグラムの 注意点

意識してストーリーの作成を

7枚の役割分担がきっちりとされているため読みやすく、何かのミスをすることは少ないでしょう。しかし過去、現在……と1枚1枚を単独で読んで終わり、**物語を作ることが難し**いともいえます。**似たカードをまとめて読む**などして話をまとめ、全体像の把握を心がけましょう。

CASE 11.
Love

結婚相談所に入ると、良縁をつかめる?

過去に何人かの女性と交際しましたが、なかなか結婚に進めません。そこで、ある大手の結婚相談所へ入会することを検討しています。そこに入れば、結婚に適した良縁をつかめますか?（男性）

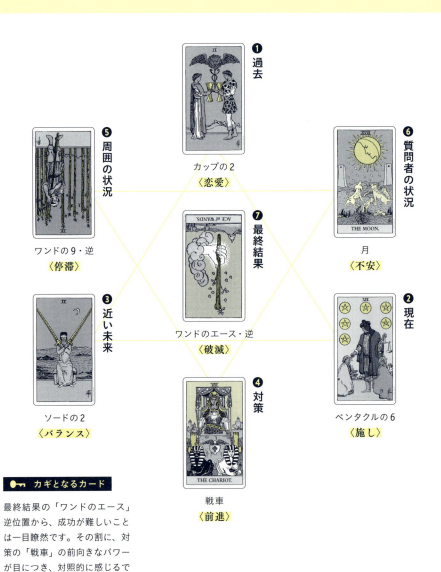

❶ 過去 — カップの2 〈恋愛〉
❷ 現在 — ペンタクルの6 〈施し〉
❸ 近い未来 — ソードの2 〈バランス〉
❹ 対策 — 戦車 〈前進〉
❺ 周囲の状況 — ワンドの9・逆 〈停滞〉
❻ 質問者の状況 — 月 〈不安〉
❼ 最終結果 — ワンドのエース・逆 〈破滅〉

🔑 カギとなるカード

最終結果の「ワンドのエース」逆位置から、成功が難しいことは一目瞭然です。その割に、対策の「戦車」の前向きなパワーが目につき、対照的に感じるでしょう。対策次第で結果は変わると読んで大丈夫です。

READING

	❶ 過去 カップの2	過去にはお互いに純粋な気持ちで想い合う、ドキドキする恋愛を経験したことを示しています。それが出ているということは、質問者にとって印象の強い恋愛だったのでしょう。
	❷ 現在 ペンタクルの6	質問者の現在の状況から、いろいろな人に親切に振る舞う優しい人格であることがうかがえます。そのため、まわりの人たちからも信頼されて好かれていることが想像できます。
	❸ 近い未来 ソードの2	相談所に入った直後の様子を示します。複数の女性を紹介されそうですが、カードが友情も意味することから、ドライな感情を持ちつつ会ったり連絡し合ったりする様子がうかがえます。
	❹ 対策 戦車	質問者に、積極的に押しなさいというアドバイスを告げています。本人やまわりの状況に勢いがないことから、とにかく遠慮せずに押していくよう強くすすめています。
	❺ 周囲の状況 ワンドの9・逆	結婚相談所に登録している女性達のことを示します。警戒心が強く保守的で、男性を見る目が厳しい女性の多いことがうかがえます。そう簡単には交際は成立しないでしょう。
	❻ 質問者の 状況 月	質問者は繊細な性質であり、押しが弱く受け身で、相手の出方をうかがう姿勢が感じられます。相談所の閉鎖的な女性への不安も強く、相手の反応に考え込むことも多いでしょう。
	❼ 最終結果 ワンドの エース・逆	破滅すること、すなわちこのままの状態でいくと結婚が成立しないことを、はっきりと告げています。いくつかの失敗が重なり、情熱を再燃させることができなくなりそうです。

READING POINT
結果が悪くても対策の実行で変わる

現在や質問者の状況のカードにより、質問者の優しく繊細な性格が読み取れます。対策が前向きなのは、決して絶望的な状況なのではなく、動くことで結果がよくなるということです。そのため結婚相談所への入会をやめるのではなく、前向きに頑張る姿勢で入るとよいと判断できます。

CASE 12. 同棲中の彼と、もめずに別れられる？

Love

3カ月間ほど同棲している彼がいます。彼はときどき暴言を吐くことがあるので別れたいのですが、相手の反応が怖くて言い出せません。近いうちになんとか穏やかに別れることができますか？（女性）

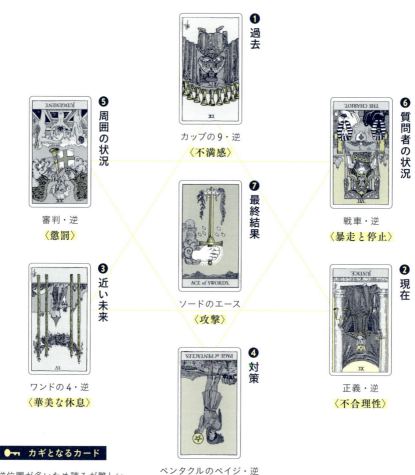

❶ 過去
カップの9・逆
〈不満感〉

❷ 現在
正義・逆
〈不合理性〉

❸ 近い未来
ワンドの4・逆
〈華美な休息〉

❹ 対策
ペンタクルのペイジ・逆
〈狭い視野〉

❺ 周囲の状況
審判・逆
〈懲罰〉

❻ 質問者の状況
戦車・逆
〈暴走と停止〉

❼ 最終結果
ソードのエース
〈攻撃〉

🔑 カギとなるカード

逆位置が多いため読みが難しい並びですが、「ソードのエース」から、白黒はっきりした結果であるとわかります。「審判」逆位置と「戦車」逆位置が背き合っているイメージから、それは別れと読めるでしょう。

READING

	❶ 過去 カップの9・逆	相手への不満を、以前から持っていることを示します。ぜいたくによる不満という意味から、相手が100％悪いわけではなく、質問者にも少しわがままな面があったかもしれません。
	❷ 現在 正義・逆	相手に不満を抱きながらも、完全に別れようとまでは決断できていない状況です。考えも合わず、主観のぶつけ合いになり、話が噛み合わないことも多いでしょう。
	❸ 近い未来 ワンドの4・逆	近い未来は決して悪い状況ではなく、なんだかんだで楽しく朗らかに2人で生活を楽しむ場面がありそうです。そのため、しばらくは別れを切り出しにくい状況が続くでしょう。
	❹ 対策 ペンタクルの ペイジ・逆	質問者に対して、強引に別れを切り出して離れようとするのではなく、相手を強く刺激しないよう自分を守りながら無難な形で接するといいと、保守的になることを助言しています。
	❺ 周囲の状況 審判・逆	彼のなかに腹黒さが垣間見えます。質問者に温かい感情は持っておらず、自分のことしか考えていない様子がうかがえます。神からの罰を受けることもあるかもしれません。
	❻ 質問者の 状況 戦車・逆	質問者が、この交際に対して押すことも引くこともできず、立ち往生している様子がうかがえます。彼と調和しようとする姿勢もなく、どう動いていいのかわからない状態です。
	❼ 最終結果 ソードのエース	攻撃による勝利という意味から、結果的にバッサリ縁を切ることができそうです。カードの流れを見ると、質問者が別れを切り出すより彼のほうから離れていくと読んだほうが自然です。

READING POINT

彼の状況と結果の重さがつながる

彼の状況が「審判」逆位置であることから、何かしらの罰則的な出来事で質問者から離れざるを得ない状況に追い込まれるか、彼から怒って離れていくか、などが考えられます。そのため、保守的になることをすすめているのです。ケンカ別れなどにより、後味の悪さが残ることは否定できません。

CASE 13. ネットショップで希望の収入額を稼げる?

Work

子供が手を離れて自分の時間が増えてきたため、以前から趣味で創作している物の販売のために、ネットショップの立ち上げを考えています。今考えている計画で実行したら、希望の収入額を得られますか?(女性)

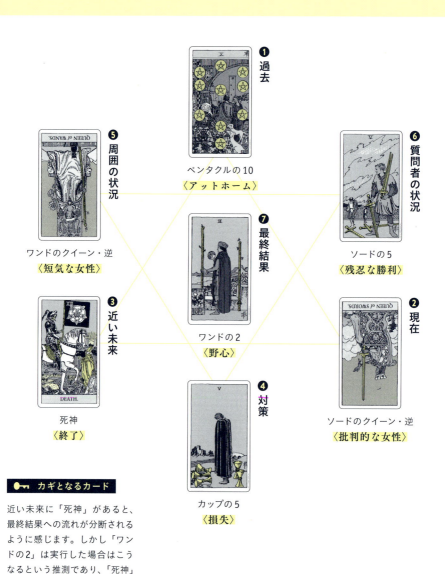

❶ 過去
ペンタクルの10
〈アットホーム〉

❷ 現在
ソードのクイーン・逆
〈批判的な女性〉

❸ 近い未来
死神
〈終了〉

❹ 対策
カップの5
〈損失〉

❺ 周囲の状況
ワンドのクイーン・逆
〈短気な女性〉

❻ 質問者の状況
ソードの5
〈残忍な勝利〉

❼ 最終結果
ワンドの2
〈野心〉

🔑 カギとなるカード

近い未来に「死神」があると、最終結果への流れが分断されるように感じます。しかし「ワンドの2」は実行した場合はこうなるという推測であり、「死神」は実際の未来です。そのため、この2枚は連動しません。

READING

❶ 過去
ペンタクルの10

お金に困っているわけではなく、過去は家族で豊かに生活してきた様子がうかがえます。そのためネットショップの立ち上げは生活のためではなく、趣味の延長でしょう。

❷ 現在
ソードの
クイーン・逆

"批判的な気持ち"が強いことを示し、誰かへのライバル意識や何かを見返したいという気持ちがありそうです。純粋にネットショップを経営したいというわけではないと読めます。

❸ 近い未来
死神

それほど遠くないうちに、ネットショップの立ち上げ自体をすっぱりとやめる可能性があります。その後は執着がまったくなくなり、再びそうした願望が湧くこともないでしょう。

❹ 対策
カップの5

後ろにカップが2つ残っていることから、諦めなさいというアドバイスではなく、期待しすぎず、希望の収入額を半分以下に減らしたほうがいい、という助言であると考えられます。

❺ 周囲の状況
ワンドの
クイーン・逆

まわりの状況ではなく、ネットショップを始めたあとの周囲から見た質問者への印象と読み取れます。熱意はありますが"短気で負けず嫌いな女性"という印象を持たれそうです。

❻ 質問者の状況
ソードの5

現在の「ソードのクイーン」と似た雰囲気があり、勝ち負けにこだわり勝利することや、自分の立場をよくしたいという思いが読み取れます。勝つことにも自信がありそうです。

❼ 最終結果
ワンドの2

実際にネットショップを始めたら、希望額に達しなくても、それなりに経営が安定し、さらなる発展に希望が持てそうです。遠い未来は希望額まで到達することも可能でしょう。

READING POINT

ほかのカードから対策が浮かぶことも

実際に起業した場合、売り上げが少なくてもそれなりに安定し、発展への希望が持てるよい結果になりそうです。しかし近い未来の「死神」は、起業をやめることを告げています。現在と自分の状況から競争心が強すぎることも読み取れ、そこからもっと楽しむようにという対策も浮かびます。

CASE 14. 職場の意地悪な先輩との今後は？

Work

職場に意地悪な態度を取る先輩がいて、明らかに自分にだけ厳しい態度を取ってきます。なぜ嫌われているのかわかりません。今後、その先輩とうまくやっていけますか？（女性）

🔑 **カギとなるカード**

全体を見ると、大アルカナが「世界」1枚で、このカードだけが浮いて見えます。「世界」は基本的にポジティブですが、まわりとの関係からネガティブな意味にも変化するため、固定観念を持たないようにしましょう。

READING

❶ 過去
ペンタクルの
ペイジ・逆

ペイジの姿が、過去の質問者自身を表します。仕事を自分から覚えることを避けるような、向上心に欠けたサボり気味の、不まじめな姿勢だったことがうかがえます。

❷ 現在
ソードの9・逆

仕事で失敗して恥をかいたり、先輩を含めてまわりから侮辱されたりと、精神的に苦しんでいる状況がうかがえます。それは、過去からくる自業自得であるともいえるでしょう。

❸ 近い未来
ソードの3・逆

時間が経過しても状況が改善せず、先輩の態度も変わらないでしょう。自分でもどうしていいのかわからず、混乱しがちです。悩むばかりで、改善への努力もできないようです。

❹ 対策
ワンドの7

先輩に対して受け身にならず、果敢に向かっていくようにという助言を告げています。考えをはっきり伝え、ある程度戦っていく姿勢を持つことで、状況が改善するはずです。

❺ 周囲の状況
ソードの6

先輩は決して質問者に意地悪な気持ちがあるわけではなさそうです。むしろ指導者として質問者を正しい方向へ向かわせようとする、援助の気持ちがあることがわかります。

**❻ 質問者の
状況**
世界

質問者は今の自分で完成されているという意識が強いと判断できます。狭い輪のなかで満足げに踊る人物のように、向上心に欠けている、とネガティブな方向に読み取れます。

❼ 最終結果
ペンタクルの
ナイト・逆

惰性に流される状況を示します。先輩にあまり相手にされなくなることから、先輩との仲は良くも悪くも穏やかになるでしょう。質問者の熱意のなさが惰性と停滞の原因といえます。

READING POINT
質問者にも見えない現実を映し出す

複数のカードから、質問者の向上心のなさが原因で、先輩が厳しく見えることが読み取れます。先輩に自分の考えを伝えることで、何かが見えてくるのでしょう。このように、本人の捉えかたとは違う現実を冷静に映し、俯瞰的な視点から問題を眺められることもタロット占いの醍醐味です。

CASE 15. 紹介してもらった男性と交際に発展する？

Love

出会いのチャンスがないため、知人に男性を紹介してもらい、今は友達としてメッセージ交換をしています。将来、交際に発展しますか？（女性）

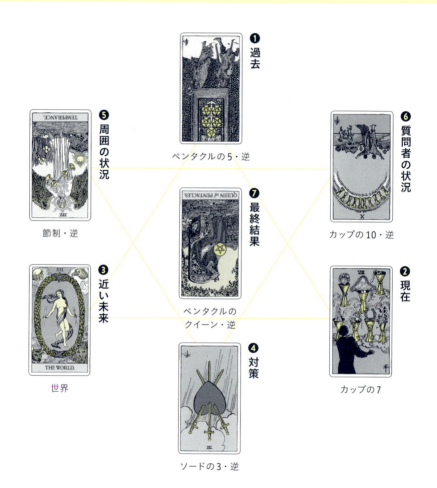

❶ 過去	ペンタクルの5・逆 ──〈劣悪状態〉	❺ 周囲の状況	節制・逆 ──〈よどんだ流れ〉
❷ 現在	カップの7 ──〈幻想〉	❻ 質問者の状況	カップの10・逆 ─〈家庭問題〉
❸ 近い未来	世界──〈完成〉	❼ 最終結果	ペンタクルのクイーン・逆 ──〈堅苦しい女性〉
❹ 対策	ソードの3・逆 ──〈精神錯乱状態〉		

READING

「カップの7」が現在の曖昧な状態を示唆
❶→❷→❸

過去のカードは知り合う前の状態を示し、男性がいても温かさが一切漂わない、恋愛に関して劣悪な環境にいたことがうかがえます。現在は紹介された男性との関係を示し、まだ相手の人柄がよくわからず、手探り状態で交流を続けていることを示します。しかし近い未来の**「世界」**が示すように、やがて心の交流が持てて幸福感を味わえるでしょう。

🔑 **カギとなるカード**

❸ **近い未来**
世界
〈完成〉

大変パワーが強いため、恋愛に発展しなくても、長くよい関係を続けられます。

「カップの10」逆は質問者の孤独を表す
❻→❼

質問者の状況が**「カップの10」逆位置**であることから、メッセージ交換をしても相手の温かさが感じられず、孤独感や虚しさを味わう様子がうかがえます。最終結果の**「ペンタクルのクイーン」**逆位置も質問者自身を示し、2枚とも心が沈み、積極性に欠け、動かない状況に物足りなさを感じる状態です。質問者の態度により、そのような結果が訪れることも示します。

🔑 **カギとなるカード**

❼ **最終結果**
ペンタクルのクイーン・逆
〈堅苦しい女性〉

最終結果と同時に、未来の質問者自身です。自分の行動が結果を左右します。

惰性を示す「節制」逆が相手の気持ちに
❺→❹

相手の男性の状況を示す**「節制」逆位置**は、質問者との交流にやや退屈を感じ、集中できていないことを示します。何かほかにも考えることがあるのでしょう。それを踏まえ、対策の**「ソードの3」逆位置**は恋愛への発展が難しく、あまり期待できないことを告げると同時に、もっと自分の複雑な感情を相手に伝えてみなさい、という助言を告げています。

🔑 **カギとなるカード**

❹ **対策**
ソードの3・逆
〈精神錯乱状態〉

諦めなさいとも伝えているため、恋愛への発展は簡単ではないことがわかります。

STEP UP ADVICE
結果より近い未来が遠い先を示すことも

(全) 体を見渡すと、近い未来の「世界」のパワーが最終結果を凌駕するほど強く、よい交際が長く続くことを匂わせています。このようにカードの強さや内容により、最終結果よりも近い未来がさらなる未来を示す場合もあります。

CASE 16. プロポーズすると、OKしてもらえる?

Love

彼女との交際がスタートしてからまだ4カ月目ですが、交際が順調なため、そろそろプロポーズしたいと思っています。この早いタイミングでも、受け入れてもらえますか?(男性)

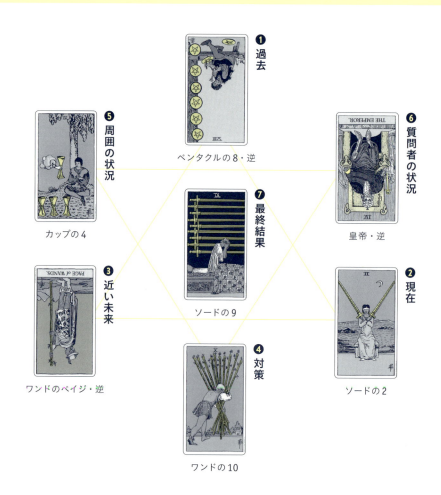

❶ 過去	ペンタクルの8・逆 〈虚栄心〉		❹ 対策	ワンドの10 ——〈重圧〉
❷ 現在	ソードの2 ——〈バランス〉		❺ 周囲の状況	カップの4 ——〈倦怠感〉
❸ 近い未来	ワンドのペイジ・逆 〈悪い知らせ〉		❻ 質問者の状況	皇帝・逆 ——〈傲慢〉
			❼ 最終結果	ソードの9 ——〈悲観〉

READING

「ソードの9」には悲しい結末の意味が
❷ → ❸ → ❼

現在の**「ソードの2」**から、感情的になることなく、バランスを取りながら交際している様子がうかがえます。しかし近い未来の**「ワンドのペイジ」**逆位置は、この段階でプロポーズをすると断られることを示します。最終結果の**「ソードの9」**は、質問者が結婚に進まないことに苦悩する未来を表しています。ほかのカードから、その原因を探っていきましょう。

カギとなるカード

❸ 近い未来
ワンドの
ペイジ・逆
〈悪い知らせ〉

プロポーズした場合の結果を示し、そのキーワードから断られると判断します。

唯一の大アルカナから原因を探る
❻ → ❶

質問者の状況に、唯一の大アルカナ**「皇帝」**逆位置が出ていて、質問者の恋人への態度や気持ちが傲慢になっていることがわかります。現在はバランスが取れていながらも、過去の**「ペンタクルの8」**逆位置は、交際が始まってからしばらくの間は質問者の傲慢さによって恋人に対して誠意がない態度を取り、虚栄を張っていたことが読み取れます。

カギとなるカード

❻ 質問者の状況
皇帝・逆
〈傲慢〉

俺様的な男性を示す場合に出ます。唯一の大アルカナで1番のキーカードです。

「カップの4」は相手の倦怠ムードを示唆
❺ → ❹

恋人は過去の質問者の誠意のない態度や、現在もときどき見せる自分勝手な態度にうんざりしている様子がうかがえます。質問者への対策の**「ワンドの10」**は恋人の不満を軽減するべく、もっと重圧を負いなさいということ、すなわち恋人に自分を犠牲にしてでも尽くす姿勢を見せ続けることで、恋人が結婚したいと考えるようになる可能性があります。

カギとなるカード

❹ 対策
ワンドの10
〈重圧〉

この交際にもっと責任を持ちなさい、と諦めずに頑張ることを応援しています。

STEP UP ADVICE
**対策の内容から
先が見えることも**

プロポーズの失敗は一目瞭然ですが、対策は前向きに応援しています。「ソードの9」が示す悲観は、あくまでも精神的な問題で、完全にフラれるわけではありません。ですから一度断られても、その先の希望は絶たれていないのです。

CASE 17.
Love

応援しているボーカルと親しくなれる?

無名なバンドのボーカルのファンで、よくライブに行き、顔を覚えてもらっています。サインをもらったこともなんかいあります。彼ともっと親しくなれますか？できれば恋人になりたいです。（女性）

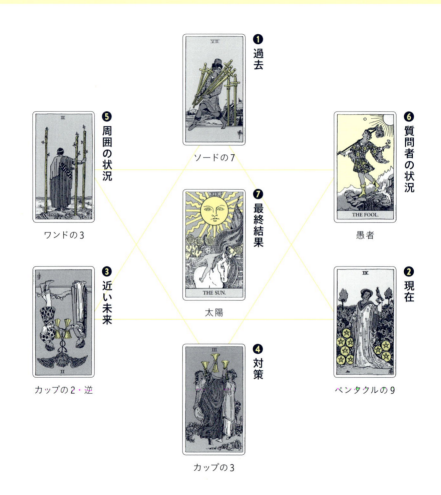

❶ 過去　　　　ソードの7 ──〈策略家〉
❷ 現在　　　　ペンタクルの9 ──〈寵愛〉
❸ 近い未来　　カップの2・逆 ──〈離れる愛〉
❹ 対策　　　　カップの3 ──〈歓楽〉
❺ 周囲の状況　ワンドの3 ──〈期待感〉
❻ 質問者の状況 愚者 ──〈自由奔放〉
❼ 最終結果　　太陽 ──〈明るさ〉

READING

「ワンドの3」は関係の発展への期待も
❼ → ❺ → ❻

まず最終結果を見ると、非常に希望が持てる**「太陽」**が出ています。相手の気持ちが**「ワンドの3」**と明るく、質問者との仲に期待感を持っており、質問者を示す**「愚者」**は、物怖じせずに相手に向かっていく無邪気さと大胆さを表します。そうした屈託のないムードが、2人の距離を縮めるでしょう。ただし**「太陽」**には、恋愛の甘い雰囲気はありません。

🔑 カギとなるカード

❻ 質問者の状況
愚者
〈自由奔放〉

屈託のない純粋な精神状態を示し、それが「太陽」に結びつくとも読めます。

恋の計算を示す「ソードの7」が過去に
❶ → ❷

過去の**「ソードの7」**は、質問者が相手との距離を縮めるために出待ちをするなど、策略を練って工夫して動いていたことが読み取れます。現在の**「ペンタクルの9」**は、質問者が美しい女性であるため、覚えてもらうには有利な状態であることがわかります。演奏中に目が合うなど相手に好かれ、寵愛を受けている幸福感も味わっているでしょう。

🔑 カギとなるカード

❷ 現在
ペンタクルの9
〈寵愛〉

質問者の美しさから相手に好感を持たれ、よい雰囲気であることがわかります。

対策の「カップの3」は気楽な恋を勧める
❸ → ❹

近い未来の**「カップの2」逆位置**は、恋愛への発展は難しいことを示しています。ボーカルに恋人が出現する可能性もあり、親しくなる前にはっきりした形で失恋したことがわかるでしょう。そのため対策の**「カップの3」**は、ストレートにアタックするより友達と一緒に楽しく華やかな、そして気軽な雰囲気で相手に接しなさい、と助言しています。

🔑 カギとなるカード

❸ 近い未来
カップの2・逆
〈離れる愛〉

最終結果に反したカードです。恋愛には進めないことが明確になるでしょう。

STEP UP ADVICE

矛盾したカードは分けて考える

近い未来の「カップの2」逆位置が両想いを否定しているのに対し、最終結果の「太陽」は2人の関係の良好さを示すという、やや矛盾した内容です。これは、人間対人間としての、軽やかな明るい交流ができることが期待できると解釈します。

CASE 18.

大ゲンカした恋人と仲直りできる？

Love

何気なく恋人の気になる点を指摘したところ、彼がものすごく怒ってしまい大ゲンカになりました。それからもう2週間ほどまったく連絡を取っていません。いつか仲直りできますか？（女性）

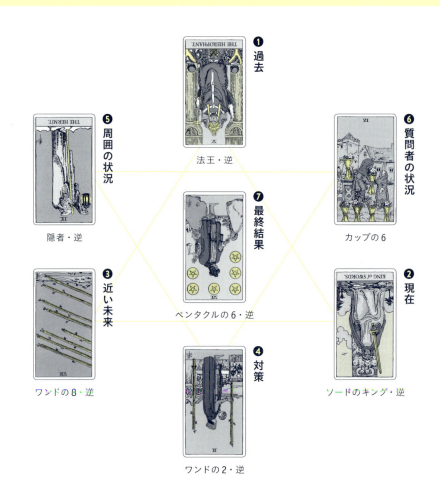

- ❶ 過去　　　　法王・逆 ──〈偏狭さ〉
- ❷ 現在　　　　ソードのキング・逆
  　　　　　　　　　　　　　──〈サディスト〉
- ❸ 近い未来　　ワンドの8・逆
  　　　　　　　　　　　　　──〈スローな分離〉
- ❹ 対策　　　　ワンドの2・逆 ─〈驚く出来事〉
- ❺ 周囲の状況　隠者・逆 ────〈閉鎖的〉
- ❻ 質問者の状況　カップの6 ───〈過去〉
- ❼ 最終結果　　ペンタクルの6・逆
  　　　　　　　　　　　　　──〈ケチな精神〉

READING

過去の「法王」逆は無理解を意味する
❶ → ❷

過去の**「法王」逆位置**から、どちらかの心の狭さやわがままが原因でケンカになったことがうかがえます。パワーの強い大アルカナであることから、かなり深刻なケンカになったのでしょう。現在の**「ソードのキング」**逆位置は、今でも男性のほうが2人の関係に冷酷な感情を持ち、相手を平然と傷つけるような一触即発の姿勢であると考えられます。

カギとなるカード

❷ 現在
ソードの
キング・逆
〈サディスト〉

彼の怒りが現在も収まらず、下手に近づくと傷つけられる可能性があります。

相手の状況は「隠者」逆で心に壁が
❺ → ❻

2人の今の気持ちを比べてみると、彼の状況は**「隠者」逆位置**ですっかり心を閉ざし、自分から質問者に歩み寄る気持ちがまったくないことが読み取れます。質問者の状況は、過去という意味を持つ**「カップの6」**です。彼との思い出に浸るセンチメンタルな精神状態で、彼と同様、自分からよい未来を築くために動こうとする気持ちがないことがうかがえます。

カギとなるカード

❻ 質問者の状況
カップの6
〈過去〉

質問者の気持ちが過去にとどまっており、未来を切り開く意欲に欠けています。

「ペンタクルの6」逆は"自分本位"の表れ
❸ → ❼ → ❹

近い未来が**「ワンドの8」逆位置**で、2人の仲がゆっくり離れていくことがわかります。そして、最終結果は**「ペンタクルの6」逆位置**で、どちらも相手にケチな感情を持ち、意地を張り続ける様子がうかがえます。対策の**「ワンドの2」逆位置**は、彼を驚かせる連絡を入れるといいと告げています。驚く話が交際復活のきっかけになるかもしれません。

カギとなるカード

❸ 近い未来
ワンドの8・逆
〈スローな分離〉

スローな動きを示すため長期間に影響を与え、最終結果と同時進行になります。

STEP UP ADVICE

カードの影響力の長さも考慮して

放っておくと、関係が自然消滅するという結果です。基本的に近い未来から最終結果へと時間が流れますが、「ワンドの8」逆位置は長期間にわたる影響力を持ち、このケースでは最終結果とほぼ同時進行になると考えられます。

CASE 19. 大企業との事業提携は成功する？

Work

小さな会社を自営していますが、大手企業との取引が決まり、共同で大事業に取り組むことになりました。喜んでいますが、内心では失敗しないかと心配です。よい結果を生み出すことができるでしょうか？（男性）

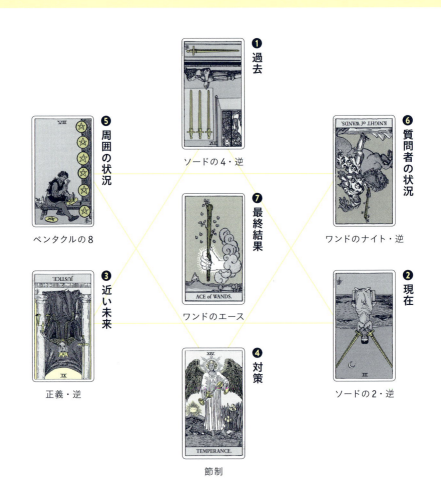

❶ 過去	ソードの4・逆 ── 〈休息の終了〉		❺ 周囲の状況	ペンタクルの8 ── 〈勤勉〉
❷ 現在	ソードの2・逆 ── 〈アンバランス〉		❻ 質問者の状況	ワンドのナイト・逆 ── 〈分離〉
❸ 近い未来	正義・逆 ──── 〈不合理性〉		❼ 最終結果	ワンドのエース ── 〈誕生〉
❹ 対策	節制 ────── 〈自然体〉			

READING

相手と質問者の状況カードを対比
❺→❻

周囲の状況は、提携する大企業のことを示します。先方は**「ペンタクルの8」**とコツコツと時間をかけて地道に作業を進める姿勢があるのに対し、質問者側は**「ワンドのナイト」逆位置**と自分の感情や思いつきで動く計画性のなさがあり、暴走気味と見受けられます。2枚を対比することで、両者の取り組む姿勢がほぼ正反対であるとわかります。

🗝 カギとなるカード

❻ 質問者の状況
ワンドの
ナイト・逆
〈分離〉

分離という意味から、相手を気にせずマイペースに走りすぎる様子が読めます。

逆位置の多さが状況の難しさを示す
❶→❷→❸

過去の**「ソードの4」逆位置**は、質問者の仕事状況にとって、よいタイミングでこの仕事が入ったことがわかります。現在の**「ソードの2」逆位置**と、近い未来の**「正義」逆位置**は、パワーの強さは違いますが、ほぼ同じ内容を示しています。大企業と質問者の仕事の取り組み方が極端に違うため、バランスを取ることが難しい状況が続きそうです。

🗝 カギとなるカード

❸ 近い未来
正義・逆
〈不合理性〉

両者の間で意見が噛み合わないことが多く、一方に偏りがちだと読み取れます。

対策の「節制」はバランスを助言
❹→❼

対策の**「節制」**は2つのカップの間で水を循環させる絵柄から、お互いの仕事のやり方をうまく調合させてバランスを取りなさい、という助言が読み取れます。とくに質問者が一方的な動きになりがちなので注意が必要です。しかし、結果的に**「ワンドのエース」**であるため、新しいものが誕生し、無理をしなくても仕事を完成させる段階にたどり着けるでしょう。

🗝 カギとなるカード

❼ 最終結果
ワンドのエース
〈誕生〉

誕生の瞬間を示すため、とりあえず仕事の完成にたどり着くことを示します。

STEP UP ADVICE

似たカードはまとめて読む

「ソードの2」逆位置と、「正義」逆位置という、似たカードが並ぶのが印象的です。完成は約束されていますが、「節制」も入れて3枚を合わせると、互いにとって異質な動きを統合させることでさらに仕事がスムーズに進むことがわかります。

CASE 20. 赤字が続く商売を続けても大丈夫?

Work

自営業を続けていますが、開始当時よりも景気が悪くなったうえに商売の内容が時代に合わなくなり、長いこと赤字経営が続いています。今後もこの商売を続けても問題ありませんか?(男性)

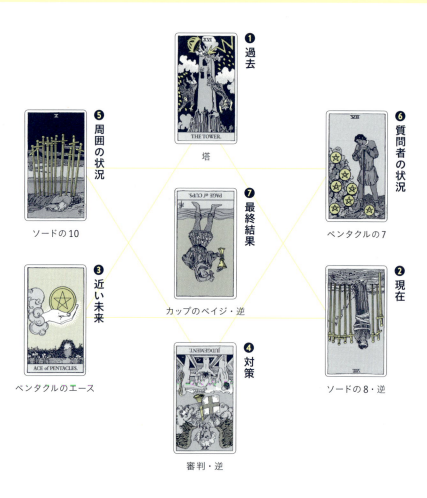

❶ 過去	塔 ——— 〈突然の崩壊〉	❺ 周囲の状況	ソードの10 ——— 〈悪い終了〉
❷ 現在	ソードの8・逆 — 〈妨害〉	❻ 質問者の状況	ペンタクルの7 — 〈遅い成長〉
❸ 近い未来	ペンタクルのエース 〈宝物〉	❼ 最終結果	カップのペイジ・逆 〈依存心〉
❹ 対策	審判・逆 ——— 〈懲罰〉		

READING

大金を手にする「ペンタクルのエース」
❶ → ❷ → ❸

過去の**「塔」**は、経営で大打撃を受けたことを表し、倒産に追い込まれるほどの衝撃だったことがうかがえます。そして現在の**「ソードの8」逆位置**を見ても、そこからはい上がれていない、苦しい状況が読み取れます。しかし、近い未来の**「ペンタクルのエース」**は、一時的に大きな入金がある可能性を示します。それでも**「塔」**の強烈さにはかないません。

🔑 カギとなるカード

❶ 過去
塔
〈突然の崩壊〉

大打撃を受けたことを示します。倒産を免れても、長く後を引くでしょう。

状況は遅い進展を示す「ペンタクルの7」
❺ → ❻

周囲の状況は、この商売の顧客と設定します。悪い終了という意味の**「ソードの10」**から、客離れが進む一方で、それも一度離れた顧客は戻ってこない様子も読み取れます。質問者の状況の**「ペンタクルの7」**は、質問者が努力を重ねても思うように収益が上がらず、浮かない気分でいることを示します。それは一時的なものではなく、長いスパンの悩みです。

🔑 カギとなるカード

❺ 周囲の状況
ソードの10
〈悪い終了〉

ここでは顧客として設定し、顧客がどんどん離れる苦しい状況と読みます。

未熟を表す「カップのペイジ」逆が結果に
❼ → ❹

最終結果は、パワーの弱い**「カップのペイジ」逆位置**です。長い目で見ても経営状態が上がらず、少ない収益が続くことがわかります。そして対策の**「審判」逆位置**は消滅という意味から、商売をやめたほうがいいとはっきり告げています。頑張っても結果を出すことが難しいため、思い切って商売を畳んだほうが本人のためになる、ということでしょう。

🔑 カギとなるカード

❹ 対策
審判・逆
〈懲罰〉

やめなさいと告げていることから、経営を続けても今後の苦難が想像できます。

STEP UP ADVICE
1枚がよくても全体を重視して

過去の「塔」の衝撃を引きずるように、ネガティブなカードが並びます。「ペンタクルのエース」は大金が入ることを示しますが、重いカードが多すぎるために焼け石に水で、経営状態の改善にまでは至らないことがわかります。

CASE 21.

性格が合わない姑との今後の関係は？

Family

結婚して2年目ですが、別居で一人暮らしをしている姑と性格が合わず、どう接していいのかわからずに困っています。今後、仲よくやっていけますか？ もしあれば、対策も教えてください。（女性）

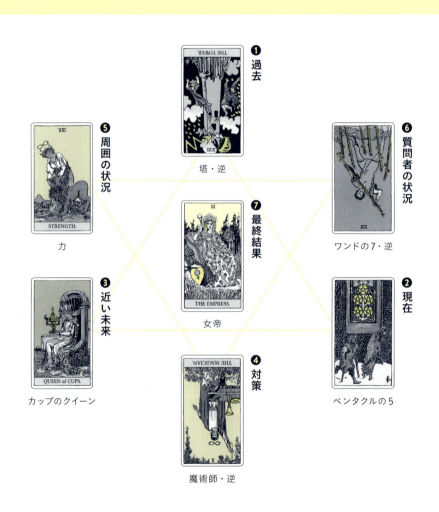

❶ 過去	塔・逆 ──〈崩壊寸前〉	❹ 対策	魔術師・逆 ──〈消極的〉
❷ 現在	ペンタクルの5 ──〈貧困〉	❺ 周囲の状況	力 ──〈強い意志力〉
❸ 近い未来	カップのクイーン ──〈献身的な女性〉	❻ 質問者の状況	ワンドの7・逆 ──〈不利な戦い〉
		❼ 最終結果	女帝 ──〈豊かさ〉

READING

愛情が不足した現状の「ペンタクルの5」
❶ → ❷

過去の**「塔」逆位置**は、質問者が姑と激しく衝突したことがあることを示しています。それはたった一度だけであっても、2人の関係を大きく悪化させた重要な出来事といえるでしょう。現在の**「ペンタクルの5」**は、2人の心が通い合わず、交流も希薄で虚しさを感じる関係であることを示し、過去の衝突を長く引きずっていると考えられます。

🔑 **カギとなるカード**

❶ 過去
塔・逆
〈崩壊寸前〉

2人の間にあった衝撃的な出来事が、この問題の発端であるとわかります。

質問者の不利な状況が「ワンドの7」逆に
❺ → ❻ → ❹

姑の状況と質問者の状況が、対照的です。姑は自分のことは自分でこなす、パワフルなタイプのようです。それに対して質問者は気弱で、気が強い姑の前では優柔不断で受け身になりがちです。対策の**「魔術師」逆位置**は、姑にあまり接近せず、様子を見ながらも放置したほうがいいと伝えています。姑が構われることを好まないためでしょう。

🔑 **カギとなるカード**

❺ 周囲の状況
力
〈強い意志力〉

姑は何でも自力でこなす強いパワーを持ち、質問者に頼ることはないでしょう。

誰のことを示すかはカードのイメージから
❸ → ❼

近い未来の**「カップのクイーン」**は、その優しく繊細な性質から、質問者のほうを示すと読めます。質問者はこれから先、姑に優しく献身的な姿を見せ続けるでしょう。それが功を奏して、最終結果の**「女帝」**にたどり着きます。長い目で見ると、姑が質問者に情を感じるようになり、真の親子のように愛情を注ぎ合える関係になれることを示します。

🔑 **カギとなるカード**

❼ 最終結果
女帝
〈豊かさ〉

母性愛という意味からも、姑からの深い愛情を受けられることがわかります。

STEP UP ADVICE

結果がよければ動きは変えずにOK

7枚中4枚が大アルカナで、問題の重要性がうかがえます。質問者の状況を示す「ワンドの7」逆位置と対策の「魔術師」逆位置の性質が似ており、結果もいいことから無理せずこのまま進めばよい、ということがわかります。

CASE 22. 猫を引き取りたいが、なついてくれる？

Others

子供がいない夫婦で、2人暮らしをしています。ペットが飼えるマンションに引っ越したため、保健所で保護されている成猫を家族として引き取りたいのですが、なついてくれますか？（女性）

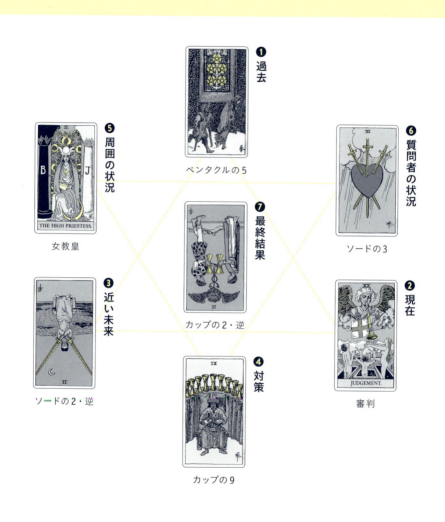

❶ 過去	ペンタクルの5 —〈貧困〉	❺ 周囲の状況	女教皇 —〈優れた学力〉
❷ 現在	審判 —〈復活〉	❻ 質問者の状況	ソードの3 —〈悲しみ〉
❸ 近い未来	ソードの2・逆 —〈アンバランス〉	❼ 最終結果	カップの2・逆 —〈離れる愛〉
❹ 対策	カップの9 —〈満足感〉		

READING

過去の「ペンタクルの5」は貧困の意も
❶ → ❷

過去の**「ペンタクルの5」**は経済面で困窮するなど、虚しさのある生活だったことがうかがえます。それが現在は対照的な**「審判」**になったということは、ペットが飼えるマンションに引っ越したことも含め、大きな好転が訪れたのでしょう。今までのよい行いが認められた状況です。ペットを飼うと決めたことで、夫婦の間に幸福感も生まれています。

🔑 **カギとなるカード**

❷ 現在
審判
〈復活〉

ペットを飼うことが、夫婦にとって人生が輝くうれしい出来事なのでしょう。

不安定を表す「ソードの2」逆が未来に
❸ → ❼

近い未来は、引き取った直後の猫との関係を示します。アンバランスな状態を示す**「ソードの2」**逆位置から、猫の考えが理解できないなど意思の疎通ができず、不安定な関係になりそうです。そしてさらなる未来の最終結果は、愛が離れるという意味の**「カップの2」**逆位置。困ったことに猫がなかなかなつかず、心が通い合わない状態に陥りそうです。

🔑 **カギとなるカード**

❼ 最終結果
カップの2・逆
〈離れる愛〉

恋愛を示すカードですが、ペットとの関係でも愛や信頼が離れると読めます。

満たされた状態「カップの9」の解釈は?
❺ → ❻ → ❹

結果が悪く出た原因を探します。猫の状況は**「女教皇」**で、猫の性格はドライで、意外と知的に物事を観察する性格だと読めます。それに対し質問者の状況は悲しみを示す**「ソードの3」**。猫の前で明るくなれず、悲観的な態度を取ることが、なつかない原因であると考えられます。対策の**「カップの9」**が、朗らかで満足げな態度を取りましょう、と告げています。

🔑 **カギとなるカード**

❻ 質問者の状況
ソードの3
〈悲しみ〉

最終結果の原因となるキーカードです。悲しい感情が猫を遠ざけてしまいます。

STEP UP ADVICE
対策とは対照的なカードに注目を

過去の困窮が原因とも考えられる質問者の感情を示す「ソードの3」が、ドライな猫がなつかない原因であると読み取れます。それは、対照的な対策の「カップの9」が質問者に、朗らかさを要求していることからもわかります。

CASE 23. ケンカした友人と仲直りできる?

Human Relations

10年以上も親しくしている友人と、ふとしたことでメール上でケンカしてしまいました。それから気まずくなり、ときどきメール交換はしますが、会うことはありません。今後、前のように仲よくできますか?（女性）

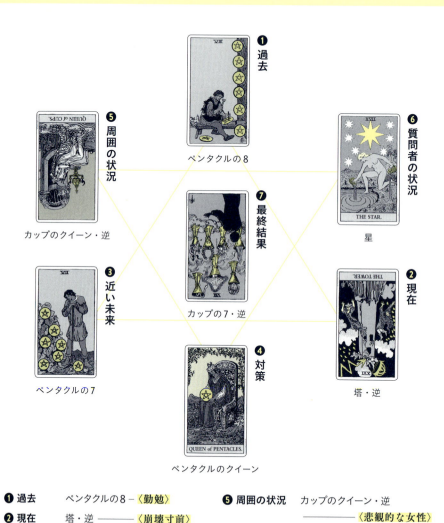

- ❶ 過去　ペンタクルの8 ―〈勤勉〉
- ❷ 現在　塔・逆 ―〈崩壊寸前〉
- ❸ 近い未来　ペンタクルの7 ―〈遅い成長〉
- ❹ 対策　ペンタクルのクイーン ―〈まじめな女性〉
- ❺ 周囲の状況　カップのクイーン・逆 ―〈悲観的な女性〉
- ❻ 質問者の状況　星 ―〈理想〉
- ❼ 最終結果　カップの7・逆 ―〈クリアな現実〉

READING

「ペンタクルの8」は築いてきた友情
❶ → ❷

過去の**「ペンタクルの8」**のように、長く時間をかけてコツコツと2人が友情を築いてきたことがわかります。しかし現在の**「塔」**逆位置は、それとは裏腹な状況です。長く築いてきた友情が、たった一度のケンカで大きく崩れてしまい、完全崩壊寸前の強い緊張感が今も続いていることを示します。ほぼ正反対のイメージを持つ2枚です。

> 🔑 **カギとなるカード**
>
> ❷ **現在**
> 塔・逆
> 〈崩壊寸前〉
>
> 2人の間の強い緊張感を示し、関係の回復が簡単ではないことを示します。

「星」が示す現実味のなさがズレに
❻ → ❺

質問者の気持ちが**「星」**と、相手との友情に憧れの感情を持ち、再び親しくできることを願いながらも、実際には動かずに様子を見ていることがうかがえます。それに対して、相手の気持ちは**「カップのクイーン」**逆位置と、悲観的な感情に振り回され、質問者に冷静に対応できない状態です。お互いに相手の出方をうかがっていることも読み取れます。

> 🔑 **カギとなるカード**
>
>
>
> ❺ **周囲の状況**
> カップの
> クイーン・逆
> 〈悲観的な女性〉
>
> 質問者が向かってもひねくれた感情を持ち、素直になれないことがわかります。

地に足のついた「ペンタクル」に注目
❸ → ❹ → ❼

近い未来の**「ペンタクルの7」**から、時間はかかりながらも少しずつ、友情が戻ることを示します。対策の**「ペンタクルのクイーン」**が似た雰囲気であることから、現状のままで相手に接するとよいという助言が読み取れます。そうすれば最終結果のように、2人の間の霧が晴れて、お互いに理解し合い、クリアな状況で交際できるようになるでしょう。

> 🔑 **カギとなるカード**
>
>
>
> ❼ **最終結果**
> カップの7・逆
> 〈クリアな現実〉
>
> 難しいカードですが、現状の緊張状態がクリアになることが読み取れます。

STEP UP ADVICE
スートの偏りで関係の質が見える

7枚中3枚がペンタクルのスートであり、2人が長く地道に信頼関係を築いてきたことを強調しています。そのため簡単には縁が切れることなく、交際は今後も細く続き、ゆっくりと仲が回復することが読み取れます。

CASE 24. 初めての習いごとは長く続けられる?

Others

パートを辞めて時間ができたこともあり、まったくの初心者ですが、カルチャー教室で編み物を習い始めました。足を引っ張ることなくまわりにしっかりとついていけて、長く続けることができますか?(女性)

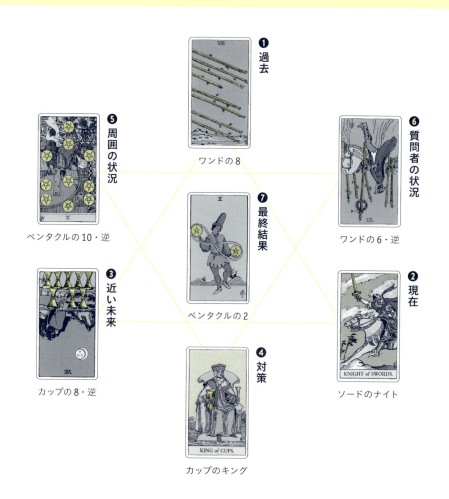

❶ 過去	ワンドの8	〈急速な変化〉	❺ 周囲の状況	ペンタクルの10・逆
❷ 現在	ソードのナイト	〈全力疾走〉		〈ルーズさ〉
❸ 近い未来	カップの8・逆	〈継続〉	❻ 質問者の状況	ワンドの6・逆 — 〈敗北〉
❹ 対策	カップのキング	〈親切な人物〉	❼ 最終結果	ペンタクルの2 — 〈遊び〉

READING

「ソードのナイト」は突き進む現状
❶ → ❷ → ❸

過去の**「ワンドの8」**と、現在の**「ソードのナイト」**は、ともにスピード感があるカードです。質問者は、ふと思いついて考えることなく習いごとを決め、現在は上達しなければと焦るなど、早く進めようとする姿勢がうかがえます。しかし近い未来の**「カップの8」逆位置**は、やがてコツコツ時間をかけ、長く続ける姿勢が持てるようになることを示します。

カギとなるカード

❷ 現在
ソードのナイト
〈全力疾走〉

目標へ向かって突き進む、まるで戦いに向かうような緊迫感がうかがえます。

「カップのキング」は頼れる存在を示唆
❻ → ❹

質問者の状況に出ている、敗北と劣等感を示す**「ワンドの6」逆位置**からは、まだ初心者であることへの、ほかの生徒に対する気後れが読み取れます。そうした感情を持つ質問者に、対策の**「カップのキング」**が教室の先生に遠慮なく頼り、どんどん尋ねて教えてもらうといい、と告げています。このカードから、先生が親切な人であることもわかります。

カギとなるカード

❻ 質問者の状況
ワンドの6・逆
〈敗北〉

劣等感を示し、まわりとの実力の差を強く意識していることがわかります。

馴れ合いを示す「ペンタクルの10」逆
❺ → ❼

周囲の状況は**「ペンタクルの10」逆位置**で、緊張感のある質問者とは対照的な、のんびりとして少しだらけた雰囲気の教室であることがうかがえます。そうしたことから、質問者から次第に緊張感や劣等感が抜けるはずです。そして、最終結果の**「ペンタクルの2」**のように、この習いごとを遊ぶような感覚で、ワイワイと楽しく続けることができるでしょう。

カギとなるカード

❼ 最終結果
ペンタクルの2
〈遊び〉

2つのペンタクルを動かす絵柄が、まるで編み物を楽しんでいるかのようです。

STEP UP ADVICE
質問者と周囲をブロック分けする

「ワンドの8」、「ソードのナイト」、「ワンドの6」逆位置という緊迫感のある質問者に対して、教室は「ペンタクルの10」逆位置、「カップのキング」と朗らかなムードです。両者を「ペンタクルの2」が統合しています。

ケルト十字

(CELTIC CROSS)

 ③ 質問者の表面的な気持ち

 ⑩ 最終結果

① 問題の現状

 ⑤

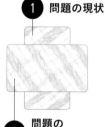

 ⑥

 ⑨ 質問者の期待・恐れ

問題の過去　② 問題の障害・援助　問題の近い未来

 ⑧ 周囲の状況・気持ち

 ④ 質問者の潜在的な気持ち

 ⑦ 質問者の立場

古くから伝わる非常に有名なスプレッドで、ライダー版の作者のウェイトが、初めて著書で公表したといわれています。使用者によって並べ順や各位置の意味がまちまちですが、もっともポピュラーなものを紹介します。ケルト十字の一番の特徴は、質問者の現状や心理状態が詳しくわかるという点です。問題の障害もしくは援助がわかる点も大きな長所。しかし周囲の情報が1枚しかないため、相手がいる場合の人間関係を占うことには適しません。

スプレッドの並べ方

シャッフルとカットが済んだカードの山の上から7枚目を❶に置き、続けて❷にクロスして、カードの頭を左側にして置きます。続けて❸〜❻まで一気に並べ、残った山のさらに7枚目を❼、続けて❽、❾、❿と置きます。

ポジションの意味

① 問題の現状

その問題が、現在どのような状況であるかを示します。多くは自分の視点から見た状況になりますが、相手がいる問題の場合、相手との今の関係も表れます。

② 問題の障害・援助

その問題に横たわっている出来事を示し、**最終結果がネガティブなら障害**に、**ポジティブなら援助**になります。読みかたにより、障害と援助が逆転する場合もあります。

③ 質問者の表面的な気持ち

質問者自身でも把握している、その問題に対する質問者の表面的な感情を示します。その問題に、どのように向き合っていく気持ちがあるかなどがわかります。

④ 質問者の潜在的な気持ち

その問題に対する質問者の潜在的な感情を示します。質問者を突き動かす原動力ともいえ、**心理のカードのなかではもっとも重要な働きを持っている**といえます。

⑤ 問題の過去

その問題の過去が、どのような状況であったかを示します。基本的に過去のなかでも、現在や未来に強く影響している重要な出来事が表れると考えられます。

⑥ 問題の近い未来

その問題が、それほど遠くないうちにどうなっていくか、ということを示します。主に最終結果にたどり着くまでの途中経過にある、重要な出来事を示します。

⑦ 質問者の立場

その問題で質問者がどのような立場であるか、もしくは質問者がどのような状況になっているかを示します。❶と違うのは、**質問者のみに焦点が当たっている点**です。

⑧ 周囲の状況・気持ち

その問題のまわりの状況を、相手がいる場合は相手の状況や気持ちを示します。**他者を示すカードはこれ1枚**になるため、まわりの全体像をざっくりと表しています。

⑨ 質問者の期待・恐れ

質問者がその問題の未来に対してどのような結果が出ると想像しているか、ということを示します。**ポジティブであれば期待**を、**ネガティブであれば恐れ**を示します。

⑩ 最終結果

最終的にどのような状況にたどり着くかを示します。もしくは質問内容のイエスかノーなどの回答を示す場合もあります。何を表すかは、質問内容によって変わります。

ケルト十字が 得意なこと

心理が強く影響する問題が得意

10枚のカードのなかで、質問者の心理や現状を表すカードだけで4枚あります。そのため、質問者の意識を深く掘り下げ、**精神状態が強く影響を与える問題を占うことに適しています**。

ケルト十字の 注意点

各位置の役割を把握し読み分けて

質問者の状況を示すカードが多いため、読み取るときに混乱しがちです。それぞれのカードの役割を把握して読み分けて。**対策は、全体像を見てから考え出す**ことになります。

CASE 25. 元カレを吹っ切り、次の恋に進める?

Love

半年間ほど交際した男性に、1年前にフラれてしまいました。その別れた彼のことが未だに忘れられず、まだ次の恋愛に進めずにいます。それほど遠くないうちに、新しい恋愛に進めますか?(女性)

❸ 質問者の
表面的な気持ち
節制・逆
〈よどんだ流れ〉

❿ 最終結果
ペンタクルの
キング・逆
〈強欲な人物〉

❺ 問題の
過去

❶ 問題の現状
ソードの5
〈残忍な勝利〉

❻ 問題の
近い未来

❾ 質問者の
期待・恐れ
ワンドの2
〈野心〉

ワンドの6
〈勝利〉

❷ 問題の障害・援助
ペンタクルのエース
〈宝物〉

ソードの10・逆
〈一時的な好転〉

❽ 周囲の状況・
気持ち
ソードのペイジ・逆
〈スパイ的行為〉

❹ 質問者の
潜在的な気持ち
ペンタクルのナイト
〈着実な前進〉

❼ 質問者の立場
ソードの3
〈悲しみ〉

🔑 **カギとなるカード**

質問者の心情が非常に重要ですから、未来だけではなく、気持ちも重視しましょう。とくに潜在的な気持ちの「ペンタクルのナイト」が、最終結果の「ペンタクルのキング」逆位置と似ていることからも、キーカードになるといえます。

READING

❶ 問題の現状　ソードの5

勝利したような優越感を持っていることを示します。元カレとの過去の交際を誇らしく感じており、現在もそれを引きずっていると考えられます。

❷ 問題の障害・援助　ペンタクルのエース

最終結果がよくないため、障害を示します。元カレのスペックなどに強い価値を感じ、未だに大事に思っているため、次の恋愛へ進めないのです。

❸ 質問者の表面的な気持ち　節制・逆

新しい恋愛に無関心で、今の生活を変える気がなく惰性に流されています。努力する気持ちもないため、次の恋愛へ進むきっかけもつかめません。

❹ 質問者の潜在的な気持ち　ペンタクルのナイト

手に持つペンタクルを見つめる絵柄から、潜在意識でも元カレを大事に思っていることがわかります。しかし、少しずつ未来へ進む姿勢もあるようです。

❺ 問題の過去　ワンドの6

勝利や優越感を示し、問題の現状の「ソードの5」とリンクしています。周囲に自慢できるような誇りや優越感を持てる恋人だったことがわかります。

❻ 問題の近い未来　ソードの10・逆

彼と連絡が取れるなど、一時的に復縁へのほのかな希望が出てくる可能性があります。そのため、時間がたっても相手への執着が抜けません。

❼ 質問者の立場　ソードの3

1年前に失恋したことによる悲しみが非常に強く残っていることがうかがえます。まだ次の恋愛に進むような心情ではない、といえるでしょう。

❽ 周囲の状況・気持ち　ソードのペイジ・逆

周囲から恋愛への警戒心がかなり強く、男性に心を開かない女性という印象を持たれていそうです。そのため、男性のアプローチも期待できません。

❾ 質問者の期待・恐れ　ワンドの2

未来への期待を表します。恋愛のカードではありませんが、地球を眺めている絵柄から、元カレ以上に素敵な男性に出会いたいという願望があります。

❿ 最終結果　ペンタクルのキング・逆

椅子に深く座る保守的な絵柄から、時間がたっても元カレへの執着は変わらず、ほかの男性に目が向かないという、変化のない未来が読み取れます。

READING POINT

複数のカードが執着心を示す

問題の障害「ペンタクルのエース」から、元カレ以外には目が向かないことがわかります。かなり理想が高くなっているため、全体的に動きがありません。近い未来も復縁の希望を捨てないことから、次の恋愛へ進むまでにかなり時間がかかるでしょう。求める男性のレベルを下げることが必要です。

CASE 26.
就職後は充実して仕事を続けられる?

もうすぐ憧れていた大手の企業に就職します。楽しく働けるといいなと思っていますが、できれば出世も目指したいと考えています。充実感を味わいながら、長く仕事を続けることはできますか?(男性)

❸ 質問者の
表面的な気持ち

愚者
〈自由奔放〉

❿ 最終結果

ワンドの10
〈重圧〉

❺ 問題の
過去

❶ 問題の現状
ワンドの5
〈無駄な闘争〉

❻ 問題の
近い未来

❾ 質問者の
期待・恐れ

太陽
〈明るさ〉

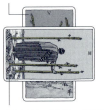

カップの10
〈家族愛〉

❷ 問題の障害・援助
ワンドの3・逆
〈過剰な期待〉

ワンドの6・逆
〈敗北〉

❽ 周囲の状況・
気持ち

ソードの2
〈バランス〉

❼ 質問者の立場

ソードのキング
〈知的な権力者〉

❹ 質問者の
潜在的な気持ち

ワンドのエース・逆
〈破滅〉

🗝 **カギとなるカード**

10枚中5枚がワンドのスートと、偏っています。質問者の情熱的な性格がうかがえ、未来への情熱がこの問題のテーマであるといえます。浮かれた感情を示すカードのなかで、対照的な潜在意識の「ワンドのエース」逆位置に注目しましょう。

READING

❶ 問題の現状　ワンドの5

就職に向けて準備をしたり仕事に関する下調べをしたりと、忙しくて混乱している様子がうかがえます。せわしない空気が漂っているでしょう。

❷ 問題の障害・援助　ワンドの3・逆

結果がネガティブなため、障害を示します。憧れの企業に就職する喜びで心が満たされ、夢が大きく膨らむ過剰な期待が、今後の障害になります。

❸ 質問者の表面的な気持ち　愚者

就職後の未来に対して無知の状態であり、だからこそ大胆に飛び込む気持ちがあります。無邪気で純粋な、明るい感情を持っていることが読み取れます。

❹ 質問者の潜在的な気持ち　ワンドのエース・逆

心の奥底には、大企業の就職に対して物怖じするような消極的な姿勢があります。精神的なパワーが不足していて、何かあると心も折れやすいようです。

❺ 問題の過去　カップの10

就職前の様子を示します。家族や友人の温かさに恵まれて、ほのぼのとした幸福を味わう日々だったことがわかります。就職内定も喜ばれたでしょう。

❻ 問題の近い未来　ワンドの6・逆

就職した直後の状況です。劣等感を味わうという意味から、予想以上に仕事の内容が厳しく、自分よりできる新入社員に劣等感を抱く気配もあります。

❼ 質問者の立場　ソードのキング

就職後の長いスパンの立場として設定しています。高い判断力や決断力を活かして意欲的に仕事に取り組み、リーダー性もあるため、一目置かれる存在に。

❽ 周囲の状況・気持ち　ソードの2

職場内の状況です。沈着冷静な人が多いため感情トラブルなどもなく、それぞれの立場を尊重し合いながら、落ち着いて仕事に取り組める環境です。

❾ 質問者の期待・恐れ　太陽

期待を示します。就職後は、屈託ない明るい笑顔ですごせる毎日が訪れることを期待している様子がうかがえます。同時に名誉も欲しているでしょう。

❿ 最終結果　ワンドの10

仕事のノルマが多すぎたり、責任ある立場を任されたりと、重い負担を感じながら働く毎日になりそうです。無理をして頑張りすぎる傾向もあります。

READING POINT

潜在意識が未来に作用する

問題の障害の「ワンドの3」逆位置、表面的な気持ちの「愚者」、期待の「太陽」という質問者の屈託ない期待感に反して、近い未来と最終結果に期待を裏切られる重いカードが並んでいます。潜在意識の「ワンドのエース」逆位置のパワー不足の点が、ハードな仕事への重圧感を強めていそうです。

CASE 27. 一人暮らしがきちんとできる？

Others

兄妹姉妹が多く大家族で暮らしていますが、仕事の勤務年数を重ねて経済的に安定してきたため、親から離れて一人暮らしをしようと思っています。1人でもきちんと生活できるでしょうか？（女性）

❸ 質問者の表面的な気持ち
悪魔・逆
〈解放〉

❿ 最終結果
カップの2
〈恋愛〉

❶ 問題の現状
魔術師
〈新たな創造〉

❺ 問題の過去

❻ 問題の近い未来

❾ 質問者の期待・恐れ
ペンタクルの3・逆
〈凡庸さ〉

ソードのエース
〈攻撃〉

❷ 問題の障害・援助
ペンタクルの8・逆
〈虚栄心〉

節制
〈自然体〉

❽ 周囲の状況・気持ち
ソードの6
〈安全な進行〉

❼ 質問者の立場
愚者・逆
〈愚かな行動〉

❹ 質問者の潜在的な気持ち
ソードの4
〈一時停止〉

🗝 **カギとなるカード**

全体的に、穏やかで平和なムードのカードが並んでいます。しかし、問題の過去である1枚が鋭い「ソードのエース」です。そうした全体像から、一人暮らしをすることにより鋭い環境から穏やかな環境に一変するという流れが把握できます。

READING

❶ 問題の現状　魔術師

自力で立ち上がり、周囲に頼らず生活しよう、という意欲がうかがえます。積極性と自信があるため、順調に一人暮らしを開始できるでしょう。

❷ 問題の障害・援助　ペンタクルの8・逆

最終結果がポジティブなため、援助を示します。気が抜けて家事が面倒に感じ、手を抜いて生活する様子がうかがえますが、それがプラスに働きます。

❸ 質問者の表面的な気持ち　悪魔・逆

苦しい状況からの解放を期待していることが読み取れます。一人暮らしをすることで、家族との生活という重い状況から逃れられると考えています。

❹ 質問者の潜在的な気持ち　ソードの4

動きが止まっているカードであるため、潜在的な気持ちでは一人暮らしについて何も考えていないことがわかります。なんとかなるという感覚です。

❺ 問題の過去　ソードのエース

家から離れる前の家族とすごしている状況を示します。親が口うるさいなど安らぎを感じられず、攻撃的な気持ちになることが多かった気配があります。

❻ 問題の近い未来　節制

一人暮らしを始めた直後の様子です。まわりに気を遣うことなくリラックスできて、ありのままの自分で過ごせそうです。疲れも癒やされるでしょう。

❼ 質問者の立場　愚者・逆

新しい生活については無計画で、家事や金銭管理に無頓着になりがちです。思いつきや気分に流されてだらだらごし、不規則な生活になりそうです。

❽ 周囲の状況・気持ち　ソードの6

生活環境が変わることで、よい方向へ導いてくれる協力者が現れる可能性があります。それは質問者にとって、安心して心を許せる男性かもしれません。

❾ 質問者の期待・恐れ　ペンタクルの3・逆

一人暮らしをすることで、平凡な生活になると予想していることが読み取れます。とくによいことを期待しているわけでもなく、不安もなさそうです。

❿ 最終結果　カップの2

恋愛のカードのため、1人で生活をすることにより恋人ができる気配があります。最終結果に出たということは、人生上の重要な恋愛となるのでしょう。

READING POINT

似た意味のカードはまとめて把握する

「悪魔」逆位置、「ソードの4」、質問者の立場の「愚者」逆位置から、一人暮らしの内容についてはほとんど考えていないことが読み取れます。それが功を奏してリラックスできるでしょう。最終結果「カップの2」が示す恋人は、周囲の状況「ソードの6」で示される男性のことであると判断できます。

CASE 28. 恋愛感情を持てない原因と、その今後は？

Love

素敵な男性を見ても興味がわかず、今まで誰かに恋愛感情を持ったことがありません。とくに不便はありませんが、どこかおかしいのでは？と不安にもなります。自分のなかにあるその原因と、今後の流れは？（女性）

❸ 質問者の表面的な気持ち
ワンドの7

❿ 最終結果
恋人・逆

❺ 問題の過去

❶ 問題の現状
正義

❻ 問題の近い未来

❾ 質問者の期待・恐れ
ペンタクルの3・逆

ペンタクルの5・逆

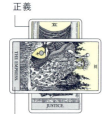

❷ 問題の障害・援助
女帝・逆

ソードの8・逆

❽ 周囲の状況・気持ち
女教皇

❹ 質問者の潜在的な気持ち
ペンタクルのエース・逆

❼ 質問者の立場
ペンタクルのキング

カードのキーワード

- ❶ 正義 ──────〈合理性〉
- ❷ 女帝・逆 ──────〈過剰さ〉
- ❸ ワンドの7 ──────〈有利な戦い〉
- ❹ ペンタクルのエース・逆 ──〈宝物を失う〉
- ❺ ペンタクルの5・逆 ──〈劣悪状態〉
- ❻ ソードの8・逆 ──────〈妨害〉
- ❼ ペンタクルのキング ──〈裕福な人物〉
- ❽ 女教皇 ──────〈優れた学力〉
- ❾ ペンタクルの3・逆 ──〈凡庸さ〉
- ❿ 恋人・逆 ──────〈軽い遊び〉

READING

「女帝」逆は性に対する嫌悪の意味も
❹→❺→❷

潜在的な気持ちから心理的な原因を考えます。**「ペンタクルのエース」**逆位置が出ており、恋愛に喪失感や無価値観を持つことがわかります。**「ペンタクルの5」**逆位置は過去に恋愛に関する嫌な場面を見たなど、トラウマが植えつけられた可能性が。問題の障害を示す**「女帝」**逆位置は、とくに性的なことへの嫌悪感を示し、トラウマが原因といえます。

🗝 カギとなるカード

❹ 質問者の潜在的な気持ち
ペンタクルのエース・逆
〈宝物を失う〉

潜在意識は感情のなかで最重要で、恋愛に価値を見出せないことを示します。

「ペンタクルのキング」は仕事モード
❸→❽→❼

表面的な気持ちの**「ワンドの7」**から、質問者が男性に適度にモテ、それを拒否して戦っている姿勢がうかがえます。そうしたことから、周囲の気持ちの**「女教皇」**は冷静で恋愛に無関心な女性という印象を強めていると読めます。質問者の状況を示す**「ペンタクルのキング」**は、恋愛よりも仕事に打ち込んでいる姿を示しています。

🗝 カギとなるカード

❽ 周囲の状況・気持ち
女教皇
〈優れた学力〉

質問者が悩むなかで、まわりはドライな人だと考えていることがわかります。

愛情に薄いイメージのカードが並ぶ
❶→❻→❾→❿

恋心を持てない現状を示す**「正義」**と、妨害を意味する**「ソードの8」**逆位置から、しばらくは恋愛への葛藤が続くでしょう。**「ペンタクルの3」**逆位置からも、恋愛と無縁の単調な状況が続くことへの恐れが読み取れますが、最終結果の**「恋人」**逆位置は、少しずつ恋愛への好奇心が芽生え、男性と軽い気持ちで交流できるようになることを告げています。

🗝 カギとなるカード

❿ 最終結果
恋人・逆
〈軽い遊び〉

本来ネガティブな意味を持ちますが、恋愛の状況によりプラスに働きます。

STEP UP ADVICE
複数のカードで潜在意識を読み解く

(安) 定性の高いペンタクルが4枚出ていることから、流れは遅く、解決に時間がかかると読めます。質問内容から潜在意識が重要になりますが、このケースは1枚では理由がわからず、❷❺などの過去のカードで無価値感を説明しています。

CASE 29. 恋愛のチャンスに恵まれない原因は？

Love

仕事に熱心に取り組むうちに、ほとんど恋愛のチャンスがないまま30代後半に突入しました。恋人が欲しいのですが、出会いがあってもなかなか恋愛に進みません。私のどこかに原因があるのでしょうか？（女性）

❸ 質問者の
表面的な気持ち
女教皇・逆

❿ 最終結果
ソードのクイーン

❺ 問題の
過去

ペンタクルの
2・逆

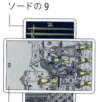

❶ 問題の現状
ソードの9

❷ 問題の障害・援助
カップの6

❻ 問題の
近い未来

ソードのナイト・逆

❾ 質問者の
期待・恐れ
ペンタクルの3

❹ 質問者の
潜在的な気持ち
ワンドの2

❽ 周囲の状況・
気持ち
皇帝

❼ 質問者の立場
ペンタクルのクイーン・逆

カードのキーワード

- ❶ ソードの9 — 〈悲観〉
- ❷ カップの6 — 〈過去〉
- ❸ 女教皇・逆 — 〈批判的〉
- ❹ ワンドの2 — 〈野心〉
- ❺ ペンタクルの2・逆 — 〈軽薄さ〉
- ❻ ソードのナイト・逆 — 〈性急な突進〉
- ❼ ペンタクルのクイーン・逆 — 〈堅苦しい女性〉
- ❽ 皇帝 — 〈社会的責任〉
- ❾ ペンタクルの3 — 〈熟練への努力〉
- ❿ ソードのクイーン — 〈冷淡な女性〉

READING

心理を示すカードをまとめて読む
❸→❹→❼→❾

まずは、質問者の心理状態に原因がないかを確認します。表面意識は**「女教皇」逆位置**と、男性の前でも愛嬌を見せず、批判的な空気を出す様子がうかがえます。重要な潜在意識の**「ワンドの2」**も、仕事への野心を秘める様子が読み取れます。質問者の立場と期待にはともに物質的なペンタクルが出ており、4枚すべて仕事一辺倒で恋愛の色がありません。

カギとなるカード
❸ 質問者の表面的な気持ち
女教皇・逆
〈批判的〉

ピリピリした雰囲気を出し、自分から恋愛を遠ざけていることがわかります。

現状の「ソードの9」は悲観的な気持ち
❺→❷→❶

過去の**「ペンタクルの2」逆位置**と、障害を示す**「カップの6」**だけが、わずかに恋愛の色を放っています。過去に軽い恋愛があったことがうかがえ、それが質問者にとって貴重なよい思い出になっていそうです。未来に気持ちが向かず、未来の恋愛を諦めているとも感じられます。**「ソードの9」**は、恋愛のことを考えると悲観的になる現状を示しています。

カギとなるカード
❷ 問題の障害・援助
カップの6
〈過去〉

過去の恋愛に浸ることが障害となり、未来に意識を向けられないようです。

冷たい女性「ソードのクイーン」の解釈は?
❽→❻→❿

周囲の状況の**「皇帝」**から、まわりに責任者であるという認識を持たれ、期待や尊敬をされていることがわかります。そのため近い将来は**「ソードのナイト」逆位置**、最終結果は**「ソードのクイーン」**と、鋭い意識を持ちながら、今後も休むことなく仕事に邁進するのでしょう。未来も恋愛の色はまったくなく、今のままだと恋愛と無縁になりそうです。

カギとなるカード
❽ 周囲の状況・気持ち
皇帝
〈社会的責任〉

活躍を期待されていて、さらに仕事に邁進せざるを得ない状況です。

STEP UP ADVICE
カード全体から対策を考え出す

(恋) 愛の雰囲気を持つカードが、過去に関する「ペンタクルの2」逆位置と「カップの6」の2枚だけで、ほかは仕事のカードばかりと大変特徴的です。恋愛をするためには、女性らしい優しさを身につけることが必要になります。

CASE 30. 別れた恋人の気持ちと復縁の可能性は？

Love

1カ月前に恋人からやりたいことがあると言われ、別れを告げられました。別れた彼の、今の心理状態や私に対する気持ち、今後復縁できる可能性があるかどうかを教えてください。（女性）

❸ 質問者の
　表面的な気持ち
カップのクイーン

❿ 最終結果
カップのエース・逆

❺ 問題の
　過去

ワンドのキング

❶ 問題の現状
ワンドのナイト

❷ 問題の障害・援助
星・逆

❻ 問題の
　近い未来

ペンタクルの2・逆

❾ 質問者の
　期待・恐れ
月・逆

❽ 周囲の状況・
　気持ち
ワンドの4

❹ 質問者の
　潜在的な気持ち
カップの6・逆

❼ 質問者の立場
魔術師

カードのキーワード

- ❶ ワンドのナイト ───〈移動〉
- ❷ 星・逆 ───〈幻滅〉
- ❸ カップのクイーン ───〈献身的な女性〉
- ❹ カップの6・逆 ───〈未来〉
- ❺ ワンドのキング ───〈情熱的な人物〉
- ❻ ペンタクルの2・逆 ───〈軽薄さ〉
- ❼ 魔術師 ───〈新たな創造〉
- ❽ ワンドの4 ───〈平和な休息〉
- ❾ 月・逆 ───〈クリアな視界〉
- ❿ カップのエース・逆 ───〈傷心〉

READING

心理のカードを彼の気持ちに置き換える
❸→❹→❼→❾

この4枚で、今の彼の質問者への気持ちを読みます。**「カップのクイーン」**により質問者を健気な女性と感じていますが、潜在意識の**「カップの6」逆位置**からは、既に未来に目を向けているとわかります。**「魔術師」**からは新たな挑戦に意欲的な姿勢が見え、期待を示す**「月」逆位置**ではクリアな視界を望み、過去を回想する気配がないことがわかります。

🗝 カギとなるカード

❹ 質問者の潜在的な気持ち
カップの6・逆
〈未来〉

執着心のなさがわかり、彼との復縁が難しいということを決定づけています。

過去から現在の彼の状況を読む
❺→❶→❽

この3枚は彼自身の状況や流れを示します。過去の**「ワンドのキング」**は彼が目標へ向けて情熱を燃やしていたことを示し、それが現在の**「ワンドのナイト」**につながり、その目標へと勢いよく進んでいるようです。周囲の状況の**「ワンドの4」**は朗らかな人間関係に恵まれていることを示し、そのなかに気の合う女性も含まれている気配があります。

🗝 カギとなるカード

❶ 問題の現状
ワンドのナイト
〈移動〉

彼の現状を示し、彼の気持ちが質問者ではなく別の場所へ向かっていることがわかります。

障害は「星」逆が表す理想の幻滅
❻→❿→❷

この3枚は、主に2人の今後を示します。近い未来の**「ペンタクルの2」逆位置**は、ときには彼と気軽な交流ができることを示します。しかし、最終結果の**「カップのエース」逆位置**は、質問者が傷心することを示し、復縁は難しいと判断できます。その原因が、障害を示す**「星」逆位置**です。彼が質問者に幻滅した出来事などがあり、復縁を妨げるようです。

🗝 カギとなるカード

❿ 最終結果
カップのエース・逆
〈傷心〉

この場合は彼が傷心するのではなく、質問者自身の未来の気持ちを示します。

STEP UP ADVICE

各カードの役割を自由に変えられる

(相)手の気持ちを詳細に読む設定のため、多くのカードが彼の状態を示します。しかし近い未来と最終結果は質問者から見た彼との今後を表し、質問者への回答となります。このように、各カードの役割は自由に変えられます。

CASE 31. 新しい店の経営は長く安定する？

Work

長く勤めていた会社を退職し、自分の長年の趣味に関連した新しい店を来月オープンさせる予定です。その準備も着々と進んでいます。オープン後は長く安定した経営を続けられますか？（男性）

❸ 質問者の
表面的な気持ち
ペンタクルの2

❿ 最終結果
ソードのナイト

❺ 問題の
過去

ソードのクイーン

❶ 問題の現状
ソードのキング

❷ 問題の障害・援助
ワンドのエース

❻ 問題の
近い未来

塔

❾ 質問者の
期待・恐れ
ソードのエース

❽ 周囲の状況・
気持ち
ソードの2

❹ 質問者の
潜在的な気持ち
世界

❼ 質問者の立場
悪魔

カードのキーワード

❶ ソードのキング ——〈知的な権力者〉
❷ ワンドのエース ——〈誕生〉
❸ ペンタクルの2 ——〈遊び〉
❹ 世界 ——〈完成〉
❺ ソードのクイーン ——〈冷淡な女性〉
❻ 塔 ——〈突然の崩壊〉
❼ 悪魔 ——〈堕落〉
❽ ソードの2 ——〈バランス〉
❾ ソードのエース ——〈攻撃〉
❿ ソードのナイト ——〈全力疾走〉

READING

合理的考えが見えるソードカード
❺ → ❶ → ❻

過去から近い未来への流れを示します。過去の**「ソードのクイーン」**と現在の**「ソードのキング」**は同じ性質で、冷静な判断力を持ち、合理的な姿勢で集中的に準備を進めている様子がうかがえます。しかし近い未来の**「塔」**からは、積み上げた状況が一気に崩され、無に帰すほどの惨事になることが懸念されます。その原因をほかのカードから探ります。

カギとなるカード

❻ 問題の
近い未来
塔
〈突然の崩壊〉

物事が瞬時に崩壊する様子です。その理由や原因を探さなければなりません。

「悪魔」はハードワークによる病も示す
❸ → ❹ → ❽ → ❼

「ペンタクルの2」は遊び感覚を示し、潜在意識の**「世界」**は経営に対して絶対的な自信や浮かれた気分があることを示します。**「ソードの2」**は応援者がいると読めます。しかし**「悪魔」**は質問者自身の健康状態が悪いか、何かの悪事をしている可能性が考えられます。強烈な重苦しさを持つため、この**「悪魔」**が**「塔」**の原因になると想像できます。

カギとなるカード

❹ 質問者の
潜在的な気持ち
世界
〈完成〉

幸福感と強い自信があることから、軽率で浮ついた行動に走る心配があります。

パワーの強い「エース」カード2枚にも注目
❾ → ❷ → ❿

期待を示す**「ソードのエース」**は強く成功を求めるため、援助の**「ワンドのエース」**のように崩壊した状態を立て直し、再スタートできるでしょう。最終結果の**「ソードのナイト」**は、その後も全力で経営に取り組み、先を急ぐ様子がうかがえます。しかし安定性のないカードで、健康状態など地盤を固めなければ長く続くことが難しいと感じられます。

カギとなるカード

❾ 質問者の
期待・恐れ
ソードのエース
〈攻撃〉

強引にでも成功したい強烈な願望を示し、経営の大きな原動力になっています。

STEP UP ADVICE

**ソードの多さは
攻撃性の強さを表す**

⑩枚中5枚が鋭さのあるソードであり、「塔」や「悪魔」など強烈なカードも多い並びです。質問者が成功を急ぐために攻撃的な気持ちになり、土台固めを軽視して勢いで進めていくことが、結果的に失敗を呼び込むと考えられます。

CASE 32. 不登校気味の中学生の子供の今後は？

Family

中学生の子供が最近不登校気味で、家ですごすことが多くなっています。そろそろ高校受験の大事な時期に入るため、とくに勉強の遅れを心配しています。いずれは普通に登校してくれるようになりますか？（女性）

❸ 質問者の
表面的な気持ち
ソードのクイーン・逆

❿ 最終結果
ワンドの9

❺ 問題の
過去

❶ 問題の現状
ワンドの6

❻ 問題の
近い未来

❾ 質問者の
期待・恐れ
ペンタクルのペイジ・逆

悪魔・逆

❷ 問題の障害・援助
ワンドのクイーン

ペンタクルの4

❽ 周囲の状況・
気持ち
カップの3

❹ 質問者の
潜在的な気持ち
ソードの5・逆

❼ 質問者の立場
ワンドの4・逆

カードのキーワード

❶ ワンドの6 ——〈勝利〉
❷ ワンドのクイーン ——〈情熱的な女性〉
❸ ソードのクイーン・逆 ——〈批判的な女性〉
❹ ソードの5・逆 ——〈屈辱的な敗北〉
❺ 悪魔・逆 ——〈解放〉
❻ ペンタクルの4 ——〈執着心〉
❼ ワンドの4・逆 ——〈華美な休息〉
❽ カップの3 ——〈歓楽〉
❾ ペンタクルのペイジ・逆 —〈狭い視野〉
❿ ワンドの9 ——〈防御〉

READING

冷徹さを示すソードが気持ちのカードに
❷ → ❸ → ❹ → ❾

結果が悪いため**「ワンドのクイーン」**は障害となり、情熱的な大人の女性という意味から、母親の強さが障害である可能性があります。**「ソードのクイーン」逆位置**も、母親の厳しさと読めます。潜在意識**「ソードの5」逆位置**のソードは知性を示すため、成績に対する屈辱感と読み取れ、**「ペンタクルのペイジ」逆位置**からも勉強への懸念が感じられます。

カギとなるカード

❷ 問題の障害・援助
ワンドのクイーン
〈情熱的な女性〉

母親の勉強に対する熱心さが、障害になっている可能性を示しています。

「ワンドの6」は子供の誇らしげな状態
❽ → ❼ → ❶

周囲の状況の**「カップの3」**は、学校の様子を示します。友達とにぎやかにすごす姿で、いじめなどの問題はなさそうです。子供の立場の**「ワンドの4」逆位置**は、不登校の状態が心地よく、ぜいたくな休日を味わっている感覚を示します。現状の**「ワンドの6」**は不登校をすることで母親が優しくなるなど、優越感を味わっている可能性が読み取れます。

カギとなるカード

❽ 周囲の状況・気持ち
カップの3
〈歓楽〉

学校の状況を示し、学校へ行けば友達と楽しくすごせることがわかります。

問題の発端は「悪魔」逆が示す"解放"
❺ → ❻ → ❿

過去の**「悪魔」逆位置**が解放を意味し、学校から意識を離してラクになったことを示します。近い未来の**「ペンタクルの4」**は、そのラクな状況をキープすべく保守的になり、不登校の状態を変えないことが想像できます。最終結果の**「ワンドの9」**も近い未来とほぼ同じ内容で、屈辱感から自分を守るために不登校を続けていく可能性があります。

カギとなるカード

❿ 最終結果
ワンドの9
〈防御〉

勉強でのつらい思いを避けようと、自分を防御する保守的な姿勢を示します。

STEP UP ADVICE
2枚のクイーンが問題の原因に

「ソードの5」逆位置と「ペンタクルのペイジ」逆位置から、勉強の悩みと判断でき、強い大人の女性を示すカードが2枚あることで、母親の教育熱心さが障害だと読み取れます。母親が口うるさくならないことが対策になります。

CASE 33. 交友関係が長続きしない原因は？

Human Relations

人間関係が得意ではありませんが、できるだけ社交的に行動するように頑張っています。しかし友達ができても、いつも交友関係が長続きしません。自分のなかに何か原因があるのでしょうか？（女性）

❸ 質問者の表面的な気持ち
カップの5

❿ 最終結果
ソードのペイジ

❺ 問題の過去

ソードの8・逆

❶ 問題の現状
ワンドのクイーン・逆

❷ 問題の障害・援助
正義・逆

❻ 問題の近い未来
ペンタクルの5

❾ 質問者の期待・恐れ
吊るされた男

❽ 周囲の状況・気持ち
ワンドのペイジ

❹ 質問者の潜在的な気持ち
悪魔

❼ 質問者の立場
カップのナイト・逆

カードのキーワード

- ❶ ワンドのクイーン・逆 ──〈短気な女性〉
- ❷ 正義・逆 ──〈不合理性〉
- ❸ カップの5 ──〈損失〉
- ❹ 悪魔 ──〈堕落〉
- ❺ ソードの8・逆 ──〈妨害〉
- ❻ ペンタクルの5 ──〈貧困〉
- ❼ カップのナイト・逆 ──〈詐欺師〉
- ❽ ワンドのペイジ ──〈よい知らせ〉
- ❾ 吊るされた男 ──〈試練〉
- ❿ ソードのペイジ ──〈用心深さ〉

READING

「ソードの8」逆から苦悩を読み取る
❸→❹→❺→❾

「カップの5」は失ってきた友情に落胆する姿を示し、潜在意識の「**悪魔**」から、深い束縛感が渦巻くことがわかります。過去の「**ソードの8**」逆位置を見ると、人間関係で苦しんだ経験が心理に影響を与え、トラウマとなっていると判断できます。「**吊るされた男**」からは、今後も自分を抑えながら友達と交際することを恐れている様子が読み取れます。

🔑 カギとなるカード
❹ 質問者の潜在的な気持ち
悪魔
〈堕落〉

1番のキーカードです。交友関係に恐怖を感じさせるトラウマを示します。

「ワンドのペイジ」は"良い伝達者"と読む
❷→❼→❽

障害の「**正義**」逆位置から、友達に本心を見せず表面的な会話をするなど、その場しのぎの交際が読み取れます。質問者の立場の「**カップのナイト**」逆位置も似た内容で、本音を出さずに適当な会話で取り繕い、ときにはうそをつくことも考えられます。しかし「**ワンドのペイジ**」は、まわりからは情報通で、よい人という印象を持たれていることを示します。

🔑 カギとなるカード
❷ 問題の障害・援助
正義・逆
〈不合理性〉

人によって態度を変えたり八方美人になったりする、表面的な交際を示します。

現状はわがままな「ワンドのクイーン」逆
❶→❻→❿

現状の「**ワンドのクイーン**」逆位置は、質問者のわがままな面により周囲との協調を放棄しがちな状況が読み取れます。近い未来の「**ペンタクルの5**」は交友関係が希薄になり、虚しさを味わう状態を示します。最終結果の「**ソードのペイジ**」から、周囲に強い警戒心を持ち、友達に心を開けず本音を話せない状態が今後も長く続くことがわかります。

🔑 カギとなるカード
❿ 最終結果
ソードのペイジ
〈用心深さ〉

友達の前で常に緊張したまま心を開けず、誰にも友情を持つことができません。

STEP UP ADVICE
同じ意味を持つカードに注目を

朗らかな友情を感じるカードがほとんどなく、質問者が今後も孤独を抱え続けていく流れが読み取れます。その原因として、「正義」逆位置と「カップのナイト」逆位置が、友達の前で真の自分を出せないためだと伝えています。

CASE 34. ダイエットを続けていますが、成功する？

Others

人前に出ても恥ずかしくないようにとダイエットを始めました。3カ月間ほど続けていますが、思うような成果が出ません。このまま続けていけば、理想の体重まで減らすことができますか？（女性）

❸ 質問者の表面的な気持ち
ワンドの6

❿ 最終結果
ペンタクルのクイーン

❺ 問題の過去

❶ 問題の現状
ソードのクイーン・逆

❻ 問題の近い未来

❾ 質問者の期待・恐れ
ワンドのペイジ・逆

審判

❷ 問題の障害・援助
カップのキング

ペンタクルのナイト

❽ 周囲の状況・気持ち
ソードの7

❹ 質問者の潜在的な気持ち
愚者

❼ 質問者の立場
吊るされた男・逆

カードのキーワード

- ❶ ソードのクイーン・逆 ──〈批判的な女性〉
- ❷ カップのキング ──〈親切な人物〉
- ❸ ワンドの6 ──〈勝利〉
- ❹ 愚者 ──〈自由奔放〉
- ❺ 審判 ──〈復活〉
- ❻ ペンタクルのナイト ──〈着実な前進〉
- ❼ 吊るされた男・逆 ──〈無駄な犠牲〉
- ❽ ソードの7 ──〈策略家〉
- ❾ ワンドのペイジ・逆 ──〈悪い知らせ〉
- ❿ ペンタクルのクイーン ──〈まじめな女性〉

READING

「愚者」は楽観的な潜在意識の表れ
❺→❸→❹

過去の**「審判」**から、プロポーションをほめられたなど舞い上がるようなうれしい出来事があったことが読み取れます。それがダイエットのきっかけとなったために、表面意識は**「ワンドの6」**と優越感を持っています。**「愚者」**は、潜在意識でもダイエットに大胆に挑戦できる無邪気さがあることを示します。そこに悩むような重苦しい感情はありません。

カギとなるカード
❺ 問題の過去
審判
〈復活〉

ダイエット開始の理由として、よいモチベーションが生まれたことを示します。

「ソードのクイーン」逆は切り捨てる意味
❶→❼→❾→❽

「ソードのクイーン」逆位置と**「吊るされた男」**逆位置から、食事制限など何かを我慢し切り捨てるダイエットをしていることがうかがえます。無駄な努力をしている実感があるでしょう。**「ワンドのペイジ」**逆位置は体重の数字が減らないことへの恐れを示し、**「ソードの7」**から、周囲は質問者が計画的にダイエットをしていると感じているとわかります。

カギとなるカード
❼ 質問者の立場
吊るされた男・逆
〈無駄な犠牲〉

無駄な努力をしているという自覚があります。しかしそこから抜け出せません。

「カップのキング」は想像を広げて解釈
❻→❿→❷

近い未来の**「ペンタクルのナイト」**は少しずつ成功することを告げますが、その動きはゆっくりです。最終結果の**「ペンタクルのクイーン」**はほぼ現状維持という結果を示し、少し体重が減ってもやがて止まり、気持ちが沈みそうです。障害の**「カップのキング」**からはお菓子をお土産にもらうなど、付き合いで食べる場面が想像できます。

カギとなるカード
❿ 最終結果
ペンタクルのクイーン
〈まじめな女性〉

悪いカードではありませんが、ダイエットに関しては望む動きがありません。

STEP UP ADVICE
過去のカードから全体像が見える

近い未来と最終結果がペンタクルのコートカードで、動きが非常に遅いことが読み取れます。しかし過去の「審判」などから、質問者はプロポーションがよく、実はそれほどダイエットが必要ないことも想像できます。

CASE 35. 専門学校に入って資格を取得できる？

Others

現在仕事をしていますが、余暇を利用して専門学校に入り、仕事に役立つ資格を取得しようと思っています。時間的にも体力的にも大変な状況になりますが、無事に資格を取得できるでしょうか？（男性）

❸ 質問者の
表面的な気持ち
カップのペイジ・逆

❿ 最終結果
力

❺ 問題の
過去

カップの4・逆

❶ 問題の現状
太陽・逆

❷ 問題の障害・援助
節制

❻ 問題の
近い未来

ワンドの2

❾ 質問者の
期待・恐れ
ワンドのキング

❽ 周囲の状況・
気持ち
ペンタクルの
クイーン・逆

❹ 質問者の
潜在的な気持ち
カップの8・逆

❼ 質問者の立場
ペンタクルの4・逆

カードのキーワード

❶ 太陽・逆 ──〈暗黒〉
❷ 節制 ──〈自然体〉
❸ カップのペイジ・逆 ──〈依存心〉
❹ カップの8・逆 ──〈継続〉
❺ カップの4・逆 ──〈新鮮な展開〉
❻ ワンドの2 ──〈野心〉
❼ ペンタクルの4・逆 ──〈強欲〉
❽ ペンタクルのクイーン・逆 ──〈堅苦しい女性〉
❾ ワンドのキング ──〈情熱的な人物〉
❿ 力 ──〈強い意志力〉

READING

現状の「太陽」逆は暗闇を感じる状態
❺→❶→❸→❹

過去の**「カップの4」**逆位置は、停滞した状態から立ち上がるために資格取得を決意した様子を示します。現状の**「太陽」逆位置**は時間を割くことが難しいなど暗闇を感じる状況を示し、**「カップのペイジ」**逆位置は、表面にある甘えたい願望を示します。しかし**「カップの8」**逆位置により、心の奥では地道に継続しようとする意志があることがわかります。

🗝 **カギとなるカード**

❹ 質問者の潜在的な気持ち

カップの8・逆
〈継続〉

大変な状況になっても根気強く続けようという、粘り強い意志が読み取れます。

2枚のカードから意欲が読み取れる
❼→❾→❽

「ペンタクルの4」逆位置が強欲を示すことから、質問者は仕事を続けてでも資格を取得したい強い欲があり、それがモチベーションになることがわかります。期待を表す**「ワンドのキング」**からも、情熱を燃やしての成功を求めていることが読み取れます。**「ペンタクルのクイーン」**逆位置は専門学校に堅苦しい性格の女性の生徒が多いことを示します。

🗝 **カギとなるカード**

❼ 質問者の立場

ペンタクルの4・逆
〈強欲〉

仕事も資格も成功させたいという強欲さが、頑張りの原動力になっています。

強い意志を示す「力」がよい結果を表す
❷→❻→❿

援助を表す**「節制」**は、専門学校の勉強の流れがスムーズで順序通りに取り組めばよいことを示します。それに乗り、近い未来の**「ワンドの2」**からは専門学校の勉強を始めた直後から成功への手応えを得て、さらなる野心が高まることがわかります。最終結果の**「力」**は、まさに自力で資格を取得できる、よい結果を示します。流れに滞りがありません。

🗝 **カギとなるカード**

❷ 問題の障害・援助

節制
〈自然体〉

1番のキーカードです。勉強は難しくなく、流れ作業のように取り組めます。

STEP UP ADVICE
見立たないカードが全体の調整役に

現状の「太陽」逆位置が流れの滞りを感じさせる以外は、成功へ向かって順調に流れていくことがわかり、読みやすいカード並びです。目立たないカードながらも、援助の「節制」が全体の流れを調整していることがわかります。

CASE 36. **ボランティア活動を続けても大丈夫？**

Others

忙しい状況から抜けて、あいた時間を活かそうとボランティア活動を始めました。しかし、予想以上にハードな作業が多く、だんだん疲れがたまってきています。なんとか頑張って続けるべきでしょうか？（女性）

❸ 質問者の
表面的な気持ち

カップのクイーン

❿ 最終結果

吊るされた男・逆

❺ 問題の
過去

カップの6・逆

❶ 問題の現状
ペンタクルの10

❷ 問題の障害・援助
審判・逆

❻ 問題の
近い未来

カップの7

❾ 質問者の
期待・恐れ

ペンタクルのペイジ

❽ 周囲の状況・
気持ち

カップの9

❹ 質問者の
潜在的な気持ち

カップのエース

❼ 質問者の立場

カップの10

カードのキーワード

❶ ペンタクルの10 ─── 〈アットホーム〉
❷ 審判・逆 ─── 〈懲罰〉
❸ カップのクイーン ─── 〈献身的な女性〉
❹ カップのエース ─── 〈純愛〉
❺ カップの6・逆 ─── 〈未来〉
❻ カップの7 ─── 〈幻想〉
❼ カップの10 ─── 〈家族愛〉
❽ カップの9 ─── 〈満足感〉
❾ ペンタクルのペイジ ─── 〈勉強熱心〉
❿ 吊るされた男・逆 ─── 〈無駄な犠牲〉

READING

愛情を示す「カップ」が気持ちのカードに
❸→❹→❼→❾

表面意識は**「カップのクイーン」**、潜在意識は**「カップのエース」**と、人のためを思って献身的にボランティア活動を行っている姿勢がうかがえます。質問者の立場の**「カップの10」**は家族を含めた人間関係が愛情あふれる幸福なものであることを示し、**「ペンタクルのペイジ」**は、この活動を通して何かを学べることを期待していると読み取れます。

カギとなるカード

❹ 質問者の潜在的な気持ち
カップのエース
〈純愛〉

誰かを助けたいという純粋な愛情を原動力として、取り組む姿勢を示します。

「ペンタクルの10」は家庭的で温かい現状
❺→❶→❽

過去の**「カップの6」逆位置**は、過去を吹っ切り新しい未来を切り開くためにボランティア活動を始めたことを示します。現状の**「ペンタクルの10」**と、周囲の状況の**「カップの9」**から、ボランティア先の人間関係が和気あいあいとしてアットホームな様子がわかります。同時に、相手先に質問者が熱心に活動していることが喜ばれていることを示します。

カギとなるカード

❽ 周囲の状況・気持ち
カップの9
〈満足感〉

活動が大満足されているボランティア先の様子から頑張りがうかがえます。

未来の「カップの7」は迷いを示す
❻→❿→❷

近い未来の**「カップの7」**から、活動を続けるうちに、このまま続けていいのかと迷いが出てくると読めます。そして最終結果の**「吊るされた男」逆位置**は次第に疲れがたまるなど、身動きが取れない状況に追い込まれることを示します。障害の**「審判」逆位置**が、この活動が天から応援されていないことを示し、長続きさせる必要がないことを伝えています。

カギとなるカード

❷ 問題の障害・援助
審判・逆
〈懲罰〉

この活動を止められています。ほかにやるべきことがあるからかもしれません。

STEP UP ADVICE
カップに偏る問題は愛情がテーマに

⑩枚中6枚がカップのスートと、偏っています。カップは愛情を示すため、この問題のテーマが愛情や人情であることを意味します。しかし最終結果が悪く、「審判」逆位置も不要な活動であると告げています。

SPREAD 4

ホロスコープ

(HOROSCOPE)

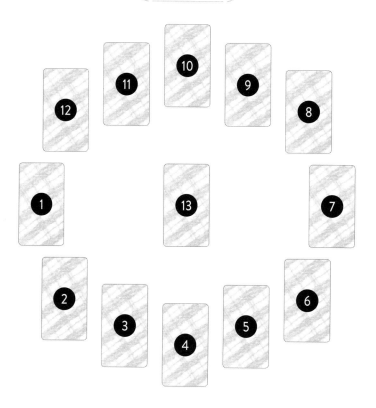

西洋占星術で使う出生図の形を使用していて、13枚のカードで一気にさまざまな出来事を占える非常に便利なスプレッドです。主に1年間、または1カ月間の全体運をテーマごとに占う場合に使用します。それぞれ向かい合う位置が関係し合うため、2枚同時に読み取ってもいいでしょう。また、❶❺❾が自分自身や情熱を燃やせることを、❷❻❿が仕事運全体の流れを、❸❼⓫が人間関係全体の流れを、❹❽⓬が人情や愛情に関することを示すと分けることもできます。

スプレッドの並べ方

シャッフルとカットが済んだカードの山の上から7枚目のカードを❶に置き、❷、❸、❹……⓫、⓬と続けて置きます。そして続くカードを中央の⓭に置きます。❶、❹、❼、❿が飛び出るように設置すると、うまく並べられます。

ポジションの意味

1年間の運勢を テーマごとに見る場合	時期を見る場合	方位を見る場合
❶ 質問者の状況	1カ月後	東
❷ 普段使うお金、物質運	2カ月後	東北東
❸ 勉強運、頭脳運	3カ月後	北北東
❹ 家庭運、母親の状況	4カ月後	北
❺ 恋愛運、レジャー運、子供の状況	5カ月後	北北西
❻ 健康運、ペットの状況	6カ月後	西北西
❼ 結婚運、配偶者の状況	7カ月後	西
❽ 貯蓄運、性生活	8カ月後	西南西
❾ 旅行運	9カ月後	南南西
❿ 仕事運、父親の状況	10カ月後	南
⓫ 友達運	11カ月後	南南東
⓬ 質問者の潜在意識、災難	12カ月後	東南東
⓭ 全体運	1年間の全体運	指針カード

ホロスコープが得意なこと

12枚をさまざまな形に応用できる

まわりに12枚あることから、**失くし物がある方角**なども占えますし、1年間の運勢を占う場合、❶から順に⓬まで**1カ月ごとの運勢**として占うこともできます。毎月だけではなく**12日間の運勢**や、**1日の運勢**として 1枚に1時間もしくは2時間を当てはめるということもできます。

ホロスコープの注意点

中央のカードがまわりに影響する

1年後などの比較的遠い未来を占うことから、忘れないように必ずカードをメモしましょう。読み取る際には**中央のカードを重視する**ため、⓭がポジティブだと、他のカードにもポジティブな意味が上乗せされます。また、あまり**必要ではない項目は読み飛ばして**問題ありません。

CASE 37. 子育て中の主婦の、1年間の運勢は？

Family

小学生の子供を持つ主婦です。年末なので、来年1年間の運勢を知りたいと思っています。主に家族との関係がどうなるかと、主人の仕事の状況について教えてください。（女性・主婦）

❿ 仕事運・父親の状況
魔術師・逆
〈消極的〉

⓫ 友達運
ペンタクルの8
〈勤勉〉

⓬ 質問者の潜在意識・災難
ペンタクルの4・逆
〈強欲〉

❾ 旅行運
カップの3・逆
〈過度な快楽〉

❽ 貯蓄運・性生活
戦車・逆
〈暴走と停止〉

❶ 質問者の状況
ソードの8
〈拘束〉

⓭ 全体運

ワンドのクイーン
〈情熱的な女性〉

❼ 結婚運・配偶者の状況
愚者・逆
〈愚かな行動〉

❷ 普段使うお金・物質運
恋人・逆
〈軽い遊び〉

❸ 勉強運・頭脳運
カップの6・逆
〈未来〉

❹ 家庭運・母親の状況
吊るされた男
〈試練〉

❺ 恋愛運・レジャー運・子供の状況
カップの10
〈家族愛〉

❻ 健康運・ペットの状況
月
〈不安〉

READING

❶ 質問者の状況　ソードの8

やるべきことが多くて慌ただしかったり、自由な時間が少なかったりと身動きが取れない状態に陥りがちです。ノルマが多すぎるのかもしれません。

❷ 普段使うお金・物質運　恋人・逆

浮ついたお金の使い方をすることを示します。欲しいものがあれば後先考えずに迷わず買うなど、実りのないことに無駄遣いをする傾向があります。

❸ 勉強運・頭脳運　カップの6・逆

過去を吹っ切るという意味から、今までとは違う分野の勉強に挑戦したくなるかもしれません。その結果、考えかたが大きく変わる可能性もあります。

❹ 家庭運・母親の状況　吊るされた男

自己犠牲という意味から、家族のために自ら尽くすことを示します。❿が夫の仕事運になることから、ここは主に母親や父親をとの関係を示します。

❺ 恋愛運・レジャー運・子供の状況　カップの10

このケースでは、子供との関係を示します。まさに温かい家族愛を示すカードで、子供達も明るく元気に成長し、家庭に笑い声が絶えないでしょう。

❻ 健康運・ペットの状況　月

質問者自身の健康運を示します。具体的にどこかが悪いわけではありませんが、疲れやすいなど健康に漠然とした不安を感じることが多いでしょう。

❼ 結婚運・配偶者の状況　愚者・逆

夫との関係を示します。夫は自由奔放に飛び回る傾向があり、質問者との仲が表面的になりがちです。夫は家のことも放置気味になる気配があります。

❽ 貯蓄運・性生活　戦車・逆

❷の散財気味な状況もあり、貯蓄額は思うように増えないでしょう。性生活を読む場合は、相手とのタイミングが合わず、一方的になりがちです。

❾ 旅行運　カップの3・逆

1泊や2泊程度のちょっとした旅行が、何回か楽しめそうです。旅先では羽目を外してぜいたくにすごし、よいストレス解消になるでしょう。

❿ 仕事運・父親の状況　魔術師・逆

このケースでは、夫の仕事運をここで読みます。極端に悪くはありませんが自主性に欠け、まわりに流されて取り組み、発展性も見出せません。

⓫ 友達運　ペンタクルの8

自分からまめに連絡を入れるなど、友達関係の構築に努力する姿勢がうかがえます。あまり自分の感情を出さず、気を使う傾向がありそうです。

⓬ 質問者の潜在意識・災難　ペンタクルの4・逆

質問者の潜在意識を示し、強欲になっていることが読み取れます。いろいろなことに貪欲になり、そのために忙しくなりすぎるのかもしれません。

⓭ 全体運　ワンドのクイーン

このクイーンは、質問者自身を示します。情熱的に、いろいろなことを前向きに頑張っていく姿勢があります。まわりに頼らず自力で進むでしょう。

> **READING POINT**
>
> 主に家族関係の場所を見ます。夫が奔放なためなんでも1人で頑張り、子供の状況から見ても、その努力はよい形で実るでしょう。

CASE 38. この1年間で誰かと結婚できる?

Love

もうすぐ誕生日です。今好きな男性がいますが、その人ではなくても、この1年間で誰かと結婚できるかどうかを知りたいです。それ以外にも、1年間で注意したほうがいい点があったら教えてください。(女性)

❿ 仕事運・父親の状況
ペンタクルの10・逆
〈ルーズさ〉

❾ 旅行運
ワンドの5・逆
〈混乱状態〉

❽ 貯蓄運・性生活
ワンドの9・逆
〈停滞〉

⓬ 質問者の潜在意識・災難
女教皇
〈優れた学力〉

⓫ 友達運
法王
〈慈愛心〉

⓭ 全体運

❼ 結婚運・配偶者の状況
カップの2
〈恋愛〉

❶ 質問者の状況
カップの9・逆
〈不満感〉

ペンタクルのエース・逆
〈宝物を失う〉

❻ 健康運・ペットの状況
塔
〈突然の崩壊〉

❷ 普段使うお金・物質運
カップの3
〈歓楽〉

❸ 勉強運・頭脳運
ペンタクルの8
〈勤勉〉

❹ 家庭運・母親の状況
運命の輪
〈チャンス〉

❺ 恋愛運・レジャー運・子供の状況
カップの8
〈放棄〉

READING

「カップの2」は結婚より軽い恋愛を示唆
⓭ → ❺ → ❼

全体運の**「ペンタクルのエース」逆位置**は全カードに影響を与えます。結婚できるかという質問の回答も意味し、結婚は難しいと判断できます。全体運と❺、❼を合わせて読み、恋愛運の**「カップの8」**が、現在好きな男性を諦めることを示しています。結婚運の**「カップの2」**から、新しい相手が現れることが読み取れます。しかし1年間では恋愛止まりでしょう。

> **🔑 カギとなるカード**
>
>
>
> **⓭ 全体運**
> ペンタクルの
> エース・逆
> 〈宝物を失う〉
>
> 大事なものを失うという意味から結婚は難しく、金運も要注意と読み取れます。

金運を占う「カップの3」は散財を表す
❻ → ❷ → ❽

衝撃的な**「塔」**が出ている健康運を、重要項目としてチェックします。急な体調不良やケガには十分注意が必要です。全体運が大事なものを失うことを告げることから、念のために金運もチェックします。**「カップの3」**が散財することを示し、**「ワンドの9」逆位置**が、貯蓄額が減り気味なことを示しています。大金を動かさないように注意しましょう。

> **🔑 カギとなるカード**
>
>
>
> **❻ 健康運・ペットの状況**
> 塔
> 〈突然の崩壊〉
>
> もっともネガティブなカードのため、出てきた項目について注意が必要です。

家庭運に幸運を示す「運命の輪」
⓬ → ❸ → ❹ → ⓫

重要な運気として、ほかの大アルカナが出ている項目をチェックします。潜在意識に**「女教皇」**があり、連想する勉強運を見ると**「ペンタクルの8」**が出ていることから、恋愛だけではなく何かの勉学に励む1年間であることも読み取れます。家庭運の**「運命の輪」**が身内の喜び事を示し、友達運の**「法王」**が、慈愛あふれる友人に恵まれることを示します。

> **🔑 カギとなるカード**
>
>
>
> **⓬ 質問者の潜在意識**
> 女教皇
> 〈優れた学力〉
>
> 潜在意識は知的好奇心が強く、恋愛と同時に勉学に力を入れることを示します。

STEP UP ADVICE
主要なカードを中心に読む

(結) 婚運が知りたいという明確な目的があるため、弱いカードが出た重要ではない項目まで読む必要はありません。全体運と恋愛運、結婚運を中心に読み、それ以外は大アルカナが出ているような重要項目をチェックしましょう。

CASE 39.

1ヵ月間の仕事を中心とした運勢は？

Work

1ヵ月間出張して、イベントの仕事をすることになりました。その仕事がどのような状況になるか、そして仕事に関する人間関係はどうなるか、この1ヵ月間の運勢を教えてください。（男性）

❿ 仕事運・父親の状況
星
〈理想〉

⓫ 友達運
戦車・逆
〈暴走と停止〉

⓬ 質問者の潜在意識・災難
ワンドの2
〈野心〉

❾ 旅行運
節制
〈自然体〉

❽ 貯蓄運・性生活
ペンタクルの8・逆
〈虚栄心〉

⓭ 全体運

ソードのキング
〈知的な権力者〉

❼ 結婚運・配偶者の状況
ペンタクルの6・逆
〈ケチな精神〉

❶ 質問者の状況
ペンタクルのナイト
〈着実な前進〉

❷ 普段使うお金・物質運
ワンドのエース
〈誕生〉

❸ 勉強運・頭脳運
法王・逆
〈偏狭さ〉

❹ 家庭運・母親の状況
ワンドの10・逆
〈責任放棄〉

❺ 恋愛運・レジャー運・子供の状況
ソードの10・逆
〈一時的な好転〉

❻ 健康運・ペットの状況
ペンタクルの2
〈遊び〉

READING

金運の「ワンドのエース」は収入を示唆
❿ → ❷ → ❻

仕事運の三角形の❷、❻、❿（左ページの黄線）を合わせて見ます。3枚ともポジティブで、**「星」**からは希望や理想を持ってイキイキ仕事に取り組むことができ、**「ワンドのエース」**からは開始とともに大きな収益を得られることがわかります。**「ペンタクルの2」**から体調も良好です。合わせて見ると順調に結果が出て、まるで遊ぶかのように楽しく働けることが読み取れます。

カギとなるカード

❿ 仕事運
星
〈理想〉

仕事の目標に順調に近づくなど、未来への希望を持って働ける状態を示します。

友達運の「戦車」逆は不一致を表す
❼ → ❸ → ⓫

人間関係の三角形である❸、❼、⓫の3枚を合わせて見ます。この場合、結婚運の❼は仕事上のパートナーを示し、友達運の⓫は仕事仲間を示します。**「ペンタクルの6」**逆位置から、パートナーが思いやりに欠けることで、質問者が**「法王」逆位置**のようにイライラし、**「戦車」逆位置**からも、ほかの仲間とも歩調を合わせることが難しい状況がわかります。

カギとなるカード

❼ 配偶者の状況
ペンタクルの6
・逆
〈ケチな精神〉

仕事上のパートナーを示します。相手の心が狭く、与える姿勢がありません。

野心を示す「ワンドの2」が潜在意識に
❶ → ⓬ → ⓭

質問者の状況を示す**「ペンタクルのナイト」**と潜在意識の**「ワンドの2」**を合わせて見ると、この仕事に野心を抱え、まじめな姿勢で地道に取り組めそうです。全体運の**「ソードのキング」**からは、質問者もしくは別の指導者が、的確な判断を下して合理的に仕事を進めることが読み取れます。ほかも穏やかなカードが多く、とくに心配する点はないでしょう。

カギとなるカード

⓭ 全体運
ソードのキング
〈知的な権力者〉

リーダーの的確な判断力により、仕事を切り盛りできることを示します。

STEP UP ADVICE
ブロック分けで運気の把握を

仕）事運の3枚と対人運の3枚が対照的です。仕事の成果はおもしろいほど順調に出ますが、人間関係では出し惜しみをされるようなギスギスした空気が漂いがちです。しかしリーダーの力で、仕事をよい方向へ進められるでしょう。

CASE 40. 失くした婚約指輪は、どの方角にある?

● Others

結婚10年目になりますが、ふと気がつくと、10年前に夫からもらった婚約指輪が見当たりません。家のなかにあるはずです。住まいの中心から見て、どの方角を探せば見つかりますか?(女性)

❿ 南
女帝
〈豊かさ〉

⓫ 南南東
恋人
〈ときめき〉

❾ 南南西
ワンドの7・逆
〈不利な戦い〉

⓬ 東南東
ペンタクルの9
〈寵愛〉

❽ 西南西
世界・逆
〈未完成〉

⓭ 指針カード

❶ 東
カップのナイト・逆
〈詐欺師〉

❼ 西
ワンドの8・逆
〈スローな分離〉

ワンドの3・逆
〈過剰な期待〉

❷ 東北東
ワンドの4
〈平和な休息〉

❸ 北北東
戦車
〈前進〉

❹ 北
カップの4
〈倦怠感〉

❺ 北北西
カップの7・逆
〈クリアな現実〉

❻ 西北西
カップの2・逆
〈離れる愛〉

READING

「ワンドの3」逆はポジティブな結果に
⓭ → ❶ 〜 ⓬

このケースでは中央のカードは、失くした婚約指輪が最終的に見つかるかという結果に設定しています。**「ワンドの3」逆位置**が出ており、期待感を持つという意味から結果的に見つかりそうですが、時間はかかると判断できます。次に方角を絞るために、12枚のなかからネガティブなカードを外します。ここからは、❶、❹、❻、❼、❽、❾を取り除きます。

🔑 **カギとなるカード**

❽ 西南西
世界・逆
〈未完成〉

逆位置でもパワーは強力ですが未完成というネガティブな意味から対象からは外します。

婚約指輪のイメージに近いカードを探す
❷ 〜 ❸、❺、❿ 〜 ⓬

残った6枚のなかから、さらにカードを絞っていきます。愛情と関係の薄い**「カップの7」逆位置**、結婚のイメージがあってもパワーが弱い**「ワンドの4」**、大アルカナでも戦う姿勢が強い**「戦車」**の3枚を取り除きます。これで残りが、パワーがそれなりに強く婚約指輪のイメージに近い意味の**「女帝」**、**「恋人」**、**「ペンタクルの9」**の3枚になりました。

🔑 **カギとなるカード**

❸ 北北東
戦車
〈前進〉

大アルカナでポジティブですが、単独行動を示すカードのためここで対象からは外します。

結婚のイメージが強い「女帝」を選ぶ
❿ → ⓫ → ⓬

残った**「女帝」**、**「恋人」**、**「ペンタクルの9」**のなかから、大アルカナでありもっとも結婚のイメージが強い**「女帝」**のカードを最終的に選定します。**「女帝」**は南の方角ですから、部屋の中心から見て南側を探すといいでしょう。この3枚が南から東南東に向かって並んでいることから、この3方向の間に隠されている可能性がかなり高いと考えられます。

🔑 **カギとなるカード**

⓫ 南南東
恋人
〈ときめき〉

結婚より恋愛の意味が強く、「女帝」より婚約指輪のイメージが遠くなります。

STEP UP ADVICE
いくつかの方角を探すとより確実に

⓬ 枚のなかでポジティブさが強く、探し物である婚約指輪のイメージに近い、結婚という意味から「女帝」を選びました。南から東南東の間を探しても見つからない場合は、その次にポジティブなカードが出ている北北東、東北東……と範囲を広げるとよいでしょう。

CASE 41. 1年でプロポーズはいつするといい？

Love

交際して1年になる彼女にプロポーズをしようと考えています。今は4月上旬なので、4月後半以降でプロポーズをOKしてもらえる可能性が高い月を教えてください。また成功する可能性はあるでしょうか？（男性）

❿ 翌年1月
カップのエース
〈純愛〉

⓫ 2月
恋人
〈ときめき〉

❾ 12月
審判
〈復活〉

⓬ 3月
ソードの7
〈策略家〉

❽ 11月
星・逆
〈幻滅〉

⓭ 全体運

❶ 4月後半
ペンタクルの9・逆
〈媚を売る〉

❼ 10月
死神・逆
〈転換期〉

ソードの6
〈安全な進行〉

❷ 5月
ソードの10
〈悪い終了〉

❸ 6月
悪魔
〈堕落〉

❹ 7月
ペンタクルの3
〈熟練への努力〉

❺ 8月
カップの9
〈満足感〉

❻ 9月
カップのナイト
〈贈り物〉

READING

「ソードの6」は結婚に向かう恋の意味も
⓭ → ❶ 〜 ⓬

中央の全体運は、プロポーズが成功するか否かの結果に設定し、「ソードの6」の絵柄から、成功する可能性が高いと読み取れます。よい月を選ぶ際には、12枚のなかから1枚のカードを選ぶため、1枚1枚読んでいく必要はありません。ざっと見てプロポーズに適していそうなカードを絞ります。まずはネガティブな意味の、❶、❷、❸、❽、⓬ を外します。

カギとなるカード

⓭ 全体運
ソードの6
〈安全な進行〉

ここでは、1年間でプロポーズが成功するか否かの結果として設定しました。

結婚より恋愛を示唆するカードは外す
❹ 〜 ❼、❾ 〜 ⓫

ポジティブな意味合いのカード7枚が残りました。そこからさらに吉意の強いカードを選定して、よい月を絞っていきます。ほかに比べると恋愛の印象と吉意が弱い、❹「ペンタクルの3」と ❼「死神」逆位置を省きます。残りはすべてプロポーズに適したカードですが、結婚のイメージとは遠い ⓫「恋人」と、小アルカナの ❺「カップの9」も省きます。

カギとなるカード

❼ 10月
死神・逆
〈転換期〉

比較的よいカードですがプロポーズの雰囲気は薄いので、ここで取り外します。

パワーの強い大アルカナ「審判」を選ぶ
❻ → ❾ → ❿

残りが「カップのナイト」、「審判」、「カップのエース」の3枚になりました。このなかで、大アルカナの「審判」がもっともパワーが強いため、最終的に選定します。「審判」が示すのは12月ですから、12月中にプロポーズすると大成功するという読みになります。「カップのエース」は次に相応しく、12月が厳しければ1月に延ばしてもいいでしょう。

カギとなるカード

❻ 9月
カップのナイト
〈贈り物〉

まさにプロポーズを意味しますが、パワーの強さとしては2枚に負けています。

STEP UP ADVICE

各カードの力関係を覚えておくと便利

やはり大アルカナのパワーは強力で、「審判」を選びました。全カードで最強なのは「世界」で、この質問で「審判」と「世界」が同時に出たら、「世界」を選びます。各カードの強弱は、理屈より感覚で覚えるといいでしょう。

＼ 実践で役に立つ！ ／ ＼ 知っておきたい！ ／

TAROT Q&A

いざタロット占いを始めてみると、ふと疑問が浮かんでくることも。
実際に、多くの人が陥りやすいクエスチョンを集めてみました！

Q1
対策にネガティブな
カードが出た場合の
読み方がわからない。

A 対策に悪いカードが出ると、つい「このカードのようにならないように気をつけて」と読みたくなりがちです。しかし、ポジティブなカードでは「このカードのようにしましょう」と読むため、矛盾となります。**ネガティブなカードでもカードの意味自体が対策となります**。対策がいつも明るく前向きなことを告げるわけではなく、「動かないように」「諦めなさい」など、ネガティブと感じる対策を伝えることも多いのです。

Q2
本によって
カードの意味が
違っているのはなぜ？

A 本書では、ライダー版タロットの制作者・ウェイトの著書と、絵柄の内容を基準にしてカードの意味を出しています。しかし、占ったときにそれ以外の意味が浮かぶことも多く、実占の回数を重ねるほど、**頭のなかにオリジナルの意味が増える場合があります**。そのためタロット本の著者によって、各カードの意味の捉えかたも違ってくるのでしょう。どの意味を選べばいいか迷ったら、見てピンとくるものを選んでください。

Q3
本に書かれている意味と違う意味が、ふと浮かんだら？

A タロット占いは大変柔軟性があり、絶対にこうだという決まりがほとんどありません。たとえば、「愚者」の犬が自宅の飼い犬に見えたなど、カードを見た瞬間にひらめくことがあります。そのように見えたことに意味があり、その直感は何よりも大切ですから、**本に書かれていない意味が浮かんだら、そちらを採用しましょう**。知識よりも直感のほうを優先することで、タロット占いの読みかたも上達していくはずです。

Q4
数年後の遠い未来をどうしても占いたい場合のポイントは？

A タロット占いでは、占う未来が遠くなるほど、的中率が下がることは免れません。それでもどうしても3年後や5年後、10年後などを占いたい場合は、まずは**「このことはもう2度と占わない」と覚悟してください**。そして普段占うときよりも、かなり強く集中することが必要です。シャッフルの時間を長めに取り、意識はその占う遠い未来にしっかりと向けましょう。結果を出したら忘れないよう、必ずメモを取ってください。

Q5
カードに複数の意味がある場合、どれを選べばいい？

A 「月」に霊感という意味があるなど、1枚のカードにまったく違う意味が含まれていることがあります。複数のなかのどれを選べばいいかは、**現状や質問内容から見て違和感のないものや、ストーリーが作りやすくなるものを選定するようにします**。カードを展開したときにピンとくる意味があれば、それを優先して選びましょう。しかし実際には主要な意味が出る場合が多く、副次的な意味はあまり出てこないようです。

Q6
プロの占い師になるには、どうすればいい？

A いきなり独立するより、まずは鑑定会社に所属して経験を積んだほうが、会社や所属占い師との交流を通してさまざまなことを学べます。**所属するためのオーディションがありますので、受ける前に鑑定経験を積んでください**。個人で開業する場合は、税務署への開業届と確定申告が必要です。ホームページやブログを作って更新するなど、集客のための宣伝が必要なほか、顧客との連絡のやり取りや入金管理も自身で行います。

KEYWORDS
キーワード一覧表

☆：占星術との関係
※タロットと占星術はもともと別々の歴史を歩んできて、長らく接点はありませんでした。18世紀の終わりにパリの占い師が占星術のシンボルとタロットを結びつけたのが最初であるといわれています。

MAJOR ARCANA　大アルカナ

愚者 THE FOOL　0
自由奔放
正：無邪気で自由な冒険家
逆：計画性のない愚かな行動
☆　天王星

法王 THE HIEROPHANT　5
慈愛心
正：弱者を助ける寛大な精神
逆：狭い心による出し惜しみ
☆　牡牛座

魔術師 THE MAGICIAN　1
新たな創造
正：何かの開始と自力での創造
逆：自信がなく消極的な姿勢
☆　水星

恋人 THE LOVERS　6
ときめき
正：心が弾む楽しい状況
逆：責任感のない軽い遊び
☆　双子座

女教皇 THE HIGH PRIESTESS　2
優れた学力
正：豊かな知識と冷静な判断力
逆：冷淡で批判的な心
☆　月

戦車 THE CHARIOT　7
前進
正：素早い前進と統合する力
逆：焦りによる暴走と停止
☆　蟹座

女帝 THE EMPRESS　3
豊かさ
正：豊かさへの深い満足感
逆：過剰さとぜいたくな心
☆　金星

力 STRENGTH　8
強い意志力
正：強固な意志で成功をつかむ
逆：意志が弱くパワー不足
☆　獅子座

皇帝 THE EMPEROR　4
社会的責任
正：責任感による任務の遂行
逆：過信による傲慢と無責任
☆　牡羊座

隠者 THE HERMIT　9
深い思慮
正：内面を見つめ悟りを得る
逆：心を閉ざして孤独を味わう
☆　乙女座

運命の輪   10
WHEEL OF FORTUNE
チャンス
正：突然舞い込む大きな幸運
逆：機を逸して悪化する状況
☆　木星

塔   THE TOWER   16
突然の崩壊
正：突然起こる衝撃の出来事
逆：崩壊寸前の強い緊張感
☆　火星

正義   JUSTICE   11
合理性
正：合理的判断で調停をはかる
逆：決断できずに迷いが続く
☆　天秤座

星   THE STAR   17
理想
正：憧れや理想に陶酔する
逆：理想と現実の強いギャップ
☆　水瓶座

吊るされた男   12
THE HANGED MAN
試練
正：実りのある試練や忍耐
逆：報われない忍耐や苦悩
☆　海王星

月   THE MOON   18
不安
正：未知の世界の不安と幻想
逆：クリアになる現実の視界
☆　魚座

死神   DEATH   13
終了
正：後腐れのない完全な終了
逆：転換による新しい展開
☆　蠍座

太陽   THE SUN   19
明るさ
正：無邪気で快活な明るさ
逆：希望のない暗黒の世界
☆　太陽

節制   TEMPERANCE   14
自然体
正：調和が取れた自然な流れ
逆：マンネリでよどんだ流れ
☆　射手座

審判   JUDGEMENT   20
復活
正：神が与える復活と許し
逆：神が与える罰則や消滅
☆　冥王星

悪魔   THE DEVIL   15
堕落
正：堕落と誘惑に束縛される
逆：束縛状態から解放される
☆　山羊座

世界   THE WORLD   21
完成
正：最高の幸福を伴う完成
逆：未完成で中途半端な形
☆　土星

MINOR ARCANA　小アルカナ

☆：占星術との関係

WANDS
ワンド（棒）

 情熱 / 創造 / 直観
☆　牡羊座・獅子座・射手座

ワンドのペイジ
PAGE OF WANDS

よい知らせ

正：よい知らせや
　　うれしい情報
逆：悪い知らせや残念な情報

ワンドのナイト
KNIGHT OF WANDS

移動

正：目的地への出発と移動
逆：突然の分離や中断

ワンドのクイーン
QUEEN OF WANDS

情熱的な女性

正：自由を好む情熱的な女性
逆：わがままで短気な女性

ワンドのキング
KING OF WANDS

情熱的な人物

正：情熱にあふれ行動的な人物
逆：ワンマンで感情的な人物

CUPS
カップ（聖杯）

 感情 / 愛情 / 献身
☆　蟹座・蠍座・魚座

カップのペイジ
PAGE OF CUPS

幼さ

正：純粋無垢で幼い精神
逆：未熟で甘えた依存心

カップのナイト
KNIGHT OF CUPS

贈り物

正：愛を届ける存在の接近
逆：甘い言葉で惑わす詐欺師

カップのクイーン
QUEEN OF CUPS

献身的な女性

正：愛情深く献身的な女性
逆：気まぐれで感情的な女性

カップのキング
KING OF CUPS

親切な人物

正：寛大で親切な
　　情の厚い人物
逆：不正が多い不誠実な人物

Swords
ソード（剣）

 知識 / 判断 / 言葉
☆ 双子座・天秤座・水瓶座

ソードのペイジ
PAGE OF SWORDS

用心深さ
正：警戒心を持ち慎重に動く
逆：反抗心と裏切り的行為

ソードのナイト
KNIGHT OF SWORDS

全力疾走
正：全力疾走と素早い展開
逆：性急な行動で失敗する

ソードのクイーン
QUEEN OF SWORDS

冷淡な女性
正：クールで孤独な女性
逆：意地悪で批判的な女性

ソードのキング
KING OF SWORDS

知的な権力者
正：知的で正しい判断と決断
逆：野蛮で冷酷なサディスト

Pentacles
ペンタクル（金貨）

 現実 / 実利 / 物質
☆ 牡牛座・乙女座・山羊座

ペンタクルのペイジ
PAGE OF PENTACLES

勉強熱心
正：まじめに勉学に励む
逆：勉強嫌いで狭い視野

ペンタクルのナイト
KNIGHT OF PENTACLES

着実な前進
正：安定感のある着実な前進
逆：変化のない停滞した状態

ペンタクルのクイーン
QUEEN OF PENTACLES

まじめな女性
正：まじめで勤勉な女性
逆：保守的で堅苦しい女性

ペンタクルのキング
KING OF PENTACLES

裕福な人物
正：経済力を持つ
　　安定した人物
逆：物質主義で強欲な人物

Wands

ワンドのエース
ACE OF WANDS

誕生
正：無からの誕生と創造
逆：力不足による終了や破滅

ワンドの2
II OF WANDS

野心
正：犠牲の上に成り立つ成功
逆：突然起こる驚きの出来事

ワンドの3
III OF WANDS

期待感
正：明るく輝く期待と希望
逆：確実性の薄い期待と希望

ワンドの4
IV OF WANDS

平和な休息
正：平和で幸福な休息時間
逆：華美な休息時間

ワンドの5
V OF WANDS

無駄な闘争
正：結果の出ない不毛な争い
逆：疲れるだけの混乱状況

Cups

カップのエース
ACE OF CUPS

純愛
正：穢れのないピュアな愛情
逆：純粋な心が痛む

カップの2
II OF CUPS

恋愛
正：甘い恋愛にときめく心
逆：冷めていく恋のときめき

カップの3
III OF CUPS

歓楽
正：心が弾む楽しい時間
逆：過度な快楽に溺れる

カップの4
IV OF CUPS

倦怠感
正：倦怠感と飽満感
逆：新鮮味のある新たな展開

カップの5
V OF CUPS

損失
正：半分以上の損失と落胆
逆：ほのかな喜びと希望

SWORDS

ソードのエース
ACE OF SWORDS

攻撃
正：攻撃心による決断と勝利
逆：暴力的で残虐な行為

ソードの2
II OF SWORDS

バランス
正：バランスよく調和した状態
逆：中途半端に揺れ動く状態

ソードの3
III OF SWORDS

悲しみ
正：泣くほどの深い悲しみ
逆：悲しみの上の
　　精神錯乱状態

ソードの4
IV OF SWORDS

一時停止
正：一時的な休息時間
逆：停止状態から慎重に動く

ソードの5
V OF SWORDS

残忍な勝利
正：残忍な手段で
　　勝利をつかむ
逆：屈辱的な敗北を喫する

PENTACLES

ペンタクルのエース
ACE OF PENTACLES

宝物
正：大事な宝物を手に入れる
逆：大事な宝物を失う

ペンタクルの2
II OF PENTACLES

遊び
正：軽いノリで楽しむ遊び
逆：軽薄で無意味な遊び

ペンタクルの3
III OF PENTACLES

熟練への努力
正：熟練のため努力を重ねる
逆：努力に欠ける凡庸さ

ペンタクルの4
IV OF PENTACLES

執着心
正：所有物への執着心
逆：強欲な欲しがる精神

ペンタクルの5
V OF PENTACLES

貧困
正：極度な貧困に苦しむ
逆：空虚ななかの混乱状態

WANDS

ワンドの6
VI OF WANDS

勝利

正：勝利による誇りと優越感
逆：敗北による落胆と劣等感

ワンドの7
VII OF WANDS

有利な戦い

正：有利な立場で戦いに挑む
逆：不利な立場で気が弱くなる

ワンドの8
VIII OF WANDS

急速な変化

正：瞬時の速さで動く物事
逆：ゆっくりと離れる物事

ワンドの9
IX OF WANDS

防御

正：防御と準備に力を入れる
逆：慎重すぎる遅延と停滞

ワンドの10
X OF WANDS

重圧

正：重い負担と過重労働
逆：責任放棄の陰謀や策略

CUPS

カップの6
VI OF CUPS

過去

正：過去に関わる出来事
逆：過去から離れ未来へ進む

カップの7
VII OF CUPS

幻想

正：現実逃避の幻想と妄想
逆：クリアな現実的思考

カップの8
VIII OF CUPS

放棄

正：積んだ物事を捨て去る
逆：根気よく積み上げる

カップの9
IX OF CUPS

満足感

正：心の底からの深い満足
逆：欲張りによる強い不満

カップの10
X OF CUPS

家族愛

正：平和で幸福な
　　温かい家族愛
逆：家族愛のない孤独感

SWORDS

ソードの6
VI OF SWORDS
安全な進行
正：援助者と安全に進む
逆：安全な物事が離れていく

ソードの7
VII OF SWORDS
策略家
正：策略家のずる賢い行動
逆：役に立つアドバイス

ソードの8
VIII OF SWORDS
拘束
正：強制的な拘束状態
逆：困難や障害に妨害される

ソードの9
IX OF SWORDS
悲観
正：悲観からの絶望感
逆：恥や侮辱に悩まされる

ソードの10
X OF SWORDS
悪い終了
正：悪い形で物事が終わる
逆：一時的に好転する状況

PENTACLES

ペンタクルの6
VI OF PENTACLES
施し
正：弱者に施しを与える
逆：出し惜しみするケチな精神

ペンタクルの7
VII OF PENTACLES
遅い成長
正：遅い成長を見守る
逆：成長を待てず投げ出す

ペンタクルの8
VIII OF PENTACLES
勤勉
正：地道で勤勉な働きぶり
逆：虚栄心からの手抜き

ペンタクルの9
IX OF PENTACLES
寵愛
正：実力者から寵愛される
逆：媚を売り寵愛を求める

ペンタクルの10
X OF PENTACLES
アットホーム
正：家庭的な温かいムード
逆：ルーズでだらけた状態

PROFILE

藤森 緑
ふじもり みどり

幼少の頃から占いに並々ならぬ関心を持ち、1992年からプロ活動を開始。占い館・占いコーナー・電話鑑定・鑑定イベント等で2万人近くを鑑定。2003年に占い原稿執筆専門の「有限会社藤森緑占い事務所」を設立。テレビ、イベント、雑誌掲載、各メディアに数多くの占い原稿を執筆している。現在、通信教育講座「キャリアカレッジジャパン」にてタロットリーディングマスター資格取得講座の講師を担当。占術はタロットカード、ルーン、西洋占星術、九星気学、四柱推命、数秘術など。主な著書に『はじめての人のためのらくらくタロット入門』『ザ・タロット』『実践トート・タロット』（すべて説話社）などがある。オリジナルタロットデッキ「バード・シルエット・タロット」監修。

公式サイト　http://www.fortune-room.net/fuji/

STAFF

編集
鈴木久子、髙橋尚子
（株式会社KWC）

イラスト
會本久美子

デザイン
八木孝枝

DTP
横川大希

写真
柴田愛子

校正
小嶋真美（聚珍社）

基礎とリーディングが身につく
タロット LESSON BOOK

著　者　藤森 緑
発行者　池田 士文
印刷所　三共グラフィック株式会社
製本所　三共グラフィック株式会社
発行所　株式会社池田書店
　　　　〒162-0851　東京都新宿区弁天町43番地
　　　　電話 03-3267-6821（代）　振替 00120-9-60072

落丁・乱丁はお取り替えいたします。

©Fujimori Midori 2019, Printed in Japan
ISBN 978-4-262-15539-5

本書のコピー、スキャン、デジタル化等の無断複製および作品の複製頒布は、著作権法上での例外を除き禁じられています。本書を代行業者等の第三者に依頼してスキャンやデジタル化することは、たとえ個人や家庭内での利用でも著作権法違反です。

25018003